# 帝国的相遇

## 美国驻广州首任领事山茂召实录

[美] 乔西亚·昆西 编　常征 译

# THE JOURNALS OF MAJOR
# SAMUEL SHAW

人民出版社

## 美中友好交往第一人——山茂召

　　1784 年 8 月 24 日，作为美国第一艘开往中国的商船"中国皇后号"的大班，年仅 29 岁的山茂召（Samuel Shaw, 1754—1794）在中国海域亲手升起第一面美国国旗，并于是月 28 日到达广州。1786 年 1 月 27 日，山茂召被国会任命为美国驻广州首任领事；1790 年 2 月 9 日，他再次被华盛顿总统任命为美国驻广州领事。

## 划时代的美中相遇

  1784年2月22日，是美国建国之父乔治·华盛顿52岁的生日，"中国皇后号"装载西洋参、银元、烟碱等物品从纽约港出发前往中国广州，开始了美中交流的首航。途经大西洋上的佛得角群岛，绕过非洲南端好望角，横跨印度洋，经苏门答腊岛与爪哇岛之间的巽他海峡到达中国南海珠江口外的澳门，于同年8月28日到达中国广州黄埔锚地。在广州销售完所载物品后，又采购了红茶、绿茶、"南京"布（本色棉布）、瓷器、丝绸、肉桂等物品运回美国。

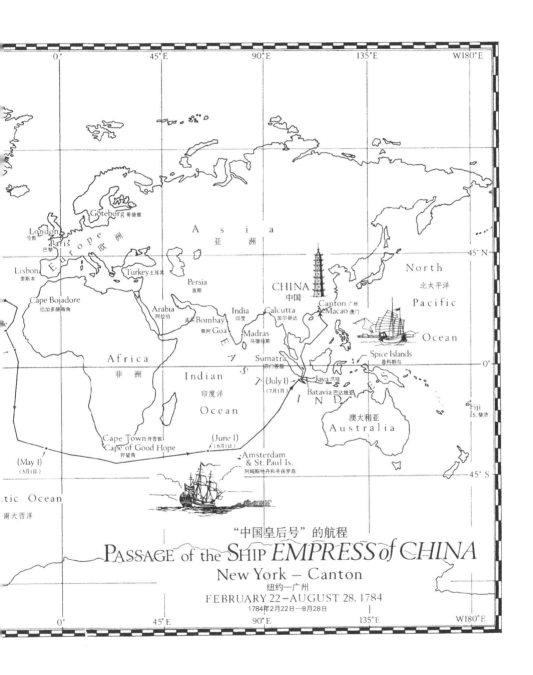

"中国皇后号"的航程

PASSAGE of the SHIP EMPRESS of CHINA

New York — Canton

纽约—广州

FEBRUARY 22 – AUGUST 28, 1784

1784年2月22日—8月28日

**华盛顿在约克敦接受英军投降**

在美国独立战争期间的 1781 年初，为了围困奉命驻扎在约克敦的英军康华里所率部队，华盛顿与法国海军上将德格拉斯伯爵以及法国陆军司令罗尚博伯爵一起设计了一个复杂的计划，并以 18 世纪战争中前所未有的速度实施，使英军陷入重围，孤立无援的康华里勋爵终于 10 月 19 日下令全军放下武器投降，美国独立战争事业从而在实际上获得了胜利的保证。

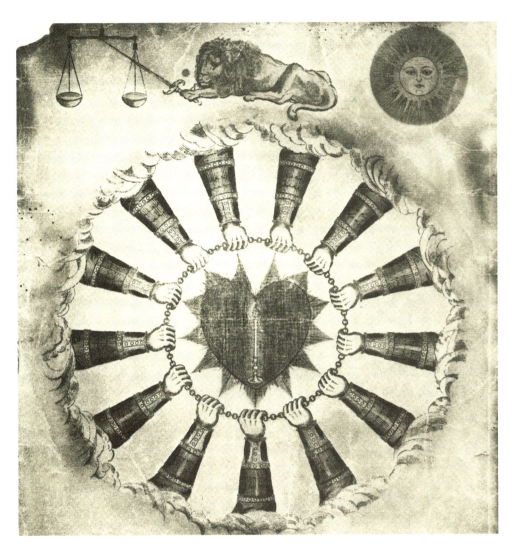

## 同心协力美国梦

这幅铜版画描绘了爱国者渴望国家团结，谋求北美十三州同心协力、自主独立的愿景，在1787年9月17日，美国联邦宪法获得通过以前，美国的各州拥有自己的主权、自由和独立，邦联政府无权干预各州的内部事务和对外贸易。本书的主人公山茂召认为：邦联中最小的州也能够抵制和废除其他十二个州的主张，证明了"十三州邦联"存在很大的缺陷。

**鸣炮驶入纽约东河**

　　这是一幅创作于 18 世纪中期描绘英国船舶鸣炮驶入纽约东河的图片，若干年后的 1785 年 5 月 10 日中午时分，"中国皇后号"再现了这一场景，鸣炮 13 响向纽约城致敬，接着驶入纽约东河抛锚停泊，从而成功完成美中通航的划时代壮举。

## 珠江北岸的外国商馆区

外国商馆区位于广州城的西南部，商馆的南面是珠江的堤岸，相距不足四分之一英里。外国人在广州的活动范围极其有限，仅有商馆前的码头和近处的几条中国进出口商人们在此经商的街道允许外国人经常光顾。图中从左到右分别是丹麦、法国、哈布斯堡帝国、瑞典、英国、荷兰的商馆，每个商馆的前面竖着该国的国旗。这张图片创作于1760年前后，当时美国商馆还未设立。

## 广州茶叶交易图

　　美国前总统克林顿在首次访问中国的国宴上曾致辞说："1773年我们的建国先驱为反抗英国征税而倒入波士顿港口大海的茶叶都是从中国来的"。在1785年前后，美国商船"中国皇后号"首航中国，以及英国国会转换茶叶税以前，茶叶与中国的丝绸和瓷器等商品一样属于奢侈品，美国居民有饮茶的习惯，英国人对茶叶也有特殊的需求，每年需要把大量的金条、银条运往中国以购买茶叶。

## 18 世纪巴达维亚的舞女

　　这幅图片为我们展示了近 200 年前的巴达维亚（即今印度尼西亚雅加达）的风俗民情。当时，在一些欢乐的聚会场合，女人们常常跳舞自娱。她们穿着长长的颜色鲜艳的低胸印花棉布衬裙，用镶有钻石的发夹把头发盘起，显得天真烂漫。

## 暮归的孟加拉乡民

在 18 世纪 90 年代，图中这一幕场景在山茂召访问孟加拉时的印度乡村随处可见，乡民们过着自给自足的农耕生活，这位乡民正赶着他的小公牛走在回家的路上。

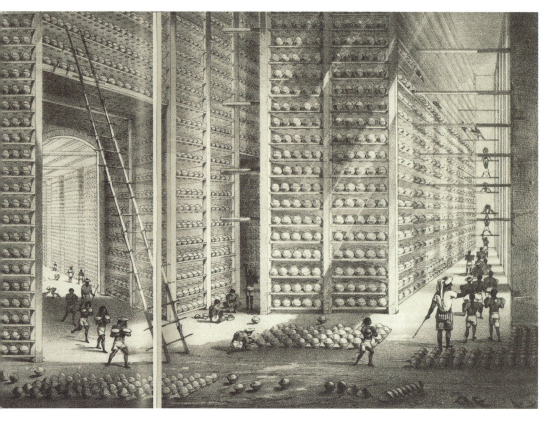

**英国东印度公司在孟加拉的鸦片工厂仓库**

　　鸦片是清朝政府绝对禁运的商品，但是这个禁令不涵盖当时隶属于葡萄牙的澳门，因此英国货船在澳门通常能极其安全地从事走私生意，据说在 1784 年到 1785 年期间，估计有超过 2000 箱的鸦片走私进中国，这些鸦片大多是从孟加拉运来的。图为英国东印度公司在孟加拉的鸦片工厂仓库，仓库的架子上能容纳 30 万个鸦片球，工人们定期检查，防止鸦片霉变。

## 恬适的孟加拉农家

　　孟加拉的乡野富饶而宜人，乡民们过着恬静而满足的生活，享受着与自然和谐相生的乐趣。

### 兰伯特家里供养了 97 个佣人

　　在加尔各答的英国东印度公司职员和其他作为自由贸易者的欧洲人，也许享有比世界上任何其他商人都优越的生活，不过这里的生活开销不菲。以山茂召在孟加拉结识的友人兰伯特为例，他的家里必须供养 97 个佣人。"必须供养"的意思是指是在列举他们的名字和工种的时候，找不到一个吃闲饭的人。因为在印度，受宗教等限制，没有一个佣人愿意或能够干分外的事情。

# 目录

## （一）传记

### 第 1 章　/3

他的出生、出身门第和教育——加入美国军队担任炮兵中尉——在剑桥和多切斯特高地发生的事件——美国军队远征纽约——他所记录的纽约，以及与普特南将军的谈话——豪将军率英国军队到达，接着发生的事件

### 第 2 章　/21

美国大划艇攻击在塔潘湾的英国舰船——美国军队从纽约撤退——从窘迫到处境艰难——托马斯·亨利的死亡——与敌军小规模战斗之前以及怀特普莱恩斯战役之后——他对民兵的品行的愤慨——英军攻占华盛顿堡——关于普林斯顿战役的报道

### 第 3 章　/38

发生在泽西的战争事件——布兰迪万战役——费城被英军攻占——日耳曼敦战役——对宾夕法尼亚州的不满

### 第 4 章　/55

对华盛顿的颂词——蒙茅斯战役——李将军被捕——华盛顿的性格——众人和时代的画面——李将军和劳伦斯上校之间的决斗——纸币贬值的影响

# （二）纪　行

# （三）附录：来往信件

# 中译本序言

山茂召是美国任命并派驻中国的第一位领事，由于当时清政府仅在广州设立对外通商口岸，因此，山茂召被称为美国驻广州首任领事。山茂召还是乘坐美国人自己装备驾驶的商船来中国开展贸易的第一位美国人，他是美国第一艘到达中国的商船"中国皇后号"的大班，总管商业事务，该船于 1784 年 8 月 24 日到达澳门，山茂召亲手在这片中国海域升起第一面美国国旗①，8 月 28 日"中国皇后号"抛锚停泊在广州黄埔。2006 年 4 月 20 日，中国国家主席胡锦涛在出席美国白宫欢迎仪式上致辞说："中国人民对美国人民一向怀有深厚友情。1784 年，美国商船'中国皇后号'跨洋过海，首航中国，揭开了两国人民友好交往的序幕"②。2009 年 11 月 16 日，美国总统奥巴马在上海演讲中提到："美国建国之父乔治·华盛顿主持了'中国皇后号'的下水仪式，这条船前往中国海岸，寻求与清朝通商，华盛顿希望看到这条悬挂美国国旗的船前往世界各地，与像中国这样的国家缔结新的纽带"③。1784 年 2 月 22 日是乔治·华盛顿的生

---

① [美] 菲利普·史密斯：《中国皇后号》，广州出版社 2007 年版，第 159 页。

② 见《胡锦涛在出席白宫欢迎仪式上的致辞》，2006 年 4 月 21 日，来源：中国政府网 http://www.gov.cn/ldhd/2006-04/21/content_259412.htm。

③ 见"美国总统奥巴马在上海与中国青年对话"演讲内容，2009 年 11 月 16 日来源：新华网 http://www.xinhuanet.com/world/obama/。

日，"中国皇后号"于当天上午从纽约开始了她历史性的首航。<sup>①</sup> 当时纽约的《独立公报》报道说："中国皇后号"的远航是一个对外交往的里程碑。<sup>②</sup>

1785 年 5 月 11 日，"中国皇后号"回到美国纽约受到社会各界集会欢迎，当时的《纽约邮报》评论说："像这样一次出航归国，理应全城教堂的圣钟齐鸣，而且全城应当进行一次'谢恩祭'"<sup>③</sup>。美国人将"中国皇后号"之行誉为"一次历史性的贸易"<sup>④</sup>。《纽约新闻快报》在商船到达的第二天报道说："过去我们通常从欧洲进口这些货物，它（'中国皇后号'）将激励国民仿效甚至超过自己的商业对手，从而造福整个美国"<sup>⑤</sup>。美国国会在收到山茂召广州之行的报告后，表示："国会对美国公民第一次成功地建立与中国的直接贸易感到特别的满意，同时向这次航行的承办者和指挥者致以深深的敬意"<sup>⑥</sup>。1786 年 1 月 27 日，山茂召被国会任命为美国驻广州第一位领事。

本书是原著 The Journals of Major Samuel Show: the First Ameican Consul at Canton 自 1847 年在美国波士顿出版以来，全球范围内第一个中译本，本书的编著者乔西亚·昆西曾担任美国哈佛大学校长<sup>⑦</sup>，他通过对山茂召书信、日记等手稿材料的选编，采用类似中国的春秋笔法，勾勒了编著者心目中"一位绅士、军人、学者和真正的人"短暂而精彩的人生。全书分为三大部分，第一大部分是传记，编著者用共 10 章的篇幅描绘了山茂召的行伍生涯和商旅历程，特别提到美国建国之父乔治·华盛顿将军对山茂召在独立战争期间服役表现的鉴定，称赞其为"机智、积极、

---

① ［美］菲利普·史密斯：《中国皇后号》，广州出版社 2007 年版，第 3 页。

② 同上书，第 77 页。

③ 陈原：《书林漫步》（续编），三联书店 1984 年版，第 37 页。

④ ［美］布朗（M. Brown）：《加利福尼亚对华贸易时期》，伯克莱，1947 年版，第 VII 页。

⑤ ［美］菲利普·史密斯：《中国皇后号》，广州出版社 2007 年版，第 225 页。

⑥ 见本书附录 A。

⑦ 见《大美百科全书》，外文出版社光复书局 1994 年（16 开）第一版，第 23 分册第 66 页。

勇敢的军官"[①]；第二大部分是纪行，主要记载了山茂召"第一次、第二次远航到广州"的经历，和"访问孟加拉"，"回到广州以及返乡的航程"；第三大部分是附录，附有山茂召所写的6封完整的信件，包括一封1790年他被乔治·华盛顿总统再次任命为美国驻广州领事后向华盛顿汇报工作的信件。

本书主要用书信和日记两种文体，从亲历者的角度，反映了美国独立战争过程中失败和胜利的关头以及窘困和喜悦的时刻，展现了至今仍然鲜为人知的历史画面，记载了230年前中国广州、澳门及印度半岛的加尔各答、马德拉斯，马来半岛的马六甲，爪哇岛的巴达维亚，非洲好望角等地的经济社会发展状况及风土人情。无论是满足中国读者对美国驻中国首任领事为人的好奇，还是对美国独立战争背后故事，及美国和欧洲国家当年在中国、印度海域所从事的商业贸易活动的兴趣，都将是有益的，而且令人深思。

常　征

2015 年 1 月 29 日

---

① 见本书传记部分第 9 章。

# 序　言

　　这个传记的主角是一个在美国独立战争期间报效国家并获得荣誉和盛名的人，在经历这些战争之后的 1786 年，他接受美国国会的任命，成为美国第一任驻广州领事，并在 1790 年再次被华盛顿总统任命为驻广州领事。他曾居住在广州很多年，在一个重要时期内，在中国和印度海域积极从事商业贸易活动，他把美国与中国以及印度的贸易作为自己主要的研究对象，直到 1794 年他离开了这个世界。在他留下的未公开出版的手稿中、日记里，记载了美国到广州第一次和其他早期的航程，在那个令人难忘的年代，为我们国家与那些遥远地区发展商业贸易关系点亮了一盏明灯，尽管经过半个多世纪的接触与交流，以前所记载的有关中国人的习惯和权谋的传统，曾经令人新奇，现已习以为常，但是，那些或许含有虚构成分的描绘，毋庸置疑包含了许多信息，这些信息即使在今天不仅是有益的，而且富有吸引力。

　　召团长的这些手稿、日记的来龙去脉是这样的：他去世以后，这些手稿、日记本来被他在波士顿的侄子——法定继承人罗伯特·古尔德·召所拥有，虽然经常有人恳求罗伯特·古尔德·召将这些手稿日记公开发表，但迄今为止，他一直不肯，因为手稿日记的目前所有者拿不准最初没有计划公之于众的作品是否能够适宜与大众分享。然而，最近，罗伯特·古尔德·召屈服于朋友们的坚持，以及长期以来对美中贸易熟悉了解的有见识的商人们的担保，认为这些手稿日记的出版不仅将是实用的，而且应为作者流芳，以增进作者的名誉，同时可以满足博学广识的读者对有关美中贸易早期历史状况的好奇心，罗伯特·古尔德·召预计到出版手稿、日记所需的所有开支，事先已将这些手稿、日记的版权转让给波士顿海事协会，他主张版权的收益专门用来填补前期资助出版所发生的款项。

如果说这些手稿、日记所包含的商业信息适合于满足人们的好奇心，那么召团长有关军旅生涯的记事将激发读者更深的感悟。自1775年12月，他从马萨诸塞州的剑桥应征入伍，到1784年1月，大陆军在西点最终解散，他在美国军队服役期间写给与他关系最近的亲属和朋友的这些主要信件，记载了美国独立革命战争中几乎每一个重要的事件，这些信件有的写在胜利的时刻，有的写在失败的关头，有的写在贫穷困苦的阶段，信件的内容透露出作者的品格，也充满感情地显示了争取独立的战斗打响之初，与他同期入伍的我们独立革命部队军人群体的信念、动机和精神，爱国热情激发他们奋起，爱国热情激励着他们一直战斗到战争结束。无论是危险还是惨败都没有阻碍他们的斗志，不管是身处饱受痛苦折磨的环境，还是经受祖国令人憎恶的疏忽和过错，都没有阻挡他们为独立而战。不仅是这些人，还包括更多其他的人都是华盛顿所依靠的臂膀，然而由于他们分别是一个个单独的个体，历史几乎没有记录他们，他们的力量虽然发挥成效，但不引人注目。他们也没有想过要把他们贡献的故事告诉后人，召团长这些私人信件所包含的涉及机密的记事曾禁止公开，因而无法唤醒美国公众对他们的景仰、尊敬和感激之情。

这些手稿、日记的所有人请求我为召团长做出一篇传记，我感到没有一个项目的主旨能超过我所承担的这项任务给我带来的喜悦。因为，这项任务将有助于他生前的荣誉以及所有了解他的人对他的热爱永久留传。

早在我的青年时代，我曾非常快乐地享有与他相识并与他通信的特殊荣幸，在时光流逝 50 多年之后，我由衷地要说，在我漫长的人生过程中，我从来没有认识过一个人物的个性如此崇高和具有骑士气概，他按照完美的道德标准来要求自己的言行，充满着强烈的荣誉意识，名副其实地具备一位绅士、军人、学者和真正的人应有的品质。

乔西亚·昆西

1874 年 4 月于波士顿

（一）

# 传　记

第
1
章

他的出生、出身门第和教育——加入美国军队担任炮兵中尉——在剑桥和多切斯特高地发生的事件——美国军队远征纽约——他所记录的纽约，以及与普特南将军的谈话——豪将军率英国军队到达，接着发生的事件

1754 年 10 月 2 日，山茂召生于马萨诸塞州的波士顿，他是弗朗西斯和玛丽·召的第三个儿子，他的父亲是一位从事着大规模生意买卖，拥有杰出才智和事业心的商人，很早送他到波士顿一所公立学校接受教育，并在他符合规定年龄时，送他到古典文科中学学习。此后，山茂召受到杰出的教师詹姆斯·洛弗尔的悉心关怀。他所取得的进步显示了他非常敏锐的理解能力，在此后的人生中，无论是在军旅生涯，还是在去印度和中国航程中的闲暇，他所学到的古典文学知识使他能够通晓最为大众所欣赏和赞美的古代诗人和历史学家的作品，在他所写的信件和航海日记中经常插入有关这些拉丁文学和历史的章节片段，这些对经典的引用不是故意卖弄学问，而是一颗受过良好教育、明智而富有学养

的心灵顺理成章地自然联想流露的结果。

为了既定的商业职业，山茂召不久终止了学业去会计室工作，尽管在这里，他勤勉而忙碌。但是时代的政治环境给了他思想和命运一个料想不到的指引。

美国居民与英国之间的友善和睦、互爱互谅的友好关系已经持续了一个半世纪，1775 年 4 月 19 日，列克星敦（Lexington）① 的战斗终止了当时作为英国殖民地的美国与其母国的关系。美国大陆军部队在波士顿附近集结，接着在 6 月 17 日发动了邦克山战役（the battle of Bunker's Hill)② ，显然，战争已经不可避免，而只有武器能够决定战斗的开始，在危急存亡之际，美国方面的成年男子和中年人迈着谨慎而坚定的脚步冲在最前面，像火一样炽热的年轻人，有胆有识，他们抛弃恐惧，带着绝无仅有的爱国精神，坚定并勇敢、热心地追随着他们国家的旗帜。

当这些事件发生的时候，虽然本传记的主角还没有达到成年的年龄，但在当时的环境条件下，为了实现国家理想的信念和热情早就促使他志愿从军。他所居住的波士顿北部也是一些最活跃激进的思潮汇聚之地，这些思想精神给美国革命第一个行动的发生提供了勇气和冲动。

为了镇压美国革命的萌芽，不列颠从母国（指英国）派出大量的军队威吓殖民地屈服，并在波士顿的大街上游行阅兵，这些行动是造成骚乱和愤怒持续不断的原因，紧张的气氛难以控制，也不可能缓和。当时，波士顿被英国当成要塞重镇，英军军官住在定居者的家中。弗朗西斯·召的

---

① 美国马萨诸塞州东部城镇。传统上被认为是美国独立战争第一次战事的发生地。当天有 77 名地方民兵在丁·帕克上尉的指挥下阻击向附近康科德进发的 700 名英军。交火中民兵死 8 人，伤 10 人。——译者注

② 邦克山战役的实际战场是在邦克山附近的布雷德山，1775 年 6 月 17 日，大陆军进军可以俯瞰波士顿港口的布雷德山与英军展开激战，终因弹药告罄而撤军，英军伤亡 1000 多人。——译者注

## 列克星敦的战斗

　　1775 年 4 月 18 日，700 名英军夜间行军，准备捣毁位于波士顿西北部康科德的民兵军火库，当英军于次日早上到达列克星敦时遭到民兵阻击，双方交火，8 名民兵被射杀，10 名民兵受伤，英军只有 1 人受伤。

## 邦克山战役中英军少校约翰·皮特凯恩被射杀

为了执行第二届大陆会议关于驱逐能够俯瞰波士顿港口的英国部队的决定，大陆军于1775年6月17日与英军展开激战，大陆军将士同时还收到著名的命令："在没有看清敌人眼白的时候不许开枪"。在这场战役中，曾在山茂召家中驻扎的英军少校约翰·皮特凯恩被射杀，美国大陆军将领约瑟夫·沃伦阵亡。英军伤亡1000多人，大陆军伤亡400多人。

房子被分配给皮特凯恩（Pitcairn）① 少校和瑞戈中尉作为住处，在一个家庭的传统节日里，瑞戈中尉在宴席上说起美国人"是懦夫"、"是叛逆者"，在场的山茂召立即表示不满，予以斥责，并向瑞戈中尉提出质疑和挑战，双方准备决斗，这时皮特凯恩少校获悉了这件事。于是，他通过权势和影响进行干预，中尉就冒犯和过错向山茂召道了歉，这也正是召先生所希望并愿意接受的，这件事就到此为止。

1775 年 10 月 2 日，山茂召到了成年的年龄，他的父亲同意立即设法担保他入伍参军，接着在剑桥（Cambridge）② 集结，成为华盛顿所领导的部队中的一员。从这一时期一系列留存的信件来看，主要是他写给父亲、兄弟和朋友，还有已故的牧师约翰·艾略特等人的，这些信件构成他军旅生涯经历的仅存证据。从这些信件中摘录的内容将成为接下来叙事的主要组成部分。这些信件非常鲜明地反映了他的心灵、痛苦和德行。作为一个自始至终亲历整个美国独立战争过程的行动者或目击者，他所记录的有关美国独立革命战争的生动细节，激起人们更广泛了解这段历史的兴趣。

召先生曾向华盛顿将军申请担任炮兵辎重队的代理官员，在这个申请书提请总司令考虑的同时，他把这一件事情的进展写信告诉他的父亲（1775 年 12 月 1 日）：

关于获得授权委任一事取决于将军，我猜想他今天将会作出决定，梅森上校和伯贝克上校他俩对我非常友好，曾把我推荐给辎重队队长福斯特（Foster），福斯特乐意并欣然接纳我，昨晚回复我说，已把我作为他的代理官员的人选上报给将军，事情最终会出现什么样的结果，我不知道，即使将军没有在我的名字下面标注黑色的记号，我仍将非常感激将军阁下。

---

① 英军约翰·皮特凯恩少校后来在邦克山战役中被美国大陆军黑人士兵塞勒姆·普尔射杀。——译者注
② 美国马萨诸塞州东部城市，位于查尔斯河北岸，与波士顿隔河相望。——译者注

在同一封信中，他对于曼利舰长（Captain Manly）所指挥的大陆军巡洋舰俘获英国军械船一事如此的欣喜若狂：

我祝贺你们经历这一重大事件，这是可能发生的最幸运的事情，盖茨将军、伯贝克上校以及所有军官在这里宣布，在目前这种情况下，即使战争现场所需要的军需品清单被递送到英格兰，它也将彻底地无法实施运输。这艘船已被极速卸货，以免敌人在获得她在安角（Cape Ann）①的消息之后，试图夺取以营救她，我希望在剑桥享有看到她所载军需品的乐趣。

无论在危急存亡之际，还是在显然起伏不定的双方修好方案的权谋中，以及美国军队尚未成形的现实面前，华盛顿在早期竟然如此亲自选拔任命所体现的精挑细选的精神，在下封信中明显可见。

他再次写道（1775 年 12 月 28 日，写给他的父亲）：

我寄宿在剑桥的一所房子里，因为我的队长认为在我的军职委任状到达之前，我进入营房是不适当的，他给我的这个忠告是基于他对那两位军官的了解，其中一位已离开，队长猜想另一位军官可能会对我在他服役期期满前到来，表示生气和不悦。这样一来，我将在下周一加入连队，进驻兵营。

他随后的一些信件，记录了他所属的团从开赴多切斯特高地（Dorchester Heights），到查尔斯顿（Charlestown）②境内的普鲁斯派克山（Prospect Hill）的所有日子。这些信件记录了与围攻波士顿有关的特别逼真的、非常新奇的场景。在他的心目中平常细微的事情都成为具有意义的，他对美国军队的活力和精神的每一个迹象都抱有兴趣，在 1776 年 1

---

① 位于美国马萨诸塞州东北部。——译者注
② 美国马萨诸塞州波士顿市的一个区，在查尔斯和米斯蒂克两河口湾之间的小半岛上。1775 年 6 月 17 日晨波士顿的英军在此登陆，被固守在这里的民兵击退。——译者注

月 1 日，他又写道：

我的服役期从今天开始，我将立即前往我的营房，加入我的连队……来自科布尔山（Cobble Hill）和温特山（Winter Hill）的纯粹由圣战的志愿兵组成的 2 个师的部队在沙利文将军（General Sullivan）的指挥下，于上周在邦克山（Bunfker Hill）发动攻击，实现了摧毁查尔斯顿地区敌军居住兵营的残存房屋的目标。

他们激发起高昂的斗志，并进入敌军毛瑟枪射程的一半的范围内活动，虽然敌军没有发出警告，但由于海峡上没有足够厚度的冰可以负载他们通过，他们不得不返回。这表明攻击将再次发起，但是，我担忧的是过不了多久，老部队的大量战士将离开，其他那些服务期限即将期满的士兵将回家。不过，一旦新部队组建完成，我的判断是攻击将可能在这里发起，也有可能另外选择在波士顿进行……我非常希望能够陪伴你以及所有我们的朋友们，因为新年可以体验幸福，为我们提供新的机会来享有我们共有祖先的福荫。我亲爱的父母，你深情而孝顺的儿子为你们热忱地祈祷。

他又写道（1776 年 2 月 14 日）：

一次成功的攻击在剑桥实施，10 间房屋被烧毁，这次远征行动非常保密，除了那些执行任务的人知道以外，几乎没有任何人知道这次行动的一言半字，直到他们欢愉地看到熊熊火光。在捕获的俘虏当中有一位妇女①，她看起来非常疲乏，根据普特南将军（General Putnam）的命令，在押送途中，她走在两个男俘虏之间，但是这种方法被发现很不方便，普特

---

① 当时英军的部队中有许多妇女随军，有的担任护士，有的负责洗衣做饭，还有的担任性伙伴。——译者注

南将军用他那惯常和蔼的声音大声说："过来，向我举起手！"她按要求做了，她把手揽着将军的腰，在跟随行进的过程中作出以下所述的虔诚的祷告："耶稣保佑你，可爱的将军，愿你永远活着。"

军营的生活是有限制的，没有司令官的许可，军官们甚至不允许参观剑桥，我们每时每刻必须相当专心地恪守职责。鼓在拂晓时敲响，所有人无一例外地起床集合排成队列，在这里我们一直坚持到太阳升起，接着所有人出发去祷告，我们的操练一天两次，每隔4天轮到我们去警戒。波士顿会不会被攻击，众说纷纭，我认为这是一个难以回答的问题。无论如何，断定攻击是有利的，我希望我们的部队能够在成功的指挥下充分果断地行动。如果我有幸参战，我坚信我是受到国家、父母以及我自己的恩惠的，我将以一种恰当的行为方式来战斗。

昨天晚上，我们在科布尔山（Cobble Hill）的卫兵与驻扎在查尔斯顿的英国正规军发生了冲突，14名卫兵越过磨坊专用的挡河水坝，扯开并带走了磨坊专用的支架。这一次成功得手，鼓励他们着手第二次行动，打算烧毁磨坊。敌军正规兵发现后，紧急行动起来，派出5名看守士兵向我们的人射击，但是我们的卫兵没有受到任何伤害，他们迅速回击，并抓获了这些看守士兵，其中没有英国人，为防止敌人的攻打，我们的卫兵扔出葡萄弹炸向他们，迫使敌人断掉攻击我们的念头。

这段时间里，他如此的简朴，表现出他经济窘迫以及需求范围受到限制。

感谢你寄给我8英镑，我尽可能精打细算，我将勤勉过日子以避免过分依赖你，虽然我们军团的一些军官们每个人用全套制服、一把剑以及一个有带饰的帽子来自我装备，以壮观瞻自我炫耀，但是我必须尽量节省。

他的上一封信发自普鲁斯派克山（Prospect Hill）（1776年2月24日），

是向父亲告知已收到他多寄的 4 英镑额外款项，在信中他还写道，希望父亲不要再额外供给金钱，同时，他预计不久会收到报酬，同时还会获得贷款来购买他所需要的必需品。"此后"，他说，"稍稍节约一些，我的报酬将能够维持我的绅士风度。"在这一时期，正像在他的另外一些信件中所看到的，他向可以列出名字的几位家庭成员和特定朋友寄语关爱问候，表现出朝气蓬勃的精神状态。他想家的情绪被这样一个设问暗示出来："什么时候才能够有这样一天，我们都坐在自家的小屋里，共进周日晚宴？也许不久，也许永不，但是，不要气馁，在我们履行了应尽的义务之后，相信善良的上帝会为我们实现这一切"。他补充写道："为实现一些重要的突然攻击，已经做好准备，不久将实施打击。"

他的下一封信（1776 年 3 月 10 日）描述了召中尉所属的美军某部从普鲁斯派克山调往多切斯特高地先发制人突然攻击英军的行动，这次行动完成了对波士顿城区的包围，最终导致英军撤退。他在另一封也写于那些高地的信中写道：

上周一晚上，我们部队奉命到达这里，我们期望留在这里直到投入决战，托上帝的神恩，我的健康状况很好，关于我在信中叙述的情况，你要尽可能放心，我们的暂时住处与所期望的一样好，我的环境舒适，我的精神状态一直很好。

在英军从波士顿撤退之后，大陆军开往纽约，他的下一封信（1776 年 4 月 6 日）写于新伦敦（New London）①，他在这里等待风起，因为部队和加农炮将通过轮船运输。虽然，年轻的士兵声称这样的安排比更恶劣的长途跋涉要合理，但是，他和他的战友们却感到非常痛苦。他在写给父亲

---

① 位于美国康涅狄格州东南部的港口城市，地处泰晤士河口，长岛湾畔，为大西洋最深的港湾之一，1646 年创建，1784 年设市。现为美国海军基地。——译者注

的信中写道：

　　我自我满足，本来我没有额外的要求需你援助。可是，预定应支付给我的 2 个月的报酬一直没有到手，我无法知道我什么时候能收到这些钱，于是，我不得不依赖你。我打算添置全套服装，但是我没有收入用于这笔开销，我希望你能同意承担这笔费用，我确信过不了多久，凭我的才能一定能改善你的生活，让你们过上好日子，以报答你对我的仁慈。在行军过程中有些情况我没有预料到，至少 20 名以上军官把自己的食品分给他人，却自己掏钱在路边大众餐馆进餐，造成了一笔不少的额外开支，但是，我必须面对，除非我被认为具有乔·邦克（Joe Bunker）那样的心智，那可是一个没有灵魂的鄙夫。

　　他的下一封信（1776 年 4 月 17 日）寄自纽约，信中表达了他因丰富了见识和经验而喜悦，他们从新伦敦港口启程，在航行过程中看到了在海军准将霍普金斯（Commodore Hopkins）指挥下的，夹带着从敌军缴获的几件战利品的美国舰队。当时全部的炮兵部队接到远征魁北克抗击英军的命令，正在沙利文将军的指挥下开始进发，这对他来说是多么的令人愉快（如果一个士兵能被允许拥有他自己的爱好）。

　　眼前的围攻给了我更进一步成长的机会，尽管目前没有荣誉可言，但如果发动猛攻，一个军人就获得了亲历上述战役的机会。这座城市（纽约）非常壮观，尽管波士顿与之相比显得蹩脚，但是，我找不到喜欢你（纽约）的理由。这里有雅致的私人房屋和第一流的公共建筑，还有纪念皮特（Pitt）① 的大理石雕像，以及大不列颠统治者骑在马背上的青铜塑像，

---

① 18 世纪英国最伟大的政治家，为英国成为北美和印度的霸主，缔造大英帝国立下汗马功劳。——译者注

### 英军从康科德撤退

这是一幅讽刺漫画，描述了英军在距离波士顿西北 17 英里的康科德镇遭到民兵阻击，战败后撤退的情景。民兵们运用"打完就跑"的印第安人战术袭击英军，结果英军 73 人被打死，174 人受伤。

### 推倒英王乔治的塑像

　　1776 年 7 月 9 日，华盛顿在纽约收到《独立宣言》的印刷文本后，立即命令部队集合列队听读宣言，士兵们听完《独立宣言》后大声欢呼着把帽子扔到空中，当天晚上人们将纽约街头的一尊英国国王乔治的金属塑像推倒，然后将其融化用作生产子弹的原料。

但是，这些东西有什么益处呢？正直、诚实、仁慈、好客曾经是我们快乐老家居民的显著的品质，但在这里无处寻觅，在这里一个人有钱才会有朋友，说到底这个地方毕竟是各色人等的大杂烩。每种物品都过分昂贵，以至于一名中尉军官一连两个月的月底不得不生活于精打细算的状态，由于我捉襟见肘，我不得不在我们收到工资的一两天内倾己所有购买衣服。

在他的下一封信（1776 年 5 月 3 日于纽约）的结尾，他表达了有关大陆军立即占领加拿大领地的重要性。

战争的座次可能因此而改变，大量的流血将被先期制止，为了夺取魁北克，受英国人挑唆反对我们的土著将被制伏，如果我们放弃目前的攻击，"来世成功"将成为可能，我昨天有机会听到普特南将关于我们所面临的形势的观点，他查看了要塞中的加农炮，由于我当时担任警卫，普特南将军问了我几个关于炮火布阵方面的问题，在回答他的问题之后，我直率地向他求教关于敌军的见解，他坦率回应，他认为敌军正尽力与我们在这里发生遭遇战。"将军，这样一来，"我说，"我们将有一点点生意可做。""不仅是一点点，而是，"这位老绅士说，"我向你保证，当敌人驶出他们的舰船时，你将忙得不可开交。""根据我的观察，8 或者 10 艘舰船组成的舰队将会构成猛烈的炮火，我们的炮兵部队将充分地回击，这将给年轻人一些炮击创意的机会。""我赞成你的说法，"他断定，并且哈哈大笑，"还将给年轻人提供颇为猛烈炮击的机会。"

正如你们已经听说的，我对纽约以及这里的定居者无法给予更好的形容，而且，我们将不能袭击他们。不提别的，单说驻扎在这里一年有余的人，竟然没有交到一个值得他交的朋友，他们是如此的只关心自己，以至于对异乡人不给予哪怕是一点点关照。在我来这里以前，我自以为在纽约这样的地方，无论如何我都能够促进一些有情有义的关系。可是到了这里才发现，我忽略了困难之处，每种东西的价格都升到奢侈品的高度，亚麻布，曾经的销售价格是 2 先令 8 便士，现在竟卖到 6 或者 7 个先令。

我已有两个月的报酬没有收到，每周一个基尼是一个绅士用于膳食的公道的价钱，可是对于一个军人来说，由于要支付他的住宿费用，他得非常巧妙地精打细算省下这笔开支，如果在行军途中，没有更多的支出，这笔开支是适宜的。我们不久将远征南方，这不是不可能。我无论在哪里，能够写信给你，能够收到你的来信，对我都是天大的喜悦。我深情地问候母亲、兄弟、姐妹、姑妈以及我所有的朋友们。

1776 年 5 月 24 日，他从纽约再次写道：

我没有收到你和我的朋友们哪怕是只言片语的一封短信，尽管我和亲人们分离很久，但不会因此而感情疏远，在这些令人烦恼的日子里，距离并没有冲淡我对你们的感情，相反，增加了我对你们的挂念。根据来自波士顿的消息，为了免受我们的敌人未来发动的攻击，需要在那么多折磨人的地方修筑防御工事以保证安全，我担心进展太慢了。可以肯定，残暴的英国人对定居者的非人待遇，将激发他们尽最大的努力来防范再次受到同样的遭遇。

你无须置疑来自英国的有关猛烈行动的重大新闻，他们企图发动这场战役。可怜的美国被英国雇佣的赫斯雇佣兵、汉诺威王朝人（Hanoverians）、瓦德克人（Waldeckers）、布伦兹维克人（Brunswickers）以及我目前一时想不起来的更多刺耳的名字所恐吓。以我卑微的见解，我发现大不列颠引导那些部队上战场是一项艰难的任务，比在公告上召集组织他们更加困难。

我现在（1776 年 6 月 11 日）驻扎在雷德胡克（Red Hook）①，距离纽约大约 4 英里，它位于一个小岛，处于具有重要战略意义的位置，能够俯

---

① 位于纽约州，达奇斯郡西南部。——译者注

瞰全部港湾的出入口。在这里，我们有一个由 4 门 18 磅的火炮构成的要塞，和 N 形的射击炮位，在这些工事的顶部有比通过炮眼射击更为开阔的射击炮位，我们现在就能够把我们所有的枪炮立即对准同样一个目标。这个要塞命名为"挑战"，如果敌人的舰队实施攻击，我认为它将受到要塞极其严重的回击，我们占据着一个最重要的驻扎地，这将成为他们的心腹之患。

这里有两户人家，万狄克先生和他的儿子，坚定忠诚的辉格党人（Whigs）①，一个有德行的、非常聪明的人。他们与我们的人之间一直相处得非常融洽。一周以前我来到 16 英里之外的位于长岛的这个叫法拉盛（Flushing）的地方，这里周边有大量的乡镇，亲英分子从城市里逃出来在这里避难。

几乎难以置信的是，这里竟有许多歹徒，在我住的房子附近比较少，但是万狄克推测说："这里生活着一个卑鄙的亲英分子。"前天，有一艘来自亚洲的，属于某个亲英分子的小船被截获，当时这个亲英分子正在船上搬运物品，我们发现有个袋子里装了大量亲英分子的信件，袋子里还放了一些铅，以备倘若被当场捉住时，可以将信件沉入水中。但是，我们的抓捕十分迅速，以至于她还来不及把信件沉入水里。信件的内容没有被毁掉，但是信件的所有者却潜逃了。我的意见是希望能够找到一些方法去捣毁他们的巢穴，这样一来，敌人将会暴露，亲英分子的头目将无法一心一意地为英国卖命。与这些亲英分子大相径庭的是自由崇高的精神在激励着新英格兰人奋勇抵抗。多么博大的心灵，你们所受的苦难不久将由和平的福祉来补偿，在此基础上，整个大陆都会公正地向你们致敬，用掌声赞许你们的刚毅和不屈不挠。我信赖亲爱的家人，因为在这个轰轰烈烈的时代应经得起千变万化，我从不怀疑不久就能得到你们的消息。我不会自寻烦恼，但无法避免因得不到有关你们近况的消息而心存挂念。

---

① 辉格党是指反对皇室特权的英国政党，该党支持美国独立革命战争。——译者注

在一封写于雷德胡克（Red Hook）（1776年6月17日）的信中，在向他父母表示来信收到后，他大喜"在保卫港口的防御工事修建过程中，波士顿绅士的精力和敏捷是如此普遍的被证明"，专业技术队伍中的成员还包括自愿提供服务的牧师，"他的名字应该叫波士顿人（Bostonian）"，他呼喊，"他们及其子孙像古希腊人和古罗马人一样值得尊敬"。

在这些信中，他悲叹在沙利文将军指挥下的大陆军在包围攻击魁北克事件中，造成的重大伤亡，部队的不规矩行为激起他的愤慨，他补充道：

他们的处置不当，是可耻的，向将军（华盛顿）告急后，所有的准将接到命令，要求把有关围攻魁北克事件的详细情况通知他们各自下属旅的指挥官，并把在我们交战中形成正当判断力的重要根据铭刻在他们心上，我们对我们国家、我们自己以及子孙负有无尽的责任，因此，要忠实地履行我们的义务。在这些艰难的日子里，你的处境我感同身受，但我期待你能一如既往地慷慨地帮助我。我非常感激你关于我继续留在军队里的指点，竟与我的意图完全吻合，要不然，现在的每一个动机都可能改变我勇武的精神和博爱的行为，很可能会驱使我回到田园。如前所述，我出于对国家的热爱以及受品德高尚的沃伦（Warren）[1] 以及他的勇敢伙伴等英雄榜样的影响而加入军队。沃伦在（6月17日）殉难纪念日这一天把自己作为牺牲品献祭于自由的祭坛。他们的英雄行为吸引着我们跟随，他们的感召令人无法抗拒。我一直留在雷德胡克，身体健康，心情舒畅，克制着想见到你们，与你们面对面交谈的奢望，我亲爱的父母，我最大的喜悦就是经常收到你们的来信，我希望主的神恩赐福你们包括我的兄弟、姐妹等每一个人。

在另一封发自雷德胡克（1776年7月15日）的信中，他庆贺自己的

---

[1] 沃伦将军在对英军作战的邦克山战役中阵亡。——译者注

父母回到位于波士顿的老房子的家中，他说：

在这里"愿主赐福保佑"，我希望你们一直在这里，平平安安，自由自在……豪将军（General Howe）指挥军队从哈利法克斯（Halifax）[1]出发到达并扎营在斯塔腾岛（Staten Island）[2]。星期五，两艘船舰和三艘补给船乘着疾风急流的有利条件，顺风航行经过我们炮兵部队的旁边到达北河，他们目前停留在那里。通过敌军的逃兵，我们获悉，敌军的损失相当严重，船壳的许多地方被打穿，索具也受损严重。他们是如此的匆忙，以至于没有停下来回应我们的"礼炮"，虽然这些礼炮是传递"友善"和"热情"的；他们似乎很明智，尽管他们离我们只有两英里。他们对驻扎在纽约城里的我军主力炮兵部队多了一些"礼貌"，城里的炮兵向他们射击，他们还击了，但是没有击中目标，他们为了提高航行速度，尽可能张开更多的帆，不敢停留。

在星期天，豪勋爵（Lord Howe）派了一艘插着旗子的小船来和华盛顿将军派出的代表见面，会面地点在敌军舰队与我们的要塞之间正好一半距离的位置，在双方相互正式行礼之后，英军船长通知我们的陆军副官长说，他有一封给华盛顿先生的信，他恳求能亲自把信交给华盛顿先生，对此，他被答复，因为身份不对等，华盛顿先生不能接受这封信。他也意识到自己没有与华盛顿先生同等的身份，于是再三恳求我方代表能够把这封信带给华盛顿先生，并声称，信中虽然未含有军事实况，但是对信中有些情况如果能够充分地理解和正确地从事，将会产生极其愉快的结果。那位陆军副官长回答说，信的内容不重要，在正确表述称谓以前，无论如何他们都不能面见华盛顿将军，会谈结束后，他们分别归队。不过，那位船长划行了几杆之后，他又折回，要求了解华盛顿先生准确的头衔，英军船长

---

① 美国北卡罗来纳州东北部城镇，濒临厄诺克河。——译者注
② 美国纽约州东南部岛屿，位于曼哈顿以南的纽约港内。——译者注

表示假如华盛顿将军的身份没有完全确认，那么他向首长汇报任何情况一概是多余的，陆军副官长明确地给了他回复。在他们分手以前，这位船长说，豪勋爵被赋予很大的权力，但是他宁愿选择在辩论场上见到我们，而不是在战场上，还有就是豪勋爵阁下非常不愿意双方不久后在战场上见面。

我对怎样解释"关于豪勋爵阁下的不愿意"这一段表述感到困惑，是由于在宣布独立之前他还没有到达，还是因为此时此地我们没有足够的能力阻止他的舰船如上所述驶入北河。我深信，这些舰船完全能够对付，也完全能够阻止他们再一次回归舰队。豪勋爵阁下被赋予的很大权力，也许是指在殖民地选择自愿屈服时，他能受降，并绞死那些顽固的反叛者而已。尽管这些措词很和善，大概是想依靠他的皇家统治者来建立权威。我们不再被他的皇家统治者所统治，美国军队正受着主的恩赐，我坚信会永远这样。英格兰教堂的宗教仪式，在纽约自始至终地被履行，没有人修改或反对它，但是，当上周日独立宣言公布后，这些教堂第一次全部关闭。他们也可以留在这里，直到大陆会议明智地下令举行一个恰当的仪式。

由于新修了工事并增加了军队，我们的堡垒更加坚固，防御态势非常可靠，除了攻击或偷袭，敌军几乎不可能摧毁它。为了防备敌军偷袭，每个人每隔一天晚上轮流值班，尽管需要值班以及从事其他劳役，但我从未享有比目前更好的健康和精神状态。感谢施赠者所给予的每一个美好的礼物，他继续仁慈地对待我们；用他自有的快乐时光为我们带来愉快的经历，仁慈地善待苦恼的我们。

华盛顿将军向豪勋爵发出一个旗语（1776 年 7 月 17 日），而在昨天，豪勋爵阁下也升起了一个旗语，但是我方没有接受，因为他仍然没有学会正确地把收信人的姓名、地址写在信封上，这封信书写的收信人姓名、地址是致"乔治·华盛顿先生，等等。"啊！我的上帝，祝愿我们的时代早日到来，到时候，你不仅心甘情愿地称他将军，而且你还将心悦诚服地承认华盛顿将成为你的主人。

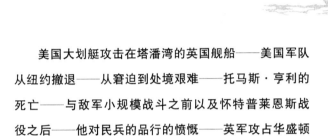

　　美国大划艇攻击在塔潘湾的英国舰船——美国军队从纽约撤退——从窘迫到处境艰难——托马斯·亨利的死亡——与敌军小规模战斗之前以及怀特普莱恩斯战役之后——他对民兵的品行的愤慨——英军攻占华盛顿堡——关于普林斯顿战役的报道

　　在 1776 年 8 月，负责指挥华盛顿堡（Fort Washington）（该防守地点位于哈德孙［Hudson］河东岸，距离纽约约 14 英里）炮兵的军官生病了，山茂召中尉奉命接替指挥。

　　当时，这里的游击队指挥官是土普上校，他曾因烧毁波士顿灯塔，组织海军基地的囚犯实施防御而极为著名，土普上校决定指挥大划艇进攻停泊在塔潘湾（Tappan Bay）① 的英国船舰，山茂召中尉志愿在这个时候提供帮助，参加这项极其危险的行动。大划艇因为操纵极为艰难，被迫撤退。山茂召在向他的父亲传达事件经过时（1776

---

① 位于纽约州东南部哈得孙河畔。——译者注

年 8 月 12 日）说：

这是个冒险的计划，我军处于非常弱势的地位，我们只有 6 艘大划艇，一共只能携带 11 支枪，而在所要进攻的那两艘敌船中，一艘船上配有 20 支枪，另一艘船上配有 44 支枪，还有 3 艘补给船为其提供援助，并拥有弹性缆索的优势。而我们不得不完全用桨来划水使我们的小舰队行驶。

尽管在双方的交战过程中，敌船发射的葡萄弹能有效击中我们的时间仅持续了近两小时，但是造成我方较大的损失，2 个人被杀，14 人受伤，我们被迫撤退，我们有一艘大划艇整体倾斜随潮水漂浮在他们的视线范围内，但是他们没有追击。5 个受伤的人是由华盛顿将军分派投入战斗的，我与他们同在一艘船上，除了这艘船的帆以及索具遭受敌人葡萄弹的袭击之外，船壳也被 13 次击穿。你也许想知道我在船上做了些什么，坦白地说，它的确超出我的职务范围，不过除了渴望参战，我更想了解一个事件的本质胜过任何其他的动机，以及我自愿的倾向。当我看到另两位与我同样身份的绅士上船与我们并肩战斗时，我感到这是对我的一个不小的鼓励，其中一个绅士是城里的商人，另一个最初是华盛顿将军的高级副官，舰长对我们非常礼貌，当战斗开始时，充分授权我指挥两挺机枪，而我的同事则除了旁观，无事可做。

他从华盛顿堡（1776 年 9 月 18 日）写道：

我要感谢上帝，给我一个健康的身体和良好的精神状态，尽管我们目前的环境不够令人满意。自从我们从长岛撤退，另一些部队从纽约撤退看起来也是不可避免，我们时时刻刻在预期这一事变并做好准备。因此，远至我们绝大部分的部队，近至我们所有的军用补给品都要转移，不过我们被优待多给了一天时间，可以规划一个安全的撤退，尽可能巧妙地设计退路安排撤退行程。敌军猜想我们继续留在纽约城里，因此前天晚上进抵东河的舰船开始猛烈射击，以此支持敌军在上游登陆。我和诺克斯上校（Colonel Knox）以及其他几个人骑马去查看事态进展，当我们走到近前，发现敌军已经登陆，上校派我指挥连队行军返回纽约抗击敌军。在我返回途中，我发现敌军已经被我军某部击退，他们是负责掩护从纽约撤退的那些部队的，一直在暗中据守着阵地。我率领连队返回纽约城内，发现我们连队没有步兵可以支持他们作战，于是布置炮兵连在城镇对面的一片树林的掩护下撤退，在撤退的过程中，我多次被敌军发现和追击，幸亏有一匹好马帮助我成功逃脱，可是，在我奉命返回纽约执行任务的那天早上，我们部队派出的一辆四轮运货马车被敌军夺取，我所有的床单、长袜、紧身长外套、毛毯，总之，除了我身上穿的，以及上次我从这里离开时留下的一些物品之外的所有东西都遗失在车上了。尽管如此，我将做得比目前更好，因为我的报酬也比以前更多了一些，我获得了更多的东西。一个军人无权做超过他权力范围之外的事情，但在困境中要挺直他的脊梁，这将是我未来信奉的格言。

从战争形势来说，我们现在处于比在纽约时更有利的位置，因为敌军的舰船现在无法对他们的进攻提供帮助，前天我们证实了这个推断，敌军某部强行穿越一片树林，试图占据一些高地时，被我军击退，如果不算上我们部队下级士兵的尸体，双方的伤亡同等，尽管敌军的作战表现可能和我们一样勇敢。我希望上帝保佑，在不久之后，形势将朝在战略上藐视敌人进攻的方向发展。机不可失，我们应抓住背水一战的大好时机，宁愿放弃官职，奉献一切。对自己应尽的义务，我将尽心尽力，只要能够赢得并结束战争，我愿意为之献身；我诚挚地祈祷，我们接下来实施的撤退，但愿是最后一次，可以这样说："没有边界的故土就没有游子的归来。"

他的下一封信（1776 年 9 月 27 日）寄发自华盛顿堡，在这一处境艰难的阶段，窘迫体现在军队的规模在缩小，他的情绪与此相关，他对此强烈地提出异议。

　　我向你提到过我的行李遗失了，此外还有其他物品和我的衬衫，我不想第二次提起这次遗失的事情，虽然我找遍了所有邻近的城镇，但没有结果。我所有的备用衣物缩减到只剩一件衬衫，另一件衬衫是借来的，我想方设法也要搞到衬衫。我知道没有任何人会像我这样非常放肆地向你请求。因此，请你从波士顿给我寄6件衬衫，并配备同样数量的领带。诺克斯上校对我非常友善，我一想到他喜欢我，就感到特别开心。

　　我们的部队扎营强固，不久将大大地扩展营地，增加相当大面积的墙基以便提供更多的住宿面积，以备在任何时候不必向民兵求助，由于过去的凄惨经历，我们发觉民兵在安排住宿方面是靠不住的。从现在到新的征战开始的这段时间内，我希望（我确信应该这样）改善我们部队的训练，使之在面对敌军时能旗鼓相当，有出色的表现，因为上帝知道，不管是我们训练有素还是专业正规，能把我们从新近发生的毁灭性打击中挽救出来，几乎是上帝的奇迹，昏头昏脑的敌军没有正确地使用他们的优势，这是能够把我们从不可避免的毁灭性打击中拯救出来的最关键的原因。

　　自从我离开你，我受到的严重打击是我失去了亲密的熟人和真正的朋友——托马斯·亨利，他死了。几天前的一个晚上，在蒙特雷索尔岛（Montresor's Island）上发生了与敌军的小规模战斗。起初，亨利设计了一个计划，准备偷袭岛上的100多个敌人，他强烈要求派遣队伍和他一起行动并向他提供帮助。他乘的船第一个登陆，并且是唯一登陆的船，其他4艘船玩忽职守。他们最初击退敌军，但最终被迫撤退，第一艘登陆船上的那些人，或死或伤，损伤了一半。当他们推船离岸时，有一个敌人追杀到岸边，准备再次射击，这激怒了亨利，他抓起船上士兵的一杆燧发枪，跳下船冲上去，用刺刀刺杀了那个家伙，那个家伙倒下了，亨利走回他的船，这时敌军突然袭击——死神展翅飞翔降临到我英勇的朋友身上，美国在一瞬间蒙受了很难弥补的损失。他最近刚刚提升，我被提拔到的副官职位，正是他所辞去的。

他在又一封发自华盛顿堡的信中写道（1776 年 10 月 11 日）：

部队目前一直住在帐篷里，我们将会在季末住进临时营房或兵营。我们从纽约撤退之后，我们的部队与敌军之间发生过小规模战斗，并击退了他们。虽然战斗很小，但它的影响非常巨大，因为敌军受到的挫折很可能带给他们一个暗示，那就是在春天到来以前应绝对避免攻击。我非常肯定地告诉你，这正是我们衷心希望的，因为目前我们的形势非常不尽如人意。也许，不久后情况会更好一些，因为国会最终似乎认为这场战争必须继续维持一个巨大的规模，拥有 88 个营，每个营配 700 多人，除了配有一定比例的炮兵部队，还应向炮兵部队提供我们必须拥有的每一种必需的装备，以提高作战能力。民兵不再被召回，依我的愚见，召回这些民兵比维持同等规模或更大数量的正规部队会产生更多的费用，更不待言，除了在新英格兰，在任何地方他们极少能提供帮助，那些来自泽西或其他地方通过这种方法组织起来的民兵在敌人出现后整连、整团地的奔逃，尤其当敌人的舰船开抵纽约城对面，距离我们位于保卢斯胡克（Paulus Hook）①的堡垒大约 1.25 英里时，巨大的恐慌控制了他们，以至于我们的团长丹纳上校不得不把葡萄弹装进火炮，用如果敢逃跑不听从命令就向他们开火来威胁他们。要不然，他们将在丹纳团长从他们手里扣下那些军方补给品之前就放弃了自己的阵地。这些人说起来是你们南方的勇士，他们瞧不起新英格兰人，不过，我倒要质疑他们显露出的懦夫行为，不管怎么解释，民兵们的所作所为妨碍了我们的战斗，我不是故意放大这个如此令人生厌的问题，但是，对比的结果真是令人作呕。当然他们之中也有优秀的人，这是毫无疑问的，但从全美国来看，若是有优秀的人才出现，那么区分他是

---

① 位于新泽西州哈得孙郡泽西城境内，与纽约曼哈顿隔哈得孙河相望。——译者注

这个属地或那个州，都是无关紧要的。我希望我们有更多的波士顿年轻人加入我们的队伍，因为我认为，他们中的大部分人游手好闲地待在家里过着碌碌无为的日子是相当可耻的，如果他们还不离家外出加入我们的队伍，一旦战争结束，他们显然是可鄙的。

当我告诉你敌军没有进攻行动的时候，我忽略了他们有3艘船，前天已抵达北河。请不要把这件事告诉任何人，因为这是可耻的，每当我一思量这件事，我就会丧失所有的耐心，尽管我们为封锁海峡的行动计划取了一个坚固的名称叫"铜墙铁壁"，但是，终究被敌军突破了。我曾由衷地为敌船"委"身于我们的两只大划艇而高兴，并希望这两只艇能缠住那些船长，且有足够把握让那些船长服从指挥，跟着两只大划艇随后来到我们堡垒炮火的有效射程之内，可是，我们的两只大划艇没有按原计划的航线行驶而是从海峡的空隙处穿过，于是，敌军的3艘船也紧随其后，通过了海峡，他们的这个调遣将切断我们从奥尔巴尼运送板和砖到前线阵地的水上交通运输，将迫使我们从其他渠道以过高的价格获得那些物品。瑞戈中尉是一个囚犯，现在纽黑文，一直莽撞冒失。他曾自问自答地告诉我他在纽约时见到过的美国领导者。他曾不止一次地当着我的面说起："啊，我的老朋友山茂召是一个聪明的家伙，12个月以前，我猜想他还没有完全了解辨别毛瑟枪的末端和另一端的军事知识，但是，现在他升为中尉了，担任炮兵团长的副官了。啊，不管怎样，这些人学到知识，看来是受到神之感召而获得灵感的。"

关于衬衫一事，我已多次写信给你，我非常需要衬衫，但是，在波士顿这边无论什么地方都没有买到。我打算给你寄钱，用于购买对我来说必备的毛毯、长袜、一件紧身长外套，以及其他必需品，以替代补齐那些被敌军抢走的生活必需品，我只要一有可能就把钱寄给你，因为缺乏衬衫真正给我带来了痛苦，尽管你已经为我提供了如此多的援助，但我又不得不依赖于你的帮助。在你有任何方便机会的时候，请给我回信。我的孝顺和关心伴随着你，我深爱着我的兄弟姐妹，我渴望与你多住一些天，但是，在战争结束之前，我可能无法允许自己有如此幸运的奢望。战争结束后，我希望我们能幸福地相聚在上帝赐予的幸福时光里，我一定会为你向上帝的慈悲天意致敬，请相信我，当上帝知道后，一定会赐予我们大家最诚挚的祝福。

　　他的下一封信（1776 年 10 月 20 日）发自金斯布里奇（Kingsbridge）：

　　我的身体和精神状态很好，我们已经离开华盛顿堡，敌军把主力部队向上游转移，以便尽可能切断我们与东部州的交通联系。敌军的动向使我们意识到，几天之后我们将会陷入一场不可避免的战斗，上帝可能赐给我们一次幸运的机会。敌军的如意算盘是，在过去的两个礼拜中，为了拖垮我们尾随其后跟踪他们的部队，他们不断迫使我们处于小心警戒的紧张状态，看来敌军热切盼望着双方交战。交战将导致我们紧跟其后的"徒步旅行"结束，或者迫使我们再次求助于堡垒。

　　从怀特普莱恩斯（White Plains）①，他写道（1776 年 10 月 26 日）：

　　我们将停留在这里，直到与敌军发生遭遇战，他们现在距我们三英里以内，敌军的调遣行动是为了给我们制造大量的困难，让我们高兴的是他们没有毁灭我们，尽管敌军占有十分有利的阵地和地形位置等优势，而我们则被他们四面包围在岛上，至少从当前作战的后果来看，作为一支被围困的军队，崩溃是不可避免的，但是"不仅这个竞争不迅速，而且这场战斗也不猛烈"，上帝使敌军的计划变成愚蠢的行动，看起来好像上帝什么也没有做，其实他插手了，令他们迷惑，至今还在保护着我们。

　　尽管如此，我们不能认为上帝对我们应尽的义务没有要求，正如我们

---

① 美国纽约州韦斯特切斯特县城市。——译者注

不能坐等上帝的救助一样。相反（从世界的常理来看），我们拥有自己的手臂，应当自己去赢得胜利，在多次与敌军的小规模战斗中，我们不断地进步，以致我们的部队充满着高昂的斗志，急切要求投身战斗。决战不久就会打响，因为寒冷的冬天正在临近，而我们需要冬营地。

在怀特普莱恩斯战斗之后，他写道（1776 年 10 月 31 日）：

星期一，敌军出现在我们的视野，好像企图继续保持他们之前势如破竹的攻势，我们的人准备阻击他们，而不能如愿实施全面的进攻。豪将军指挥英军的主力部队向我军右翼进军，在右翼，我军有一个旅在一座小山①上占据着有利的地形，在小山上可以俯瞰我们的营地，在我们对这个旅实施增援以前，豪将军凭借着军队数量上的优势，发动了 7 到 8 次进攻，攻占了这座小山。据逃兵报告，敌军死伤 400 多人，我方死伤大约有 100 到 130 人。军队无路可走陷入沮丧，敌军继续沿着北河拉长战线，这迫使我们保持不停地运动以阻止敌军通过夺取我军后方的高地来包围我们。我们的部队非常疲劳，但并没有使将士们遭受挫折，尽管一些磨难、不幸以及困难、打击可能对他们造成困扰，但是，官兵们相当普遍地坚信，我们最终将击败敌人。

在发自距离纽约 33 英里的北堡（North Castle）附近营地的信中，他这样写道（1776 年 11 月 6 日）：

星期一，敌军在充满危险的战斗之后，离开了那座小山，减弱了对我们的攻势，这次战斗给敌军方面造成相当大的损失。关于敌军这次调遣行动的动机有许多推测，我自己的判断是，敌军发现我们现在占据的阵地非

---

① 指查特顿山。——译者注

## 1776年征兵招贴

大陆军的兵员一直比较匮乏，士兵逃亡经常发生，军队从未达到大陆会议既定的88个团（7.5万人）的规模，从未超过3万人，其中在战场上作战的不过1.5万人。图中的招贴宣称华盛顿部队征募"勇敢、健康、强壮，乐于献身的年轻人"，实际上的兵源包括：新近来到北美的移民、敌方的匪兵、战俘、亲英分子、罪犯、流浪汉、契约奴、失业工人、学徒工、奴隶、自由黑人等，绝大多数士兵来源于社会底层。

## 英军在哈得孙登陆

　　1776 年 10 月 9 日，13000 名英军及赫斯雇佣兵在哈得孙河西岸登陆越过木栅，进攻大陆军所占据的位于帕利塞德绝壁上的利堡；11 月 16 日，英军攻占哈得孙河东岸的华盛顿堡，俘获 1600 名大陆军将士。

常有利于防守，而他们绝不会冒太大的风险进攻我们，更不要说冬季正在到来，过不了多久，双方的军队都要进驻冬营地了。

他的下一封信是写给他在波士顿的朋友——牧师艾略特先生的，日期是 1776 年 11 月 18 日。

说到我们的军队，是上帝在帮助它，因为现在正处于一个令人不快的状态，民兵有的走了，有的回家了，而我们的正规部队的服役期限正面临期满终止，可是很少或没有关于补充新兵员的行动，如果没有重金悬赏，目前艰苦的征战将大大阻止我军再次与敌人交战，由此看来，在战争期间，由一些州来统管征募兵员是必要的，我不认为这不太可能。

现在与以往差异非常大，毫无疑问，许多人参军服役只不过是为了消遣。自从我们离开新英格兰以来，我们一直在敌人的地盘上作战。我坚信，如果上帝没有给予美国超乎寻常的恩赐，那么毋宁说现在我们还是一个任人宰割的民族。当我带着这个信念离开波士顿加入我们的军队，我的热忱曾使我坚信，我会在我们的人民中发现他们所具备的许许多多突出的美德，正如古代斯巴达和罗马所记载的那样。令我失望的是，无数事例却显示出民兵们卑鄙的行径，举一个有足够说服力的例子，昨天，民兵的服役期满，他们被要求为了祖国的利益而延期 4 天，可是他们一帮人全部离开了，所有剩下的人不足以组成一个即将与敌军交战的团。可恶可耻！他们应该知道这不是为了英国，我不能要求他们受到严厉的惩罚，但应让他们受到忘恩负义的报应。尽管很可能会通过种种方法招募新的部队，但我希望，我们永远不要再次过分迷信于我们能够期待民兵的协助而获得任何利益。我在谈论他们的时候是把他们整体作为一群人来看待，我绝不会让他们中的某一个个人蒙羞，从他们目前的构成来看，对我们提供不了任何帮助，这是因为，只要有人是由于没有责任感而留在部队里，尽管时间短，但当服役期限终止时，那种既不尊重国家幸福，又不顾及他们自身荣誉的念头将诱导他们，使他们很可能不但令人生厌，而且会成为社会危险分子。在这封信到达你手上之前，你也许已收到华盛顿堡被敌军攻占的消息，敌军是前天占领华盛顿堡的，我们到目前为止还没有获悉详细情况，只是听说，敌军佯攻了我军位于华盛顿堡下面的前线部队，这导致指挥官分派一部分兵力增援前线部队，这时，敌军乘机按照事先谋划好的预案调动若干部队进入我方前线部队和堡垒之间，切断交通运输联系，迫使我方前线部队最先退却。不久之后，堡垒弃守，事情的真相究竟如何还不清楚。我是刚从李将军处得知这一消息的。他是一个激情满怀的人，他说这是豪先生的一个卓越战例，李将军为在这次战役中没有能够取得更多的进展而感到气恼和耻辱，因而，我们要舔舐他的痛苦。无论如何，不能让我们部队陷入沮丧，在帝国建立之前，我们应当预期更大的困难，"梅花香自苦寒来"（Ad astra per aspera）应该成为身负着艰巨任务的人们的座右铭；我衷心地祈祷，宁愿正式宣称放弃寄予我们希望的后代，宁愿蒙受战争的惨烈以及敌人所有恐怖行径造成的凄凉，也不能没有亲爱的独立，尽管出于不得已我们被敌军从一个驻地驱赶到另一个驻地，直到我们被逼迫至爆发的极点，光荣地投身无限广阔的天地，坚定地反抗苛政。你可能认为我太激烈，也许是的，但确实，这是我真诚的愿望，再也不愿意被大不列颠统治。

他的下一封信是从"怀特普莱恩斯旁的兵营"写给他父亲的（1776年11月20日）：

豪将军上周六取得辉煌的战果，在夺取华盛顿堡的过程中，他用他部队中最大兵力实施包围，我们有1600名将士被俘，这将给豪将军提供一个大书特书的绝妙题材，要不然他会非常懊恼，因为自从他指挥部队征服美国以来，很少处于有利的地位。无论如何，我们不能气馁，因为战争的结果还没有确定，而且我坚信上帝会支持美洲大陆即将到来的伟大事业，而不会像现在这样，听任不列颠的臣民及其政府内阁官员像无法无天的歹徒那样蹂躏我们。

他在又一封发自同一处兵营的信中写道（1776 年 11 月 22 日）：

自从我们丧失了华盛顿堡，敌人的主力部队带着冒险推进的意图从泽西（Jersey）① 的岸边登陆，但是我相信他们会失望的，因为我们有一支数量相当大的部队在那里驻守，我们有能力使他们陷入绝境，直到迫使他们进入冬营地。我们将使用这个间歇来训练我们的新兵，可能完全由我负责进行集合操练，这将为新兵们夯实坚实的基础。我亲爱的父母，你们也许渴望知道关于我继续在军队服役的意图。（不管是漫长还是短暂，我的战友们将会逗留到战争结束。）对于这个决定，我不知你们的想法是和我想的一样呢，还是这个决定正契合你们美好的愿望，或是你们尽力想让我舒适和安心？我不但真诚地感谢你俩对我昔日的恩惠，而且非常热忱地为你们现在和今后的幸福而祈祷，请同意我继续留在军队的决定，你们充满深情的儿子。

在特伦顿（Trenton）② 击败不列颠军队之后，他从莫里斯敦（Morristown）③ 这样写道（1777 年 1 月 7 日）：

你无须怀疑所听到的有关我们在特伦顿获得胜利的消息④，我们军队

---

① 位于新泽西州东北部，哈得孙河与哈肯萨克河之间的半岛上，与纽约曼哈顿岛相望，1804 年设镇。——译者注

② 美国新泽西州首府。——译者注

③ 美国新泽西州城镇，濒临惠帕尼河，建于 1710 年，1865 年设镇。——译者注

④ 指美国大陆军在特伦顿战役中获胜。1776 年 12 月 25 日，华盛顿侦悉英国雇佣军孤立无援，遂率部度过特拉华河发起突然进攻，次日俘敌 900 余人，4 天后占领特伦顿，但于 1777 年 1 月 2 日被康华里所率 7000 名英军击退。——译者注

在特伦顿潜伏了两天，在第三天的大约正午时分，我们接到警报说敌军正向我们推进，大约两个小时以前，他们从普林斯顿 (Princeton)[①] 出现，将我军前哨部队赶进特伦顿。我们的人从密集的城镇中撤出，越过一座桥实施隐蔽，以等待敌军走近，但是，夜色降临迫使敌军停止不前，敌人没有在夜间进一步推进的任何迹象。

正在这时，华盛顿将军下达抢在敌军的前头偷袭敌人的命令，敌军位于普林斯顿左后方，从乡间野路走大约要 11 英里，我们在午夜开始行军，我们的偷袭行动非常保密，敌人一点都没有察觉，直到第二天早上我们开始动手时才泄露，敌人得知有关我们的最初消息是我们正在攻击他们在普林斯顿的营地，在那里，我们打死、打伤并抓获大约 500 多名敌军。这一战，由于我们抓捕到英军的赫斯雇佣兵，扭转了我们的形势，鼓舞着泽西所有地区民兵的作战表现，他们显露出报复自身曾蒙受敌军伤害的决心。我为这两次战斗而高兴，可以确切地说，我认为不可能有任何军队的表现比我们更出色。只是在普林斯顿，民兵从来没有经历过任何战斗，刚开始，他们有少许胆小惊慌，但是，后来民兵们的表现非常勇敢。现在我军面对敌军完全没有惧色，而敌军看起来好像非常惊慌失措，他们如此匆忙地逃到一个安全地带，是因为敌军无法长久地待在普林斯顿以照顾他们的伤员。

我们部队非常热爱华盛顿将军，可是他们有一点不赞同他，那就是，在任何战斗中他极少关心自己的安全，他为人勇敢，希望通过身先士卒无所畏惧来激励部队，但是，这样做在使他显得伟大的同时，让我们非常不安，不过，上帝是照顾他的庇护神，我希望上帝一直能够继续保佑这样一个有价值的灵魂。

---

① 现为美国新泽西州西部的自治镇和乡，位于特伦顿东北 18 公里处，米尔斯河畔。1813年设镇。——译者注

## 特伦顿战役

特伦顿战役和普林斯顿战役是华盛顿将军亲自指挥的著名战役。
1776 年 12 月 25 日，华盛顿率大陆军渡过特拉华河后步行 9 英里，
在黎明的暴风雪中到达特伦顿，俘敌 900 余人，之后又撤回河对岸，
召集民兵增援，然后再次渡河袭击，4 天后占领特伦顿。

## 普林斯顿战役

　　1777 年 1 月 2 日，华盛顿在特伦顿的城东被康华里勋爵所率 7000 名英军击退，因无船渡河，遂于当晚暗地撤营，出间道，至普林斯顿，于次日攻击位于普林斯顿的英军营地，击退英军 3 个团的进攻，并抓获 500 多名敌军，取得普林斯顿战役的胜利。

又一封信发自莫里斯敦（1777 年 2 月 11 日）：

敌军撤退到新不伦瑞克（New Brunswick）[1]和南安博伊（South Amboy)[2]，在那里，他们处在我们人的严密监视下，不通过争斗抢夺，他们无法获得哪怕是最少的粮草补给。在这些冲突中，我们取得了大部分战斗的胜利，以致他们现在只剩有较少量的余部，人数在 1200 至 1500 人之间，不敢出兵冒险，我们的军队每天保持着昂扬的斗志和日渐增强的战斗力。南方部队开始到达，如果新英格兰地区能努力派出他们的部队前来，那么我认为这将是一个勇敢决战的大好时机。

这个冬季的战役为我们的事业提供了无穷的支持服务，在我看来，我们的胜利好像是仁慈的上帝向受苦受难的人民显示的即将到来的美好生活的预兆。几天前，教区牧师和一个信徒带领着一群志愿者从弗吉尼亚到达这里，我提起这件事是想举一个实例说明，凡是一般性的规则几乎都会有一些例外，那些信徒是亲英分子。

---

① 位于新泽西州密得塞斯郡郡治所所在地，地处拉里坦河南岸。——译者注
② 位于新泽西州密得塞斯郡东北部，濒临纽约湾。——译者注

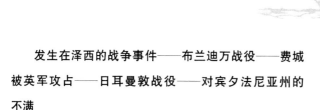

# 第 3 章

发生在泽西的战争事件──布兰迪万战役──费城被英军攻占──日耳曼敦战役──对宾夕法尼亚州的不满

发自莫里斯敦，召先生现在是副官长，此信是写给他的朋友艾略特的（1777年3月4日）：

自从我通过给你写信而获得自我满足以来，我们的事态不但获得了好运，而且出现了非常出人意料的转变，直到现在我们还享有着这个转变所带来的美好结果，也许，这可能是冗长乏味的，正像我不必指出比如在特伦顿，以及后来在普林斯顿的详细情况，因为这些是众所周知的。尽管我们做腻了，但还一直在继续做，每两到三天，与敌军抢劫团伙或多或少会发生遭遇战，在大多数情况下，我们在战斗中占优势，以致他们现在不再伪装出现，因为他们的兵力已经少于1200或1500人，这种明争暗抢的做法，我相信不会"时髦"很久。因为这些好战分子极端厌恶在上述情况下所受到的款待。

他们更愿意他们军队中的首领能够搬来援兵，与其像现在这样被我们孤立，还不如冒险一战赌上一把。

对我们来说，特伦顿和普林斯顿战役是十分接近决定命运的经历体验，当我们第二次越过特拉华河①，正要攻击特伦顿的时候，拥有几乎两倍于我军优势的敌军先头部队从普林斯顿出发向我们扑来。我们的前哨部队被敌军击退，敌军进入城镇的一个区域，而我们继续占据着城镇的其他区域。当时我们与敌军之间只隔着一条大河的小支流，在这条支流的上面有一座桥，这种形势尽管很安全，但对我们来说，几乎没有有利条件，因为这条支流从任何地段都可以涉水而过，我们军队布阵备战，等待敌军靠近，但是天色已晚，那天晚上他们的进攻行动竟然停止了。因此，我的朋友——当时，我们这个一直被视为受苦受难的国家到了非常关键的时刻。这个广阔大陆好像命悬一线，美国的独立显然取决于决战的结果。但是，我们是幸运的，子孙后代也是幸运的，因为我们拥有华盛顿将军，他知道怎样把握有利时机，高明地指挥调遣军队，挫败敌军的阴谋。这些公认的军事才能已被拯救国家的行动结果所证明。直到第二天上午，当我们不得不与在数量上和军容风纪上都比我们占有更大优势的敌军交战时，我们中最乐观的那类人也不敢自认为有任何胜利的希望，因为敌军从未拥有过更有利的攻击我们的机会。

敌军一直逗留在新不伦瑞克和南安博伊，在那里，他们被相当严密地监视，他们将继续处于那种无常的境遇中。我们听到种种有关欧洲国家事务的报道，大多数人盼望不久法国能够对英国宣战，这样一个事件是否将会发生？我不妨听任那些人搬弄是非，走着瞧。我认为，虽然到目前为

---

① 指华盛顿于 1776 年 12 月 25 日率部向北第二次渡过特拉华河。在此之前：1776 年 9 月 16 日，华盛顿所率的大陆军从纽约附近的长岛撤退，同年 11 月 16 日，大陆军的华盛顿堡被英军攻占，于是，华盛顿率部从怀特普莱恩斯向北撤退，在皮克斯基尔（Peek-skill）渡过哈得孙河，然后掉头向南穿过新泽西州，再向南第一次渡过特拉华河进入宾夕法尼亚州。——译者注

止，敌军对我们不闻不问已经有较长时间了，但他们看似精明的行为将成为全世界的笑柄。一个争论很久的问题是他们能否等到任何援军，如果他们等不到援军（许多设想是基于获得一系列胜利的情况下），那么"侍候"他们进入泽西，这一定是他们会即刻使出吃奶力气力争的兴趣所在。不过等他们完全明白过来时，一切已经太迟了，我们的巨大优势将与日俱增。

我非常感谢你关于我们国家轻率行为的陈述，我抱歉地说，这展示了人类心灵忧郁沮丧的画面，我诚挚地加入你关于公众道德崩溃的哀悼，而这一美德对人们的健康幸福是如此的必要，有人传说 D 先生倒戈豪将军，你可以确信，这是无根据的流言，最多，这位先生可能被指控，说他缺乏果断决心，做事太胆小。你对李将军的不幸遭遇的观察结论太正确了，而外界则传说他主意活跃易变，是一个忘恩负义的人。我还听到过大约是同样一类人的一些说法。虽然他和我们一起行军打仗，被看作是拯救美国的守护神，可是那一类人不仅怨恨责难他，而且甚至暗示他背信弃义。我认为从那些事实中获得答案是一个好办法。尽管那一类人还愚蠢盲目地自我吹嘘没有美国守护神的支持，现在也一定能够征服敌军，但是我们坚信华盛顿是公认的天才，在上帝的保佑下，一定能够胜任他已经承担的艰巨的使命。

他在发自同一地方的写给父亲的信中写道（在紧接着的 4 月 27 日）：

几天前，有一支四五千人左右的英国军队，在林肯将军（General Lincoln）的指挥下，派出一支充其量只有三四百人的小分队趁着夜色行军，企图在邦德布鲁克（Bound Brook）① 安营扎寨，这次行动不仅成功而且很巧妙。由于行动诡秘，靠近敌军的我军前哨部队感到意外突然，还没有来得及发出警报就逃走了，敌军的行动意味着不久将向我们的人发动攻

---

① 美国新泽西州自治镇，濒临里坦河。在纽约市西南 50 公里处，1891 年设镇。——译者注

击，我军前哨部队没有抵抗敌军而是迅速逃离，是为了争取时间以便安全撤退，因为当时他们几乎完全被包围了。敌军这次突袭，使我方损失了 35 人，或死，或伤，或被俘，其中包括宾夕法尼亚正规军部队的两个军官被敌军俘虏，还损失了两尊加农炮。这个不幸影响压抑了我们对未来美好的展望。援军已经到来，现在是发挥我们每个人才能的时候了，我相信，只要我们不是只考虑自己的需要，在上帝保佑下，我们将能开创成就美好兴旺的事业。

他的下一封信也是写给他父亲，日期被注明为 1777 年 9 月 13 日，发自斯库尔基尔河（Schuylkill）① 附近的军营。

尽管最近与威廉·豪爵士（Sir William Howe）的交战② 是如此重要的一件事，但作为儿子不愿意讲他自己在战斗中的遭遇，有人会说这是不把父母放在眼里，也有些人可能认为是没有尽到做儿子的责任。感谢上帝，我现在身体很好，虽然经历了一些战斗，但是一直没有受伤。因为我没有时间写得更多，要不，我把自己关于这一事件的描述寄给你供你参考。我非常乐意能够附寄给你一份叙述这一事件的抄本，这是诺克斯将军传送给马萨诸塞州议会主席的。③ 有些来自我亲眼所见，有些来自事件发生以来我收集的证据，我相信这些叙述是有充分根据的。要说起来的话，敌军人数总量太大了，具有压倒性的优势，而我方的人数与敌军相比可以忽略不计（从数量上来看，胜利是无望的）。但是，我敢说，没有人能够比我们的部队更勇敢，只不过，由于这样或那样的原因，我们没有成功。也许上帝打算惩罚我们，或者企图让我们用昂贵的代价去购买自由的权利，我们应该充分理解体会如此无价的神恩。我们的

---

① 该河位于美国宾夕法尼亚州东南部，在费城西部流入特拉华河。——译者注
② 指布兰迪万战役。——译者注
③ 见本章后注释一。

炮兵部队表现良好，在支援掩护步兵时作出极大的贡献，我的朋友也是同事科比（Bryant）上尉曾与我在福斯特（Foster）的连队一起服役了8个月，在做完一个勇敢的军官能够做的一切事情之后，成为这次战斗中阵亡者中的一员，另有两名军官和若干人受伤，科比所受的伤在他的外阴部，他被施以战地抢救，但死于第二天早晨，将直接用战争期间的仪式进行安葬。

我们的部队绝没有沮丧，他们希望跟敌军作战的热情超过其他所有的事情，当时是下午4点钟，战斗开始后的第三天，但是没有收到关于豪将军派部队追击，或者尝试追击，以及他们占了优势的报告，豪将军受到了严重打击不是完全不可能，如果他获得了胜利可能会是那样一种情形，他会说："不获胜，我就去死。"

请转告我尊敬的帕克先生和邻居普罗克特，他们的儿子很好，而且表现勇敢。也请转告莉莉夫人，尽管处于同样的炮火中，正像火怪喜欢火一样，约翰是安全的。兰德尔上尉本人以及他所领导的连队的表现也是斗志昂扬的，我不提起这些表现突出的例子，对大家来说是不公平的。这不仅仅是为了免除他们的朋友对他们的担心挂念。

下面是写给他父亲的信，这是一封几乎完整的信（发自斯基帕克 (Skippack) [①] 炮兵基地，位于费城以西大约24英里，时间为1777年9月30日）。

亲爱的先生：

当我上次给你写信时，我们的事态呈现出相当阴郁的局面，我们在布兰迪万战役所遭受的不幸导致我们部队的精神状态有少许的消沉，我们希望能有一个成功的调整转向，走出消沉状态，不过，尽管这个令人向往的

---

① 位于宾夕法尼亚州。——译者注

**华盛顿率军渡过特拉华河**

　　1776 年风雪交加的圣诞节晚上，华盛顿率领 2400 名将士，越过冰封的特拉华河，突袭驻扎在特伦顿的英国赫斯雇佣军，据说这支雇佣军由当时世界上第一流的专业军人组成，可能是当时欧洲最能征善战的军队，经过一个半小时的战斗，敌军投降。

## 日耳曼敦之战

　　1777 年 10 月 3 日晚上 6 点，华盛顿率部进攻费城附近的豪勋爵所率英军，虽然在战斗开始之时，大陆军进攻非常顺利，即将攻入费城，但是在最紧要的关头，一股浓厚的烟雾升起，导致大陆军的作战无法继续进行，华盛顿将军最终宣布撤退。

结局到目前为止还没有发生，但是，暂时的愁闷忧郁似乎完全驱散，我们的同志一直是兴高采烈的。自从那个时期以来，我们（我不知道我是否应当称之为不幸）经历目睹了敌军获取费城的耻辱。我们在波士顿的好朋友们来信说，他们理所当然地希望在城市丢掉之前能收到类似战斗的消息；不过我相信华盛顿将军也满以为，为保卫费城的守军对敌应该有一个更强烈的抵抗，然而从目前的情况看，华盛顿将军失望了。

在本月 14 日，我们再次越过斯库尔基尔河（Schuylkill），希望通过这次行动能够获得一些有利形势，可是第二天不约而同地，敌人也进军了，我们排兵布阵迎战，不料，天突然下起暴雨来，华盛顿将军指挥我们排成纵队出发，要求我们尽量避免与在拼刺刀方面训练有素的敌人交战（刺刀是当时下雨天任何军队所能使用的唯一兵器，而我们并没有普遍地装备），以避免给敌军占有太大的优势。鲁莽的政客们毫不怀疑有人对他（指华盛顿将军）指挥责任的那些非难，反倒自以为明智地通过了对他的谴责，因为他们认为在这一案例上这样做，不仅对自己有利，而且可以获得极高的赞许。这无疑会让一个善于体谅的人懊丧，面对不仅在数量上超过自己的敌人，宁愿选择撤退，也不愿为了自己国家的幸福而让士兵作无谓的牺牲。然而敢于作出这样的决定，是因为他拥有一个真正伟大的灵魂。暴雨一直在倾泻，我们整夜在雨中穿行，不仅大部分的弹药受损，而且我们自身也受到伤害。不久以后，上级作出判断必须回到河的对岸，以便我们可以更好地阻击敌人，防止他们渡过河来。我们的行动执行得秩序井然，另一支队伍在韦恩将军的指挥下，出发前往敌人的后方，试图通过不断地袭击以困扰敌人，阻止他们尝试涉水而过。对这支队伍行为的评判不是我的职责范围，我只是叙述这些事实。敌军的偷袭发生在本月 22 日早晨大约 1 点钟。他们用装在枪上的刺刀和短剑展开突袭，把韦恩将军所率领的士卒刺倒在地，当场杀死 56 人，还有部分人受伤和被俘。

在上述偷袭中，我的朋友兰德尔（Randall）由于掩护他的战友离开而被俘获，尽管他自己曾努力渴望也能安全撤退，能和与他一起执行掩护任务的战友一道，在夜色的掩护下毛发无损地离开。当他发现自己在敌人的看管下时，他曾尽力逃亡，但是，敌人将他击倒并在他的身上刺出 8 处伤口，以阻止他逃跑，他的伤势不容许他与敌人一同行军，于是敌人把他关在一个靠近战场的屋子里，除非采取交换战俘的方式，他才能获得假释回到我方。这一切千真万确毋庸置疑，持续的一连串的厄运不断地伴随着可怜的兰德尔，他不久前刚刚有机会发挥特长对抗危害博爱仁慈、公道正义的敌人，不料却被一些与自己意愿相悖的命运安排左右，陷入敌人的手中。他被牢固地捆绑，使他无法采取反抗他们的行动，他的自尊心受到打击。他所有的美好行为以及非常痛苦难堪的事件伴随着我们之间长久的相识与友谊，使我非常关心对他的援救，让我挂念关于他的交换战俘事宜的进展。这样做不仅是因为我非常感激他，而且我真正地认为这将有利于他的祖国。

回到斯库尔基尔河的对岸，除了阻止豪将军涉水渡过河流之外，没有其他的目的。费城在这个时候，也许仍然在我们的控制之中，不过，如果豪将军率部不渡河，我们希望并将尽力促使他从他所在的河的左岸向上游行进，我们将从我们所在的河的右岸朝着和敌军行进的相同方向移动，以掩护当时我们在雷丁（Reading）[①] 的弹药库。我们担心的情况并不是没有可能发生，因为豪将军曾经尝试毁掉我们的弹药库。虽然在这种形势下，对我方来说，这个调遣是非常必要的，但豪将军却出其不意地率部趁机强行军在本月 22 日夜间回师，并在黎明前把他的部队全部渡过河。这次行动完成后，我们距离豪将军的后方只有 8 英里，他夺取城市的行动可能极少甚至毫无风险，除非我们能攻击他的明显缺陷。由于这样做并不明智，费城自然落入他的掌控之中。这时再一次出现了一些虚张声势的英雄，他们一边打仗一边喝着一杯马德拉白葡萄酒装作英雄的样子，对我们所有的行为进行责难，诬蔑军队像懦夫，不妨听任他们自我欣赏其睿智的这些表

---

① 美国宾夕法尼亚州东南部城市，濒临斯库尔基尔河。——译者注

现。因为这些言行明显地透露了这些人的判断和想法。敌我双方交战是一场重要而超乎寻常的争斗，足以让人铭刻在心，这是一个大众的行为义务，既不能伪装浮夸，在不利的形势下去冒生命危险，也不能为了单个城市的安全，而用子孙后代的幸福去竞争。如果对那些人的判断力和想法进行充分的掂量，可见，我们不难看出冒生命危险的荒谬是显而易见的，因为，如果我们失败，子孙后代将诅咒我们，全世界会称我们为白痴。

· · · · · ·

在这样的形势处境中，必然需要探究调查问题的起因，什么是应该做的？敌军会一直和平地待在费城吗？我不希望这样。我们得到正规部队的增援（不算上数量在 3000 至 4000 名之间的民兵），将大大弥补我们在布兰迪万的损失。对敌军进行报复、决战雪耻的要求弥漫整个部队。我们的伙伴们不愿意放弃目前有希望占领城市作为冬营地的机会，从北方传来的好消息为他们火上浇油。求胜的热忱与日俱增。大家希望有机会能够突出表现自己。在这种情绪的影响下，我劝说我们的部队，当再次下令打仗的时候一定要表现良好。我感到这一次与以前迥然不同。当然我方还有许多工作要做，一定要让至今仍满足于其所作所为的豪先生，声名狼藉。

当前我们正处于与我们在北方的军队所面临的相似的形势下，如果放在一起来臆测，它相当清楚地呈示出这场战役对敌军非常不利。命运似乎是在发慈悲；当伯戈因（Burgoyne）先生一度因为太容易获得太康德柔格村（Ticonderga）①而充满傲意的时候，他"除了用必然会起诉追究我们发动战争的责任以外，还用蹂躏、饥荒，以及与我们每一个反抗相伴的恐怖"来恐吓威胁我们，在他癫狂的时刻击退他，可以为我们在那个区域的形势打开一个全新的局面。这些尽管可以看作是对其傲慢应有的惩罚，也可以教育我们——

---

① 位于美国纽约州东北部，是独立战争期间要塞所在地。——译者注

10月3日, 日落

我收到你们的信, 我有最佳的机会说, 愿上帝保佑我亲爱的父母亲。我将再次写信给你们。

山茂召

10月13日

利用这个机会完成我那封长得几乎冗长乏味的信, 让我非常称心, 当我开始前述部分的写作时, 我意识到难以表达, 导致写作中断, 把这封信丢在一边直到本月3日。当兰德尔上尉告诉我他第二天早上将出发去波士顿时, 我感到时间太宝贵了, 部队即将开始行军, 没有一点时间可以挤出来, 这迫使我用不连贯的文体来完成这封信。他提出在他回家的途中来看我(由于他的伤势耽误了), 这样就给我提供了一个机会, 使我能简短向你描述有关我们近来与豪先生之间所发生事情的大概情况。

除了留下为了保证营地安全的卫兵, 我们整个部队于本月3日晚上大约6点钟, 分四路纵队, 从不同的道路开始进军。这些部队之间相距16到18英里。最靠近敌军的距离是14英里。第二天早上黎明时分, 敌军前哨遭到攻击, 尽管其全部作战部队的轻装备步兵前去增援, 但被我军逼退, 敌人的援军和所有部队转而投靠他们的主力部队。被攻击的敌军哨兵在发出警报的同时尽力抵抗, 试图为主力部队列队赢得列队时间, 对所受的惊吓作一些恢复调整, 以便防御准备。他们无法忍受这超乎寻常的刺激, 他们在幻觉中仿佛看到天兵天将从天上云彩中空降下来反击他们。我们的伙伴们受到如此成功开端的鼓舞, 怀着极大的决心向前推进, 挫败了前来援救哨兵和轻装备步兵的敌军, 就在这个关键时刻, 如果一切不出意外, 再继续前进5分钟路程的距离, 我们也许可以悄悄占领费城。可是, 节外生枝, 非常不幸, 在那个最紧要的关头, 一股极度浓厚的雾升腾了起来, 还掺杂着烟, 使我们在30码的距离内不可能识别目标。枪炮持续四处乱射, 在这种情况下, 识别是不可能的, 当我们在右边时, 听到的枪炮声好像是从我们部队的左边和中心发出的，或者是从敌军发出的。对新的部队来说，这是非常令人讨厌的情况，尤其是弹药的大量消耗浪费，于是我们的将军下令撤退，撤退进行得非常有秩序，撤出了炮兵、囚车和受伤者。

除上述之外，据我所知，没有其他动机可以归因于我们撤出阵地，除非我们断定我军即将获得的胜利，以及通过一个勇敢的奋斗去赢得无价的自由福祉不是上帝的旨意。现在，这个理由好像仅仅是一个对错失胜利给予的安慰。尽管这个理由是我们领会的，然而这个理由又非常恰当地劝服我永远要对胜利抱有希望。"上帝"的行事方式是隐秘的难懂的，虽然我们不能揣摩其无穷智慧的图谋，但这同我们仍然默认上帝天命的认知相称。对我自身来说，我是如此彻底地信服这个理由的公正，在我们的斗争中，上帝在他方便的时候，将成就并恩准我们获胜。尽管我眼睁睁地看着美国被残忍的侵略者踩躏已有 12 个年头，但是我仍旧相信在她第十三个年头的时候将不仅能够自我拯救，而且还能够通过努力解救其他国家，尽管现在这还没有成为事实。我们的军队除了勇敢，我还要补充军纪严明的优点，所有这一切都是可以期待的。在不久前的交战中，他们尽心尽责，用持续两个半小时以上的战斗向他们自身以及世人传授了这些有益的真理，他们在与英国军队既不是偷袭，又不是强攻的交火经历中熔铸锻炼成长。我们的损失，我相信大大少于布兰迪万战役，根据费城传来的消息以及逃兵的说法，敌军损失惨重，有的说是 1200 人，有的说是 1600 人，另一些人说有 2000 人或更多的伤亡。阿格纽（Agnew）将军被当场打死，第 15 团团长伯德（Bird）上校也被当场打死。格兰特（Grant）将军受伤，在我们部队方面，纳什（Nash）将军和一些其他勇敢的军官受了致命伤，后来死了。沙利文（Sullivan）将军所率的师的表现像骑士般勇敢，他失去的两个副官，死于他们的重伤。我们有 3 位炮兵军官受伤，即弗罗章厄姆（Frothingham）上尉、队长豪曼（Hewman）中尉，帕森斯（Parsons）中尉，他们的伤势全部有希望恢复得很好。一部分士兵伤亡。

我们部队现在扎营在这个区域的安全地带，距离费城大约 26 英里，将士们精神饱满，斗志昂扬，盼望不久有另外的守卫任务。

尽管多少有些迟了，但不管怎么样，我必须就我们炮兵部队在北方取得的胜利向你报喜。对你已听说的有关胜利的详细情况毋庸置疑。现在处于均势状态，因此，我不得不同意你的说法，如果我们放弃北河上的要塞，年初将可能发生伴随着致命后果的事变。引诱敌人去增援我军驻地所在地区的这支非常缺乏战斗力的英军，对愿意冒一些险的敌人来说，这是一个极大的诱惑。不过，我希望他们在主要目标上仍然是落空的，假设能够援救伯戈因，事实上这不是不可能，也许不久他就会大显身手；如果不出意外，敌军将极端谨慎地从普特南将军部队的后方借道，冒险实施对他的援救。

### 10 月 15 日早上 8 点钟

昨天晚上在营地获得一个重要的情报。伯戈因遭受另一个打击，他的大部分营地，9 门黄铜加农炮，500 多名囚犯落入我们手中。现在无疑将导致克林顿（Clinton）再次从纽约出兵。事实上对他援助伯戈因来说，这一切太迟了。等所有援军出现时，显然伯戈因一定已覆灭了①。这个消息增强了我们部队必须与敌军交战的热情。我们似乎肩负双重责任义务去作战，——首先是为我们的国家，第二个是为我们自己的荣誉。这两者好像非常密切相

① 这里是指伯戈因在萨拉托加向美国大陆军投降一事。1777 年 4 月，英军将领约翰·伯戈因将军根据事先拟定的作战计划率部从加拿大向南挺近，打算与陆军上校圣雷吉尔（St.Leger）率领的第二支部队以及威廉·豪将军所率的第三支部队一起包围华盛顿所部，切断新英格兰与其他各州的联系，但是，由于伯戈因行军的延误以及豪将军的疏忽，圣雷吉尔上校的拖拉，结果导致不但没有包围华盛顿，反而使伯戈因陷入重围，最终是哈利·克林顿爵士从纽约率军前来救援，不过当克林顿率部进军至距离萨拉托加以南 80 英里的金斯顿时，却突然决定先回师纽约寻求增援，最终伯戈因在孤立无援、寡不敌众的情况下于 10 月 17 日在萨拉托加投降，5700 名左右的英军战犯被押送到弗吉尼亚州。——译者注

关。如果公正地看待目前这个地区的形势，应当说美国军队是占了上风的。

接下来的这封信也是写给他的父亲，落款是："距离费城 30 英里位于怀特玛什（White Marsh）① 旁的军营，1777 年 11 月 19 日"。

尽管我没有收到我亲爱的父母的一个便条，但我还是给他们写了三四封信作为回复。我认为对我来说，仍然有义务利用每一个机会使他们了解我的情况，他们或许由于我的叙述尽可能地减少了担心和忧虑。我的身体一直很好，什么都不需要，除了不时地和一些我的波士顿朋友们进行一些社交性的闲谈；听说真有一个可能生活在宾夕法尼亚州某个地方的人，在活到像玛士撒拉（Methuselah）② 那样高寿时，也没有建立一个有价值的或令人愉快的关系。同样的，宾夕法尼亚州与 13 个州中的其他任何一个州相比，无疑是一个极其不忠的州，似乎是由于奴隶制发展得十分成熟。不仅是当代人相信这一点，子孙后代也会相信这一点。不需要沉思体验，这已是无可争辩的事实，当敌军深入他们州的核心区域，攻占他们的首府城市的时候，他们竟然只有不到 1200 至 1300 名民兵在战场上。这足以证实上述这些陈述。而且在他们应承担的大陆军兵员配额中，该州派出的兵员数量不到配额的三分之二。可怜的尽力——是的，可怜的天晓得！饱受新英格兰地区各州诟病的、与上述宾夕法尼亚州行为方式类似的事件发生在伯戈因先生占领该州的那个时期，当时宾夕法尼亚州的统治者们被当作囚犯戴着镣铐处死。你也许渴望了解对如此畸形怠惰的奴性根源的解释说明，这是容易做到的——三分之一的该州居民自称心地善良，另外三分之一是一群志趣相投、希望在任何关系中享有特权的人，剩余的这部分居民在为有关政府的组织形式争吵，而不是协力去拯救他们痉挛的、备受困扰

---

① 位于马里兰州，巴尔的摩郡东部，濒临甘保德河注入切萨皮克湾的入口处。——译者注
② 圣经中活了 969 岁的世上最长寿者。——译者注

的国家。他们永远不会有，理所当然地，永远不可能有任何的可靠之处。除了我在如此讨厌的问题上认输。

在日耳曼敦（Germantown）① 的战役之后，除了发生在雷德班克（Red Bank）② 的事件以及河中的作战之外，敌我两军之间没有发生实质性的冲突。敌军在一场非常勇敢的抵抗之后，最后终于从米夫林堡（Fort Mifflin）撤离，虽然我们一直没有将他们的碉堡夷为平地，但是，敌军的防御工事被我们撕开部分缺口。我们从敌军火力凶猛的炮兵阵地和舰船上把全部的具有超强火力的重型加农炮拆卸运走。那个阵地上宏伟的防御设施曾是敌军在缺乏河上舰队火力支持的情况下，保护敌军的手段。我们直到时机成熟了才得以推倒他们的铜墙铁壁，这将使得在费城的敌军即使不感到危险，也会觉得不方便。让我备受苦恼折磨的是我在这里必须提起我失去的一位朋友，几乎亲如兄弟的，勇敢、和蔼可亲、谦恭的崔特（Treat）上尉。他在勇猛无畏地保卫他的哨所的过程中被炮弹打死，他的英勇行为替老战士增了光。假若，用伟大仁慈的心灵以及极其强烈的愿望把真正的优点和真实的勇气两者结合起来；假若"盾终有一死，不如为箭致死"这个已故英雄所拥有的那些崇高品质至今继续存在，无疑就能增进他的国家的福祉。冷酷无情的战争从不区别对待懦夫和勇士，他们都被埋葬在同样的葬身地。我怜悯——发自我灵魂的怜悯，崔特上尉他那悲痛的母亲所遭受的这样沉重的突然一击，使她失去了自己老年的支柱和慰藉，愿上帝担负起她必定极端需要的支持和慰问。

---

**注释一：**

布兰迪万战役（*The Battle of Brandywine*）：布兰迪万是一条小溪，它自行流入距离

---

① 位于美国宾夕法尼亚州费城境内，1689 年设自治镇。——译者注
② 位于新泽西州蒙茅斯郡东北部靠近康敦西南的特拉华河。——译者注

费城大约 30 英里的威尔明顿（Wilmington）附近的特拉华河。在 9 日的某一时刻，我们部队驻扎在距离这条小溪 11 英里的地方，营地前面有一处名叫"查德的浅滩"的地方，这里是敌军尽力开往费城最有可能的必经之路。10 日，敌军推进到肯尼特街区（Kennet Square），距离我军先头部队只有 3 英里。11 日上午 8 点钟，敌军主力部队出现在我们对面。立即开始了猛烈的炮击，炮击状态全天或多或少持续了大约两个小时，我军轻装备特种部队在麦克斯韦（Maxwell）将军的指挥下，与敌军先头部队在那条小溪的对岸交战获得胜利。两次击退敌军并且驱散了一支由 300 人组成的赫斯雇佣兵队伍，这支轻装备特种部队与敌军先头部队的交战几乎打了一天。

与此同时，敌军的这支部队推进到我军的正对面，另一支庞大的纵队由英国士兵和赫斯手榴弹兵、轻装备步兵和一些旅组成，他们迂回 6 英里，从布兰迪万小溪的岔流越过到达我军右翼，在敌军越过小溪到达距我军右翼 6 英里的地方以前，华盛顿将军阁下虽然尽最大努力去获得情报，但是这些情报中关于敌军总数以及作战意图的叙述是相互矛盾的。当时是下午大约 3 点钟，华盛顿将军直接传达命令要求沙利文（sullivan）将军、斯特林勋爵（Lord Sterling）以及斯蒂文斯（Stevens）将军所率的师向前进军展开对敌人的攻击。这些师前进了大约 3 英里，与正在进军的敌人相遇，双方为了处于两军中间的一个小山头奋力推进，争夺变得极为猛烈和艰难，持续了一个半小时，当我们军队开始撤退之时，许多敌人也耗尽了他们全部的子弹。华盛顿将军阁下在战斗打响之后骑马飞驰到我军右翼，命令格林（Greene）将军所率的师以及纳什（Nash）将军所率的旅由左翼向右翼进军，但是，距离实在太远了，在我军援兵到达之前，那些原在右翼与敌军争夺小山失利的师已经撤退了。然而，他们的所作所为为掩护其他师的撤退提供了极大的帮助。尤其是格林将军所率的师下辖的威登（Weedon）将军的旅表现令人钦佩，受到热情似火的赞美。因为这个旅在天黑之后，最终抑制了英军手榴弹兵的进攻，表现出色。

当这出戏在右翼上演时，敌军开始在左翼发动攻击，以 7 尊加农炮对抗我军由同样数量的加农炮组成的炮兵阵地。韦恩（Wayne）将军率领宾夕法尼亚部队的一个师，有麦克斯韦（Maxwell）率领的轻装备的特种部队在其左侧，有纳什（Nash）将军率领的旅（这个旅是上文提到的曾被调遣支持我军右翼作战，后来撤退回来的）在其右侧，由这三股力量构成我军左翼。敌军炮兵连和我军炮兵连保持着持续不断的炮击，形成一个烟柱阵以致英国军队越过小溪到达我炮兵连的右侧都未被我军察觉，敌军占领的阵地是由纳什将军所率的旅撤退弃守的阵地。一场非常猛烈的战斗立即在韦恩将军与敌军之间展开，他们现在有实力高强度对抗韦恩。他们几次尝试越过两军之间的低地，但屡次被击退，夜色降临，华盛顿将军阁下发出按规则有序完成撤退的命令，以杜绝敌军最小的追击企图。我们部队当天晚上撤离引退至切斯特（Chester）①，并决定立即以最有利于对付驻扎在费城的英军的方式驻扎。

我们军队目前精神振作，假设敌军进犯，他们将与那些具有无畏精神，为自由和国家伟大事业而斗争的人决战。目前查明我们的损失是困难的，不过从我能做到的最详细的调查来看，我方死、伤、失踪不会超过七八百人，同时，损失了10门野炮。

降低我方损失，夸大敌方的损失，这是普遍的习惯做法，但从我亲身观察以及其他人的判定来看，敌军的损失一定极大地超过我们。我相信，时间以及他们未来进一步的作战会证明这个断言。

正在进行的战争是一场巨大的资本和综合实力的较量，当我们细想敌军的危险形势，我们的观点是敌军不得不通过一对一的较量来占领费城，他们的给养损耗已超过他们能够获得的极限，通过对形势的分析比较，我们有一个可能比较公正的判定，那就是虽然优势不在我们这一边，然而他们仅有的微弱优势可能已不足以自恃。——原著注释

---

① 美国宾夕法尼亚州东南部城市，位于费城都市区内，濒临特拉华河，1701年设自治镇，1866年设市。——译者注

# 第4章

对华盛顿的颂词——蒙茅斯战役——李将军被捕——华盛顿的性格——众人和时代的画面——李将军和劳伦斯上校之间的决斗——纸币贬值的影响

1778年3月，召先生升任炮兵部队的副团长（Major of Brigade）。在到1779年3月之间这随后的一年里，他给他的朋友艾略特（Eliot）写了6封信，在这里，按照时间顺序摘录如下：

炮兵基地，1778年4月12日

如果我疏于了解你，我一点也不会注意到你对我们的受人崇仰的总司令流露出如此公正的感情，他拥有十分健康的体魄和恒久如一的从容坚定和和蔼可亲。在不得不遭遇的挫折面前，他的刚毅坚韧和沉着镇定的魄力，尤其是他对军队非常重要的贡献，理当受到他的国家的器重。当我默想这位兼具公民和军人身份的伟人的美德时，我无法不由衷地认同去年3月5日那位演说者对他的细致精妙地描述，作为一个人，他像是被上帝养育，以显示人类可能矗立到何等高度。报告一个令你非常欢乐的消息，去年冬天，为了诋毁这位美洲大陆第一流人物的派系斗争已经结束。

### 新不伦瑞克（New Brunswick）①，1778 年 7 月 3 日

你已经了解到敌军撤离费城，启程经由新泽西州巡逻扫荡，这个巡逻扫荡使他们付出昂贵的代价，在敌军离开这座城市两天之后，有超过 200 多名的逃兵向我方投诚，而且 3 天之后逃兵数量（根据费城的驻军代表登记）更增加到 500 名。他们除了各自寻找出路以外，每天三五成群结队回到费城。敌人继续他们的行军，遭遇民兵和我方轻装备队伍的各种阻击，我方的轻装备部队不断地接近敌军，以便寻机在必要的时候采取行动。直到上个月 28 日，也就是上个星期日，奉命侵扰敌军的我军先遣部队在蒙茅斯（Monmouth）②郡政府大楼对敌军的殿后部队发动突然袭击。而在这个时候，我军主力部队正在向前推进，距离我军先遣部队大约 6 到 8 英里，这时炮击开始了，本以为这两支队伍会立即开始全面交火，然而我军先遣部队却接到了撤退命令。我不敢断定这个决定正确与否，但这该是个须慎重思考的问题，也很难推断出正确的结论。我先简单说一说当时由主力部队的几名军官所侦查到的敌情，我军先遣部队大约有四五千人组成，但是没有骑兵部队，距离我军主力部队 6 到 8 英里。而敌军殿后部队由手榴弹兵、卫兵、苏格兰高地联队士兵和骑兵组成，敌军殿后部队最低估计大约有四五百人，他们的主力部队触手可及，随时可以增援。我方所在位置地势开阔，没有任何优势可言。在这样的形势下，如果我方立即发起攻击，虽然最初的突袭无疑能够迫使敌人殿后部队陷入困境，但是在我军先遣部队得到支援之前就可能卷入全面的交战，这样做明智吗？哎呀，我扯哪去了呀！不去给你讲述令人难忘的日子，反而在信件的开头说起这些我无权反思，却会

---

① 美国新泽西州东部城市，濒临拉里坦河，1784 年设市。——译者注

② 位于新泽西州。——译者注

让你厌倦的事情。言归正传。

我军先遣部队根据命令开始有秩序地后撤，与敌军忽有忽无地发生了一些小规模战斗。敌人被我军先遣部队的后撤所鼓舞，痴想我们会大举撤退，便迅速跟进。正在这个时候，我军主力部队已经前进至可以支援先遣部队作战的距离，于是，先遣部队停止后撤，双方旋即展开非常激烈的战斗。敌人数度调整变换策略，多次试图攻击我军的侧翼和后翼，都被我军杰出的总司令的部署所挫败，敌人被击退，损失惨重，战场上丢下大量死尸和伤兵。敌人原本集中兵力以图决战，但在交战中，他们所受到的这样一个款待，让他们没了胃口。除了在战场上遗留下受了重伤不能随行逃离的 4 名军官和 50 多名士兵之外。他们纠结残部，偷偷地后退到距离战场 3 英里以外的安全地带，并于第二天凌晨 2 点从那里悄悄地仓皇逃离，继续追击他们看来是徒劳无益的，尽管可以采用急行军追上敌人，但我们的将士已经太疲惫了，追上敌军的可能性不大。

敌军手榴弹兵指挥官蒙克顿中校（Lieulenant-colonel Monckton）（将军的兄弟）和其他几名军官从死尸中被寻获，我们以战争礼遇埋葬了他们。敌军为失去蒙克顿中校无比哀悼，主要是基于对将军的兄弟，一位不愿拔剑为敌的人的感激，不过，他们确信美国人会善待其遗体。我骑马巡视战场，我感觉敌我双方的伤亡比例至少是 6∶1，还有人认为是 8∶1，敌军占多。我军一些勇敢的军官和士兵阵亡，包括炮兵的先遣部队也受到部分损失。来自宾夕法尼亚的麦克奈尔（McNair）中尉的人头被炮弹炸飞，来自我们州的库克上尉（隶属克兰 [Crane] 的团）身负重伤，我估计他的伤足以致命。此外还有 7 人被打死，13 人负伤。目前我还没有弄清楚我们伤亡有多少，但是我可以确定跟敌人比起来，我们的伤亡显得微不足道，敌军伤亡倍增的原因，是由于他们向前推进进攻我军先遣部队的时候，树林里的一场致命大火从侧面突袭了他们。这次战斗的两天以后，陆军军务局长（Adjutant-general）告诉我，据他所收到的来自负责管理敌我双方尸体的军官提供的统计表显示，有 247 具敌军遗体。据投诚到我方的敌军逃兵说，他们在美国从未遭遇过此等重创。的确，如果我们从"邦克山"战役这一事件来看，此言殊属不谬。在那次战役中，敌方有1053人伤亡，其中只有160多人阵亡，受伤人数与死亡人数之间的比例超过5∶1。现在如果按照这个同样的比例推算，这次敌军伤兵将会有1235人，即使伤亡只有按照以往比例推算的2/3，敌军的损失依然是巨大的，而且可以说这次损失太大了，因为损失的是他们军队的精锐。要不然他们会坚守阵地，但在这种情况下他们只好被迫放弃。

在整个战斗过程中，我们的参战部队表现出的战斗力为老牌部队增了光，其余将士看起来也是跃跃欲试渴望参战，看不到一丝畏惧迹象。我们勇敢的司令官以其无畏的榜样激励着他的军队，而且经常身先士卒亲临险地，以行动教育将士们为了国家利益应该奉献一切。第二天，总司令向全军所有级别的将士表达了感激，并特别提到炮兵的卓越贡献。那天的成功具有重要意义，它极大地鼓舞了士气。美军武力的优势从未如此显著过，连英军自己也承认，他们受到重创，而且难以很快恢复。虽然我们享有所取得的成功，虽然我们在为人类自由和权利的正义斗争中尝到了令人愉快的满足，但是我们不能忘记取得胜利的最伟大的第一推动力和赐予者，我们要对仁慈的上帝满怀感激，他的天佑神助至今在保护支持我们，在他恰当的时刻无疑会主动地帮助我们度过战争的艰险。

我非常抱歉地函告你一则新闻，它会让所有热爱祖国的人悲伤，你可能会吃惊，但它却是真真切切发生了。我军的第二号人物李将军被捕了！对他的指控非常严重，其中包括面对敌人时不服从命令，进行不必要的令人可耻的撤退。军事法庭今天开庭对他进行审判，法庭在此之前也许从未审理过比此更引人注目的案件吧。天晓得将会作出怎样的判决。哎，人生际遇难以预料啊！不仅在美国，而且在欧洲，李将军都是一位令人尊敬的著名将领，他一直以一流的军事才能而著称于世，然而却这样指控他，确实令人悲哀。的确，我亲爱的朋友，这件事对我产生了非常大的影响，我都无法用言语来表达我心里的感受。荣誉是多么的靠不住！纤如垂丝，风起丝断！这些对于李将军的指控涉及其在先遣部队遇敌时候所下的命令，就是我先前所提到的。任何一名军官，尤其是年轻军官，很可能会就如此一件敏感而重要的事件自以为是地进行推测；如今在军事法庭上，庭审人员都是在才智、正直、诚信和道义上得到公认的绅士。让我们就说到这里吧。

怀特普莱恩斯军营，1778 年 8 月 13 日

这次提笔我打算写一封长信。说真的，我的好朋友，我有太多的事情想跟你交流，希望你能消除对某个伟人的偏见（我确实认为你带有一点偏见）。我说他是伟人，这是因为尽管他反复无常，但是我坚信他配得上"伟人"这一称号。有两点我敢断言，一是他对美国的忠诚，二是他的勇气。你对古代伟人的评价我认为非常公正中肯，我和你一样认为伟大的人必须具备崇高的美德。历史告诉我，在伟人们为了民族所作出杰出贡献的同时，也展现出一幅惊人的画面，即人们对于那些对待自己恩重如山的人往往忘恩负义。抱歉！我对同胞们的人性弱点作此类比，但请你务必见谅，我的意思是尤其是像这样一位不仅拥有极大的权力，而且具有非常优秀品德的人，如果将来有一天一旦作出一个令人遗憾的决策，诽谤之笔很可能会企图非难这位曾经照耀我们半球的辉煌人物；常言道"成则为王，败则为寇"，事实就是如此。

· · · · ·

我们最后终于抵达哈得孙河（Hudson's River）入海口的那个巨大海湾的岸边，还没有什么新闻要告诉你。那 1 万希腊人看到大海时也没有显示出比我们新英格兰（New England）① 小伙子到达这段河岸时更加强大的决斗

---

① 指美国东北部地区，范围包括缅因、新罕布什尔、佛蒙特、马萨诸塞、罗德岛和康涅狄格等 6 州，18 世纪时为美国独立革命战争的策源地。——译者注

气势吧。那么，也许你会问，你们这是要干什么呢？我只能回答说：不知道。我想我们这次的军事调动很大程度上取决于敌军动向，如果他们陷入绝望外逃的话，他们将会受到非常热情的"款待"。我们都非常渴望远征罗德岛（Rhode Island）。豪勋爵大人（Lord Howe）上周五已从胡克（Hook）起航，虽然我们还不能精确地弄清楚他的军事实力，但有一点可以确认，他已经获得了少许的增援。攻击行动原计划在上星期一，现在暂时中止已有一周时间，我们每时每刻满怀着投入战斗的期待。我们的兵力充足，看起来似乎胜利在望。

弗雷德里克斯堡（Fredericksburg）①，1778 年 11 月 3 日

在收到你的来信之前，我从报纸上得知牧师安德鲁·艾略特（Andrew Eliot）博士去世的消息，对你的和蔼可亲的家庭遭受的损失，我深表同情，我的心同样悲痛。令尊是我早年受教育阶段所崇敬的好人，他在私生活中所拥有的许多仁慈的和受人爱戴的品质，以及他在公共生活中与人交谈时所展现的杰出榜样，都让我深深依恋，我感到自己是上天派来的分担者，我能够想象得出你在不幸的沉重压力下的痛苦程度，对此，我感同身受。假如虔敬、博爱以及其他人类美德集一身可以延年益寿，你杰出的父亲会一直健在，享有无穷无尽的恩赐，但是，唉！所有这些和朋友的泪水也都无法挽回你的父亲。

· · · · · ·

你问起我们在这个冬天是否能享有和平？我的好朋友，这确实是一个值得关注的问题，我希望能尽我所能给予肯定的答案。虽然，目前的局势并不等同于和平已经绝对确定无疑，但有许多可据以推定的迹象显示微笑天使正渴望祝福我们。敌军在纽约正在做大量的准备工作，要么是派出大规模的增援部队，要么就是全部撤退。从敌我双方的许多情况以及最新情报来

---

① 位于美国弗吉尼亚州东北部，地处波托马克河西岸，1879 年建市。——译者注

看，敌军撤退的可能性更大。当然也有较少部分人认为敌军将出兵增援，以确保他们所占据的西印度群岛（West Indies）的安全，而且在西印度群岛他们有一小股部队一直坚守到这个冬天，试图以此来影响双方谈判的结果。这两种判断都有道理，时间将给出答案。不过，我想，如果他们凭借现有的这部分军事力量和我们谈判，成功的前景很渺茫，最后他们会发现完全无能力实现预期目标，一切都是徒劳。

如果英军退出纽约，他们必然也会放弃罗德岛州（Rhode Island），同时也就失去了北美洲大陆。事实上，如果我们深入研究他们目前的困境，他们理应做什么就显而易见了。简而言之，现在英军只有两者择一的选择。要么正式宣称放弃奴役这个决心要自由的民族的幻想，要么继续维持目前摇摇欲坠的统治，而不是自以为是地想要掠夺新的地盘。要是法兰西（Le Français）先生热爱他们的岛屿，并且成功地达成他的这一诉求，英国人就将失去一个巨大财富的来源，英国的荣誉也将受到前所未有的冲击。

在争论的每一个阶段，大不列颠都表现出无出其右的刚愎乖僻。我们以极大的谦恭和诚挚乞求和平，都遭到了拒绝，我们的恳求被迫转换成武力，它试用有效，如今，大不列颠无法以军事力量征服我们，迫不得已改为通过宣言来继续战争，像古罗马后三雄[①]执政末期发出的天鹅死前般的哀鸣。你无疑见过这最后的疯狂。尽管这样，他们还是在竭力继续这场闹剧，他们的报纸还在高调宣扬美国的愚蠢和顽固，并威胁美国，不要激怒英国这只雄狮，不要拒绝遵从非常仁慈的英王陛下宣言中那些宽大的条件，并正式宣布美国接受英王委任管理之状态，否则就要面临危险。

---

① 在罗马共和国末期，从公元前 44 年恺撒被杀之后，到公元前 27 年屋大维建立独裁政权为止的这 17 年间，罗马共和国由安东尼、屋大维、雷必达组成的三人同盟执政，掌握了罗马的军权，控制了罗马城，这三个人被称为古罗马后三雄。——译者注

# 帝国的相遇

1778 年 11 月 20 日

一直等到一年中河水适宜流动的季节结束之后，我们终于开始准备进驻冬营地，我们的冬营地分配在泽西（Jersey）①。根据当地人以往的经验，那个州的这些善良的人们是不会把我们看作最受欢迎的客人的，因为无论哪里出现一支部队，即使态度友善秋毫无犯，客观地说，都将或多或少给这个地方的居民带来不便。我预计炮兵部队的营场将要驻扎在莫里斯敦（Morristown）以南 15 英里一个名叫普拉克明（Pluckemin）的小村庄，距离主力部队不是很远。我们全体官兵必须立即开始工作，确保整个部队能像去年那样住进同样的临时营房，我希望我们在营地建设方面进展神速，在这方面，杰克·弗罗斯特能强有力地激励大家做好这件事。在上个战役结束时，他曾建议过住进临时营房的这种居住模式，当时一些人认为这个想法非常荒谬，几乎没人觉得可行，不过后来大家对所建成的营房设施都很吃惊。无疑，对于这些战争的幸存者来说，长期艰苦且不见结果的征战已经让他们精疲力竭，如果还让他们必须在 12 月底前这么短的日子里用木材扎营为自己建造房屋，的确是非常费力的差事。当然在我们所书写的新的历史上，这绝不是丢脸的一页。

大约几个星期以前，大家普遍坚信敌人不久就会撤离纽约和罗德岛，但是现在那些曾经充满乐观地期待这样一个事实的人看起来似乎非常失望了。敌人也许会撤离，也许不会撤离。毫无疑问，拜伦（Byron）先生率领的装甲骑兵部队所遭遇的惨败将给敌军的撤离造成一段时间的耽搁。也许会拖延到明年春天。假如这样的话，我们友军和盟军在这个冬天可以有机会在西印度群岛稍许地展现一下自己的存在，除非德格拉斯伯爵的霉运依然相随。可怜的家伙！我希望他的幸运女神比迄今的表现要更能让他心情好一些。我认为，他的舰队的航行，以及墨守成规的行军方式，必须有

---

① 美国新泽西州东北部城市，位于哈得孙河与哈肯萨克河之间的半岛上，与纽约曼哈顿岛相望，1804 年设镇。——译者注

一个转变以减少生活必需品的消耗，并大大减轻城里那些善良的人以前为向军队提供这些生活必需品而遭受的困苦。

对于这些固执的英国人来说，在这个季节被迫行军必定是不小的苦行，不过他们可能要对这份刚愎倔强的精神负责，此种精神不仅是他们这次行军的原因，也是导致这场战争并给双方带来所有其他不幸的原因。如果希斯将军（General Heath）被挽留在波士顿继续指挥，这些"绅士们"的离开无疑会有一个愉快的境遇，我想目前他不必再想方设法进行指挥分派了。这个老实人尽可能循规蹈矩地做完那些单调乏味的事务之后，至少应受到起码的尊重，可他们居然用这样的方式将其取代。对此除了非常粗鲁的一句脏话，我几乎不知道对这件事该用什么措词。我只是希望他们能够公平明智地信任他的继任者。要把希斯将军和威尔金森（Wilkinson）之间有关这件事情的详细细节都告诉你，我力不从心。因为我不清楚整个事件的始末，但是，就我所能评判的来看，我相信涉事各方当时的表现不相上下。报纸刊登了大量有关柯西丘什科（Kosciuszko）和卡特（Carter）之间辩论的尚属不错的报道。一切应归功于前者所述，因此，想出一个对此事的意见，你就不会不知所措。

### 1779 年 3 月 22 日

这是一个非常普遍的问题，虽然我认为现在看来这是一个严肃的问题——你如何看待我们这个时代？从东部来的人给我们展现的是令人沮丧的画面。道德沦丧——你是知道的，纸币在伤害着无力谋生的军人，还有各种形式的敲诈勒索，构成了这幅画面的轮廓，而奢华、女色以及雨后春笋般的暴富，为完成这幅图画锦上添花。这些不单单是东部各州所独有的。费城被一些人称为美国的大都市（metropolis），各种各样卑劣丑恶的行为在这里上演。尽管享有以牺牲人类的良心为代价的乐趣，但却伴随着不同的场景，更不用说商业贸易和其他诸如此类的情况，我坚信情况在总体上是完全相同的。上面的评论离开了正题，在这一点上，你会感受到

"公众舆论"。迪恩（Deane）先生以及双方的支持者相互挑战并点燃的战火不会很快熄灭的。他们令公众惊恐，而且我担心本该信赖公众代表们的信心在很大程度上已经彻底丧失。他们就这样被这些事情纠缠和折磨着，连一个有用的问题都回答不了，所以所有社会阶层都对他们表示不满。虽然看起来似乎没有人知道什么样的答案能够解除公众们的猜疑，或者用什么方法能消除这些疑问。就我自己而言，我阅读过迪恩先生对公众的演讲稿，我同情他，因为从他申诉的口吻中，我感觉到他受到了伤害。"公众舆论"抨击他，而且"公众舆论"的支持者纷纷出马，使复杂的局面变得更加难解，"胜负难料"（拉丁格言 Exitus In Dubio Est）。如果让读者处在古代罗杰·德·卡弗雷爵士（Sir Roger de Coverley）所在的环境中就会得出这样的结论——"双方都有许多不对"。

我担心如果我继续说下去，你将会认为我滥用我的博爱之心。我也没办法，虽然我可以很有把握地告诉你这个意见并不夸张。似乎从另一个角度来看，舞会、娱乐、旅行、繁忙的社交活动、花天酒地、聚会、宣传鼓吹等等，是所有阶层所共有的。然而杰克（Jack）却变得很绅士，而且为了维护他所冒充的身份，他必须装成这样。他为什么不这样做呢？尤其是只有这样做才能让那些支持者多捐点钱，何乐而不为呢？在大街上，显贵们趾高气扬的自负表情，还有退伍老兵虚张声势的行为举止，把那些谦恭卑微朴实羞怯的小战士欺侮得窘困局促、惴惴不安。这是必然的事，因为当这些退伍军人结束了征战生涯故地重游时，没有比做这些事情以及其他同类的事情更能够大大地发泄他对自己现状的愤愤不平，——经一事长一智。这还不是全部。这些新贵们期望获得极大的遵从，希望他们的思想被人吹捧，而且，他们热衷仿效比自己强的人，在细节上不得不做到分毫不差。因此双方的角斗层出不穷，尽管这是目前时髦的解决问题的方式，但幸运的是很少伴随致命的后果。有时的确为那些品德高尚的人感到惋惜，但由于风俗习惯的影响力又不得不同意适应这种竞争的模式。最近发生的两名国会议员之间，以及李将军（General Lee）和劳伦斯上校（Colonel

Laurens）之间的名誉之争就是最好的证明。

也许这一段历史迄今你还不了解，我告诉你的只是推测。各方都是绅士和真正令人尊敬的人。前国会议长在国会议员面前演讲时说，他在就职以前曾经向他们提及某件事情，但是，因为他以为处在当时那个职位上推行这件事是不适当的，于是他一直延缓至今，现在，他仅仅是作为一名国会议员，他可以重新开始实施这件事并没有任何不恰当。佩恩先生，一位代表北卡罗来纳州的国会议员，站出来否认说，国会在任何时候对此无任何的了解。这就是这个男人所做的，但并没有导致对方那位绅士认为自己被当众侮辱。根据议事规则，需要对这件事情进行辩论，于是双方展开交锋，交替针对这件事发表看法，但是双方均未受到伤害，鉴于经过附议的调停，一份和解议案便产生了。

李将军在说起华盛顿总司令阁下时的鲁莽无礼引起了他的一名副官劳伦斯上校（上文提到的前议长的儿子）的不满，他给李将军去函声称，作为亲属，他不能容忍让他听到嘲弄总司令的言词，他希望能与李将军见面以便解释清楚。李将军答复，虽然一个绅士抛开对等原则屈身去和一个社会地位低于自己的人见面，在现在这个时代的确是前所未有的，但是，如果劳伦斯上校想要复兴古代树贞烈牌坊的习俗，他将体谅劳伦斯上校，并答应他的请求且会予以配合。于是他们如约见了面，这最后的较量决定整个事态。李将军放下他的地位身份角色接受他的对头对他的发泄，他们彼此之间的言行举止最大限度地保持了礼貌规矩，李将军事后声称劳伦斯上校的行为举止在那个场合体现了完美的绅士风度，并感谢劳伦斯上校以这种奇特的尊敬方式来对待他。

我一直设法尽可能不提起李将军，不想去思考命运的变幻无常在那个不幸的人被捕入狱的事件中昭然若揭。当年轻的军人看到名誉荣耀历经多年的培育，以及长期的戎马生涯几乎将近修成正果的时候，一位将军却由于一念之差而变成落难者，并导致名誉荣耀无法挽回的堕落，一定会因此而减轻自己对功名利禄的野心。

我推测你已经通过报纸知道了英军在南方取得的进展，这是由坎贝尔上校（Colonel Campbell）（与被逮捕的囚犯同名）指挥的一场使用常规的武力外加宣言书的战争。他写给克林顿将军（General Clinton）的信以及他的宣言书已经表明他是怎样的一个人。我们只希望林肯将军不久能够对他大显身手。我军已经从我们的民众那里获得了相当多的有益的帮助，在提升我军各级官兵士气方面产生了有效的作用，并且增强了我军对敌作战的能力，以至于坎贝尔先生不得不通知他的警戒部队在行进中要极其小心。在那些对英军不满的部分地区，民众已经破坏了他所有的交通运输线路，防止坎贝尔上校获得预期的人员和物资的补给。总的来说，一切事情准备就绪，我们可以合理地预测不久将要听到的那个地区的好消息。

这些愚蠢而又疯狂的英国人将会变得臭名昭著，他们在最近的一场战役中的不思进取、停滞不前，成了这支曾经显赫的部队的一个无法洗雪的污点。最近，获得假释的韦伯上校（Colonel Webb）在纽约公开露面，说此前坎贝尔上校迫不得已远征佐治亚州，是由于这个州所有区域的全体市民为了极度的自由，提出必须要从美洲获得独立。英国人宣称试图进行的武力干涉没有带来任何作用，反对的声音比预期的要普遍，尽早进行调停效果更好。这是老谋深算的外交辞令，但是显然表明英国人的举棋不定。坎贝尔的军队顺利到达佐治亚州的消息一传出，英国人的口气马上改变，无非是要镇压佐治亚州的谋反并且使美洲同意无条件屈服。自欺欺人！但他们并不这样认为。他们长时间拖延必须要做的工作，一直拖延到最后不得不做的程度，或者将要面临更大的困难。如果现在他们不选择与法国人以及美国当局谈判，他们不久将不得不与西班牙人进行交易。

最近大陆当局获得了一些重要的秘密情报，但是由于政治原因不能公之于众。不过国会议员的报告显示，西班牙已经同意结盟，而且商定了一笔非常大的贷款，西西里王国（Sicilies）的国王已经对美国人开放了港口，俄国女皇已经轻蔑地拒绝为英国提供人员与船只的要求。阿姆斯特丹城邦凭借在荷兰国会（States General）中的影响力，就尼德兰联合省共和国

**载歌载舞欢迎华盛顿凯旋**

　　尽管从军事角度来说，特伦顿战役和普林斯顿战役的胜利对敌我双方的战略格局没有决定性的改变，但是这两场胜利坚定了殖民地人民反抗英国统治、争取国家独立的决心，也极大地鼓舞了大陆军的士气。图为1776年12月26日，在华盛顿将军取得特伦顿战役的胜利后，妇女们载歌载舞夹道欢迎。

### 贬值的纸币

在独立战争期间，为了支付不断攀升的战争经费，邦联国会和各州政府发行了大量的纸币，到1779年分别为2.5亿美元和2亿美元。与此同时，英国实施了对美国的经济封锁，导致物价飞涨，纸币贬值，大陆纸币与硬币的兑换率：1777年末是3∶1，1778年为5∶1，1779年春是16∶1，1780年末为77∶1，1781年中是167.5∶1，当时的通货膨胀在美国是史无前例的。

（简称荷兰共和国）（United Provinces）与美国订立协约的问题进行激烈的辩论，跟事前预期的一样，结果是赞成。当然除此之外，还有一些更好的事情。对未来形势的各种推测在上文中已经提到，远不止这些，非常大的一笔金融贷款已经开始谈判。另外，在巴黎，英国的某位部长向我方授权代表主动提议和解，在这种情况下是否只能在两者中任选其一，或者可以两个都选，或者是否"还有一些更好的事情"，时间不久将会展现这一切，同时我们也要有所准备，获得体面和平的最好方法和先决条件就是继续进行战争并且占据优势。

1779 年 6 月 28 日，召团长（Major Shaw）从新温莎（New Windsor）①给他父母写信，在信中他表示强烈希望这次由林肯将军指挥的对南部各州的远征能结束这场战争，之后，他如此鲜明地指出自己对于国家现状的看法，以及由此产生的沮丧之情：

我真的非常希望接着发生的战役能够结束这场战争。美国人似乎已经完全忘记在独立革命战争开始时曾经激励他们的崇高信念。当时爱国热情在每一个人的胸中被激起，那种令人愉快的热情，我几乎要称之为神圣的狂热。如今，热情被贪婪取代，每一个卑鄙的行径都是为了满足那个利欲熏心和极端可耻的欲望。我不知道把爱国热情的贬值程度等同于 30 比 1 的货币贬值幅度的说法是不是太过鲁莽武断。你或许可能宽厚地认为我歪曲了事实，但是我没有，我是有感而发。由于垄断业者和敲诈勒索者的伎俩，加上官方很少、极少关注制止这些伎俩，我们的货币贬值至近乎有名无实。姑且不论货币贬值已对整个社会所造成的危害，单说贫穷的士兵更是直接经受了贬值所导致的毁灭性的影响。我本身就是一个实例。根据我的服役情况我获得的收入名义上的金额是相当于 8 先令的一沓美元，然

---

① 　美国纽约州东南部城镇，濒临哈得孙河。——译者注

而这些钱在这个国家至多只能当作 4 便士来使用。如果不算太过于自诩的话，我可以说自己是出于最纯粹的动机投身于国家的事业。然而，即便如此，我的继续服役已经让我变得穷困潦倒。如果我能够把握自己的命运，我应该光荣地坚持下去，虽然可能导致自己奉献出最后一枚便士。但是，当我考虑自己的处境后，发现尽管处在精打细算的范围内，我的收入也不足以维持我的生计。我没有私人的小金库，如果反思我那最可敬的父母，对于他们，我相信他们把最无微不至的关心体贴都给了他们的儿子，他们希望力所能及地支持自己的儿子，但是力不从心，而且也许他们本身可能相当拮据。这些需要考虑的因素时常浮现在我的脑海里，让我思来想去，这些因素比我个人本能认为正确的意向更能诱使我退出服役。由于一些意外因素，我失去了我的战马（除非它在战斗现场中牺牲，否则我认为它只奉献出其价值的 1/3），这让我突然陷入了无法摆脱的厄运，两年的薪水和津贴也换不回它。然而，我履行职责的实际情况让我必须备有战马。这些战马是军官职位的某种补贴。在开始详述之前我几乎没有想到这封信会有这么多内容，虽然我觉得这封信已经足够详尽了，不过后来发现有更多内容可以加进来。

相信我，我亲爱的、可敬的父母，我没有向你们详细枚举这些事情是为了不让你们操心。没有什么比你们为这些事情操心更让我痛苦了。不过，我认为通过交流沟通，一个人的苦恼总会减少一些，而且，毫无疑问能使自己更加善于忍受苦恼。我直觉沟通交流已经对我产生了一些影响。我感觉比刚开始写信时心情愉快多了，更恢复了我的希望。在战争结束时我肯定会看到一些人变得很富有，虽然他们在战争开始时并不比我强什么，但是我并不羡慕他们。我还是必须重述我希望这次战役能结束这场战争，因为我非常怀疑全体民众的精神品质是否还能再坚持一年。如果当初论战开始时期每一个真正美国人胸中同样燃烧着的那一份激情始终满怀，这个国家早就完全享有我们战争的目标，即和平、自由和安全了。但是，照目前的这种情况来看，恐怕这些福祉仍然离我们很远，要达到这些目标还有许多事情要做。国会在最近的演说中给各州居民的提议应该逐一认真兑现。我们不能停滞不前、等待拯救，而应尽己所能——专心勤勉地发挥上天赋予我们的才干，只有这样我们才能明智地对成功抱有希望。[①]

---

**注释一：**

召团长对那个时代道德和政治方面的见解与华盛顿将军持有的那些观点，有着太惊人的巧合以致不能忽略。在一封华盛顿将军于 1778 年 12 月 30 日从费城写给本杰明·哈里森（Benjamin Harrison）的信里，华盛顿这样写道："如果约请我画一幅关于我们这个时代和众人的画像，根据我所看到的、听到的以及在某种程度上所知道的内情，总之，我可以说，游手好闲、浪荡挥霍、奢侈放肆，似乎可以忠实地刻画出他们的最主要特征。几乎对所有阶层的人来说，没有任何其他需要考虑的事情比投机倒把、盗用侵吞，以及对奢华如饥似渴、贪得无厌的追求更重要。党派之间的争执和人们的埋怨是一天中最重要的事务，与此同时，对与帝国兴衰攸关的那些重大问题，譬如庞大且不断累积的债务、捉襟见肘的财政、贬值的货币以及信用的缺失等等的后果却无人问津，这些重大问题除了被放在次要的位置，还被一天天、一周周地拖延，似乎这样做可以使我们的形势能够逐渐变成非常有指望的局面……我们的货币已经贬值了 50%，而且，即使在几个月的时间内，货币流通完全崩溃也不会让我感到吃惊。目前的聚会，不论是听一场音乐会，还是吃一顿正餐或者一顿晚餐都要花费三四百英镑，这不仅将使人们取消在这些事务上的活动，而且甚至都不敢去打算这些事情，虽然我们军队中绝大部分的军官是由于确实贫困而退出服役，但是那些为数不多的宁愿留在军队服役的更有德行的军官却慢慢地渐渐堕入赤贫和困苦。这些绝不是言过其实的夸张之辞。"——原著注释

---

[①] 见本章后注释一。

第
5
章

从康涅狄格州开始的劫掠──韦恩将军夺取石角──亨利·李少校指挥袭击保卢斯胡克的冒险行动──对李少校的拘捕行为处置失当──审判──辩护和体面地宣判无罪

在 1779 年 7 月至 10 月之间，召团长给他的朋友艾略特先生写了 3 封信，选摘如下：

新温莎，1779 年 7 月 16 日

你所表达的观点与我的相同，可是我遗憾地发现我们的货币在贬值，随之而来的是我们的社会价值观非常普遍地腐朽。没有人会比贫穷的美国人对于这些情况的结果更敏感了。吃一堑长一智。但是这个情况里面包含着非常庞杂的问题，我必须撇去一切表面的现象更深一层地分析这些问题，当一个事物完全沉浸在水中时，它的问题是不会浮现的。我将用祈福来消除这些令人遗憾的表象──祝愿上帝尽快改革吧！

敌人已开始用杀人放火对我们进行威胁恐吓，

屠杀、劫掠、蹂躏和所有种类的暴力手段层出不穷，无恶不作。目睹这一切，你和美国大陆各区域的民众都会感到盛怒。即使现在，以康涅狄克州为证，那些安居乐业的城镇仍在战火硝烟中，那些年老无助的居民在他们的家中被屠杀，而且，更令人耻辱的是，那些贞洁的妇女遭受强暴！毫无疑问，这些十恶不赦的暴行必须要受到最严厉的惩罚，于是复仇成为一种美德。因此，如果任何一位美国人都能一直果断地把自己的利益与那些豪情万丈的穷人们的利益结合起来考虑——英国人的压迫迫使我们当初用战争来寻求解放，英国人在战争各个阶段的残忍行径增添了战争的恐怖。老天，必将制止这些暴行！——那么阻止这些残暴的行为是被屠杀同胞的阴魂赋予我们的责任。那些极力鼓吹与英国人重新联合的人必须闭嘴，必须全力以赴驱逐入侵者，为我们受到践踏的国家报仇。我们的敌人用卑鄙的方式进行的掠夺战争是多么的无耻和野蛮。他们在没有反抗的地方出现，掠夺、烧毁和破坏我们没有设防的城镇，而遇到危险便逃跑，这成了英国军队独具专用以保留其尊严的一种典型的战争模式。通过这样的行动方式，敌人获得了优势。这必然导致我们兵力分散，因此我担心这会牵制我们更多地采取守势而不是去完成统一国家的幸福大业。但是我希望总有一天我们有真正公平的机会与他们决战。荣耀与复仇的渴望结合在一起，弥漫在我们部队每个官兵的心头，我确信这一精神力量必将引领他们进行最强有力的战斗。

把你的手给我，我亲爱的朋友，让你那诚挚的心灵接受我的祝贺。我将列举以下无可置疑的事实——这可不是虚构的卡罗莱纳（Cardina）州的故事。在顺流而下之前，敌人在石角（Stony Point）[①] 的这一边驻防，他们夺取了我们河对岸的工事，借此切断水陆交通干线。我们杰出的总司令阁下掌握了许多有关石角的形势和守备部队实力的可靠情报，决定试图攻占石角。作战计划是昨晚确定的，由韦恩将军（General Wayne）率领我军轻

---

① 位于美国纽约市以北 57 公里，哈得孙河西岸。——译者注

装备步兵在今天凌晨一到两点之间实施，这支部队英勇地实现了开战以来最圆满的突袭之一。要塞、大炮、军需物资，以及大约500名的守军，都归我们所有。我军的第17团和我所在的第71团，现在负责拘押这些俘虏。我们的伤亡不超过10人，在受伤者中，韦恩将军的伤势很轻微，他的头部被步枪子弹擦伤。尽管突袭发生在夜晚，但军事惯例证明是正当的，而且虽然词典上解释说以牙还牙的惩罚方法需要进行屠杀，然而，由于美国人一向是以仁慈、和蔼可亲的"弱点"著称于世，所以不必要的屠杀得以幸免。饶恕了这些守军本该丧失的生命，我军突袭成功以后，敌人的护卫舰立即顺河而下，丢下对岸的部队任其设法自谋生路。也许敌军猜想某种力量可能会试图攻击他们，不过，在这样一次做戒以后，他们可能会相当谨慎防范突然袭击。这次突袭的成功对未来的战略企图将是一个激励，并且毫无疑问地为接下来的作战打开了良好的局面。我希望这只是凯旋的一个序曲。

该河的防御区域和防御工事处于这样一种状态，如果在该区域我军所控制的范围内行军调动，不是不可能，但若有任何对死亡的恐惧则必须彻底消除。全部的英国军队都不敢强攻我们的防御阵地，如果他们正式展开围攻，我们军可以及时抵达予以救援，因此，我相信他们不会做这种尝试。

你想知道李将军是否会再指挥我们的军队，我相信不会。他没能指挥这次战役，由国会批准的对他的课刑是暂时停职一年直到明年12月才期满。虽然人们可能，一方面，怜悯那位不幸的军官，并痛惜其命运的严酷，但或许另一方面，又在为诽谤中伤其在军事上的名誉提供帮助，让那个清白的不幸的人雪上加霜。然而，总体和占优势的意见似乎是，如果让他再获指挥权，将不利于美国的利益。结局可能就是这样，也许这样做只是权宜之计。这位军官的现状恰是舆论善变的例证之一，人们对于这位军官的行为持有的各种各样的意见谅必指出了传记作者所从事的工作是多么的艰巨。能公正评判每一个人物绝非易事。何况面对的是那些伟人。就拿李将军这个例子来说，在许多方面他都是一位杰出的知名人士，一位饱受争议、毁誉参半的人，他的缺点和优点反复无常交替发生，非常混杂，以至于无法断定哪一种特点居于支配地位。虽然通过讨论可以发现证明一个人的这些特点和倾向，但是一定要给予正确公平的判定是极其困难的。

新温莎，1779 年 9 月 30 日

教皇说"诚实的人是宇宙万物间最高贵的人"，尽管有些人会借口反对这个观点，但以我卑微的见解判定这个观点无疑是正确的。

让别人因他们的天赋、学问和在世上的成就接受赞美吧，不论是作为学者，还是政治家，或者英雄人物，这些光环都能显示其伟大，但是你我所关心的是我们经过怎样的修养磨炼才能取得成功。你的职业属性使得你不可避免地暴露在众人的视线之下，许多人严密地审视着你，另一些人则苛酷并带有一些恶意（我希望我只是说说而已）。但是对于这些身受恶意苛酷的监视但同时不容亵渎的人来说，"好心人一生平安"是永远不错的精神支柱。我乞求上帝，永远不要驱使我亲爱的朋友用人类的反复无常和忘恩负义来为自己寻求心灵的庇护。我希望你的职业和基督教义能够给你所有的慰藉，我们知道，这些已经不少了。我相信你几乎很清楚地了解我对于学习和实践神学的观点。关于它我有一个早期的偏好，我认为它是人类有能力从事的最崇高的精神活动，并且我尊敬这些信徒。但是，正如你所觉察的，"神未必这样想"。我希望成为一名和平的倡导者，但是我又是一名军人，老天知道我将成为什么样的人！

· · · · ·

我对你和那些因为远征佩诺布斯科特人（Penobscot）① 失败而沮丧的兄弟们深表同情。人类的本性在这次失败战例上的表现与在其他失败战例上

---

① 操阿尔冈昆语的印第安人，住在今天美国缅因州濒临大西洋的佩诺布斯科特湾的两侧，及佩诺布斯科特河流域一带，以渔、猎及采集为生。——译者注

所表现的一样，什么事情做得不成功，会很自然去归责到人和方法。在多数人看来，遭遇不幸就应受到谴责。对我来说，我不敢根据我收到的极其有限的信息来擅自断定谁应该对此事负责，但是一定在某些地方存在过失——是否是准备不足，或者是缺乏保密，再或者是执行过程出现问题，我还是把它交给更聪明的人来作出判断。

虽然我们国家在绞尽脑汁地调查那次远征，以查明谁是造成上述不幸的原因，但是，在知识分子这部分人群中的一些意见领袖却在竭尽全力毁灭一个人，这是为了什么？难道是为了完成这场战争中一个最卓绝的行动？我所提到的他们报复的对象是李少校（Major Lee），这件事可能会让你感到困惑。你对那位绅士的看法是极其有根据的。无论在何处他都将崭露头角。作为一名学者他值得关注，作为一名专心致志积极进取的优秀军人，他非常引人注目。他具有恺撒那样非凡杰出的品格，一种能够承担最危险袭击的魄力，他真正具有的伴随着判断力和洞察力的胆识，事实上远远超过一般人在他这个年龄通常所具有的禀赋。还有更重要的是，即使在相似情境下，他的谦逊也不会让他像那个著名领袖恺撒那样自吹自擂"我来，我看见，我征服"。按照你的请求，我将告诉你在保卢斯胡克（Paulus Hook）事件中涉及李少校的细节和结果。

那位绅士，在所有场合以其一贯的有效指挥，成为一名出色的军官，华盛顿将军阁下如愿将对保卢斯胡克的冒险袭击任务交给他负责，他和对他绝对效忠的特种部队在保卢斯胡克周围冒着生命危险驻扎了近两个月，他不断地在附近地区把握机会，通过他自己的观察，通过逃兵的叙述，获得了所有关于敌军守备部队的必要情报。他把这些情报报告给总司令，同时提议奇袭敌军兵营。这个攻击企图非常大胆，但会面临许多困难，是否能成功并不确定，而且即便允许奇袭并取得成功，但从敌军兵营及其接近纽约的位置来看，撤退会极其危险。尽管有这些妨害，他仍然完全坚持自己的看法，认为能够出奇制胜。他获得了这场战役的指挥权，整个战役的相关管理事务完全委托他处理。在参与奇袭的部队中一部分是他属下的骑兵部队，但不骑马参与行动，另一部分是来自马里兰州（Maryland）和弗吉尼亚州（Virginia）正规军的 300 人，由克拉克少校（Major Clarke）率领，克拉克少校是应李少校特别请求才加入这支特遣部队的。

虽然特遣队及早进军，但是由于其中一个向导的胆怯（如果不是背叛），特遣队相当大的一部分人在森林里迷失，失去了联系，剩下的部队几乎破晓时才到达目的地，比原计划晚了 3 个小时。这是未曾预料到的困难，而且由于兵力缺损需要采取新的部署，但是几乎接近天亮了，时间不允许这样做。我们的英雄没有使自己受到这些情况的困扰，而是下达了立即进攻的命令。战斗照常进行，圆满取得应有的成功。一伙敌人被迫退缩到已被包围的主要防御工事里的少量几个据点负隅顽抗。这时正值日出时分，容不得片刻耽搁。捕杀那几个倔强的家伙绝不是目的，与之相比更重要的是从敌人所有兵力的眼皮底下撤退。李少校因此命令他的特遣队押送 157 名战俘离开交战现场前往渡口，按照事先的计划，渡口的船只已经准备好，用船运送他们可以很快完全脱离危险。这是由于整个特遣队完全只从陆路撤离非常危险，总司令绝对禁止这样做。但是在渡口又遇到了新的挫折，由于队伍延迟，超过预先确定的时间后才到达，负责管理船只接应的指挥官自以为特遣队没能进行攻击，并且担心自身的安全，于是驾船离开了渡口。就在这时晚上在森林中失去联系的那支队伍与李少校的队伍会合了。于是李少校命令从陆路撤离，并从那些新会合的人员中挑选出了大约 50 人，安排他们殿后，由他自己亲自指挥，其余将士以及战俘继续撤退。他不得不带着这些枪支弹药未受损失的人员殿后的原因是，那天晚上，由于在森林中耽误了时间，他所率领的队伍被迫在一个涨水的不利情况下渡过河道发动攻击，结果所有的子弹受潮失效，以至于特遣部队在进攻时没有一支毛瑟枪能够射击，只能完全依靠他们枪上的刺刀。

与此同时，敌人从纽约派出了一支部队，而且前天巴斯克上校（Colonel Buskirk）以拦截我军在另外区域的小股部队为目的，带领大约 200 人也离开了驻地，这些行动一直没有暴露。李少校从一名被俘军官那里得知了这一情况，李少校警告他如果敢用假情报欺骗自己将被处死。我们部队距离安全位置的底限还有8英里距离，将要通过三处隘路，在任何一处隘路被拦截，必将损失惨重。意识到这一点，李少校命令他的主力部队加快步伐行进，他自己留下和殿后部队一起掩护他们撤离。不久巴斯克率领的部队就出现了，而我们英勇的军官在撤除桥上的设施之后，埋伏在桥头的石屋里阻击牵制敌军，射倒了几个敌人，敌军对我们没有能够造成任何伤害，退却了，于是我们的部队实现了自己的作战意图。

虽然整个部队所有级别的官兵都获知李少校奇袭成功，都称赞其优异的表现，但是一些来自马里兰州和弗吉尼亚州正规军的军官开始起诉李少校。我不会去主观臆断他们的动机是什么，军人特别看重公正和名誉，可是公众利益却被他们毫无根据地硬说成是他们目前提起诉讼的理由。果然，李少校被逮捕并且被控8项罪名。我将给你附寄这些指控连同审判前法庭的意见。李少校发现自己深陷困境，于是写信给总司令阁下，请求总司令阁下能够给他出具书面的谕旨，要旨是他在奇袭之前曾荣幸地接到了总司令的口头命令。总司令答应了他的请求，当我看到这份书面的谕旨时，我感到非常欣慰，就我所记得的详细内容是，李少校被委派与这些队伍一起出发实施该项行动，以努力获取更多的情报，并且，在行动开始以后，无论是在袭击行动中，还是在撤退过程中，一旦遇到难题，如果发现这项冒险行动太过于危险，李少校都有权放弃此次行动。安全及时撤离的必要性被反复强调，并且命令他要不失时机地搬运或者摧毁所遇到的任何军需物资，甚至，如有可能还要收拢落伍者。这项冒险行动的目的是，通过袭击敌军该处驻地，并且顺便带上俘虏迅速回撤，为我们的军队增光。

我相当确信，这就是我所看到的主要精神，出自总司令阁下亲笔。李少校究竟完成到什么程度，他的成就以及军事法庭提供的令人肃然起敬的证词将予以证明。克拉克少校是一位真正的绅士，他曾劝告并极力劝阻那些起诉的军官，但却是徒劳的。在审判中，他支持李少校，虽然在法理上

### 英军在波士顿大屠杀

　　这幅作品取材于 1770 年 3 月 5 日发生的波士顿惨案。当天晚上，波士顿市民与英国士兵发生冲突，后者开枪射击，导致 5 名市民横尸街头，鲜血浸染了覆盖在街头的白雪。这一事件和发生于 1773 年 12 月 16 日的"波士顿倾茶事件"被称为美国独立战争的导火索。

## 美洲马正在掀翻骑手

　　这幅漫画选自 1779 年出版的一本英国杂志，图中这位骑手挥舞着用剑、斧和刺刀做成的马鞭，即将从马背上跌落下来，因为那匹名叫"美洲"的马正在掀翻甩掉它的主人，在这幅漫画的背景右侧有一个正扛着旗昂首进军的大陆军士兵。创作者用幽默的手法表达了即将降临到英王乔治头上的噩运。

他是唯一一个被认定为在李少校指挥的行动中受伤的人，但他的全部证词和所有其他被调查人的证词一样，都可以视为对李少校行为的颂词。当李少校为自己辩护时我在座，完全是即席申辩，包括对证据的陈述、上面提到的总司令的命令以及他自己在袭击之前对部队所作命令和后来的指令，根据这些言词几乎可以推断，由于他内心的清白才能够使他具有相应的胆量表达：

"我申辩完了，感谢法庭的注意和耐心的倾听，我只有一个请求，无论他们作出怎样的判决，这一点也许要表明，如果我行为不当，请严厉地处罚我。但是如果事实表明是我在履行我的职责，并且这些指控都是毫无理由和毫无根据的，我相信先生们，你们会把这些告诉世人。"

就像你看到的，法庭判他无罪释放，在某种意义上为他和法庭都赢得了极高的荣誉。因此，我亲爱的朋友，我所告诉你的是这一轰动事件的详情。让我没想到的是它会远远超出我的预期。不过，假使有关这个事件的叙述冗长乏味，你谅必少不了会责怪你自己，甚至会责怪我，因为我确实想尽可能满足你的要求。

当我开始写新的一页时，我希望尽我所能告诉你一些好消息，但是目前我们知道的消息都是二手的，是从你们那里得来的。假设我们冒险猜测一下，如果法国舰队抵达南部，并且林肯将军接受命令予以配合，我们所奢望的英国在那个区域的军事力量的覆灭，不就成了顺理成章的结果了吗？唉，可怜的英国佬！你陷入的是何等的困境啊。现在你已不再是孩子气地与你女儿争吵，而是要严肃地与法国、西班牙以及美国进行竞争。这和你对上一次战争的结论是多么的不同啊！在上一次战争中：你们的军事行动在全球每一个地区都取得了胜利，你们的舰队在海上也取得了胜利，你们的敌人遭受耻辱，你们的人民感到快乐，当时你所占据的殖民地兴高采烈地捐助支援你们为了势力和统治而战，他们的幸福似乎与你们非常紧密地结合在一起。回顾当时的你，悲叹哭泣吧！细想现在的你，迟早要为可能降临到你们头上的噩运而震颤不已！

迄今为止，敌我双方占据着几乎势均力敌的阵地。他们认为石角（Stony Point）坚不可摧，我们认为西点（West Point）同样牢不可破。我相信双方都不试图征战。然而敌军正在密谋，过几天就知道了，也许是一些卑鄙的抢劫、掠夺等冒险行动。如果我有幸担任将军，我将以我的名誉保证，我会绞死任何一个操此阴险营生的恶棍。

### 新温莎，1779 年 10 月 19 日

我看到一个非常美妙的作战计划被设计出并刊登在我们城市最近的一份报纸上，大家普遍认为这个计划一旦实施，无疑将瓦解纽约并捕获所有在该地躲避的人，奇怪的是一件只是在军队私下里秘密流传的要紧事，本来可能是正在被着手评估的权宜之计，一般认为应该尽可能保密，然而却让它首先出现在公开出版的报纸上。难道你不记得众所周知的斯宾塞将军（General Spencer）率众秘密远征罗德岛州的故事吗？还有在班格丢斯（Bagaduce）事件中泄露秘密的事？这是确凿无疑的，乔治·科利尔爵士（Sir George Collier）曾以名誉担保宣称，除了从波士顿报纸上获得的信息，他没有任何其他关于那次冒险行动的情报，结果是他仅凭报纸上的这些信息采取了措施。如果这确实真的是事实，保密是冒险行动之灵魂的结论肯定是不证自明的了。不管怎样，经验教训将使政治家变得明智。

根据你还有其他人对于制定我们国家宪法的大会的叙述，我自以为有可能将会见到一部公正健全的宪法。我听说它会与此前的宪法相似，更确切地说有了一些改进之处，使之更符合目前的国情，唯一的亮点是在名称上与邦联（the Union）相符合。宾夕法尼亚州虽然势单力薄却因反对宪法产生了非常不幸的结果。在关于政府组成人选的争夺辩驳中，已有 6 人暴卒，从人类明智的行为角度来看，这种争论没有起到促进作用。我希望这个国家政府的组建最终能够从这些令人沮丧的讨厌的家伙身上获得有益的经验教训。当敌人获知我们民众的愚蠢行为，他们不知将怎样地狂喜呢？

民众反对民众！将来子孙后代的耳朵里听到的将是怎样的故事呢？"听任争讼败祖绝孙"。毋庸置疑，我告知你的这个不幸事件的经过不是想让你我痛苦，而是这些事件很可能会被遗忘湮没！

我亲爱的朋友，请你接着谈谈有关你自己的事如何？交流的大门一直敞开着，或者你已经深入其中了？对我来说，我不知道何时才能够歇下来。我本该用来发财的时间花在了部队里，为国家服务，虽然其结果也许是贫困，但反思起来这仍然是我真正的快乐之源。尽管我对幸福的看法完全是世俗的，同时也是中庸的。诸如自食其力地经营一家普通的商店，给自己留点闲暇关心国家事务，有一位志同道合的可爱的伴侣，和一个朋友圈子，我就既不会羡慕英雄也不会羡慕政客。我向往的人生应该一直享有这样的幸福。如果命运女神如此安排我和朋友分别在不同的地区扎营住宿，我将在分别中安慰自己，就像现在这样，在环境允许的条件下与他保持这样一种交往。

**1779 年 12 月 24 日，他写信给他的弟弟纳撒尼尔（Nathaniel）**

尽管征战疲劳，部队还是用惯常的方式完成了临时营房建造，部队目前进驻舒适的冬营地，1777 年在锻炉谷（Valley Forge）① 建造临时军营是一项异常艰巨的工程，但现在是非常容易的工作，而且要是战争再持续几年，修建临时营房就将成为纯粹的娱乐消遣活动了。必要的规矩和经常的赋役完全可以将人调教成能够轻松应对曾经几乎好像是不可逾越的困难。

在军营附近发生了一场决斗，受伤的那个家伙为在决斗中胸部中了两弹而"心满意足"，他在给他的兄弟的某封信中这样评论：

---

① 又译作福吉谷，位于宾夕法尼亚州东南的一个山谷，在美国独立战争期间，1777—1778 年华盛顿将军冬季司令部所在地。——译者注

　　这种调解争端的方式的确可笑。一人称呼另一人为恶棍流氓，通过决斗的手段，射穿他的身体！无论这样的仲裁可能有多么的荒谬，然而习俗，那个习俗暴君（再加上令世人害怕的嘲笑，鲜有坚定、冷静、理智的哲人能够藐视嘲笑），使拒绝决斗的绅士声名狼藉，决斗的习俗不仅让崇尚武力的军界竞相效仿，而且还致使非常爱好和平的家庭生活的处世行事受其影响。

英军袭击泽西——阿诺德的背叛——交换战俘的困
难——南部地区的指挥权授予格林将军——格林将军的
性格和名望

　　一直到 1780 年 4 月以前，召先生在正规军部
队中的军衔还只是中尉。1780 年 4 月他被委任为
第三炮兵营上尉，接着在维持上尉军衔现状不变的
前提下，担任副团长。1780 年 6 月 20 日，他从肖
特希尔斯（Short Hills）[①] 写道：

　　抵达军营 3 天之后，我们获得了敌人将要从斯
塔腾岛（Staten Island）突袭我们所驻扎的这个州
的情报。这个行动预定在 6 月 7 日实施。我们的部
队立即采取行动，配合民兵和驻扎在伊利莎白镇
（Elizabethtown）[②] 附近的大陆军分遣部队迎击敌人，
敌军经常在这个镇附近登陆，并且以他们的方式极

---

① 　位于新泽西州艾色克斯郡西南部。——译者注

② 　位于美国新泽西州东北部，濒临纽瓦克湾和阿瑟基尔水
　　道，1740 年设为"伊利莎白自治镇"。——译者注

尽侵扰。不过，由于分遣部队势单力薄，只好在人多势众的敌军面前被迫后撤，直到我们部队（虽然没有什么特别）出现。敌军在一个叫康涅狄格农庄（Connecticut Farms）的小村庄附近占据了有利位置。他们烧毁了村子里包括基督教教友会的聚会所在内的20多座住宅和其他建筑，犯下了惨无人道的滔天罪行。无助的妇女和孩子被强制离开房屋，敌军当着这些不幸的受害者的面马上纵火，使受害者们没有时间从火焰中抢救出任何东西包括他们的衣服。福音传教士且是爱国的辉格党支持者考德威尔（Caldwell）先生的妻子，被两名英军士兵射杀，当时她是为了安全而和孩子们一起躲避在密室中的。她的尸体还没来得及搬走，敌人就放火烧着了她的房子。不过，邻居们还是尽全力在房屋烧毁前把她的尸体搬了出来，他们所犯的残暴行径罄竹难书，只要说战争开始以来还没有发生过比此更加残暴的事件就足够了。当天晚上，敌军返回伊利莎白镇驻地，他们迄今还驻扎在那里，处于斯塔腾岛和一些前来保护他们的武装战舰的掩护之下。

敌军对这次远征行动非常失望。他们曾断定，如果派5000名士兵进军新泽西州，该州的居民必定会由于我军在南方的失利而沮丧气馁，甚至将不抵抗而屈服，而且大陆军的将士也必然会在所有与英军的作战中叛逃。但是，感谢老天，他们刚愎自用打错了算盘。民兵打出了无法匹敌的锐气。这一仗犹如列克星敦（Lexington）战斗重演，如果我方可以确保有足够的正规军兵力投入，发动一场全面的军事行动，就能够对这些冷酷残忍的烧杀抢掠者实施最大限度的复仇。我几乎要咒骂这个我们为之战斗的国家。请想一想，我的朋友，我们屈辱地眼看着不足5000人的敌军，几乎当着我们的面，公然糟蹋我们可爱的原野，烧毁我们的房屋，然而我们不是勇敢地出击而是退却。部队之前从来没有经历过这种情况。这真令人惊诧，但却是真的：一个政治实体与一个已成瓮中之鳖的敌人处于公开交战状态，居然在斗争的晚期不能够把握时机，派足够强大的军队通过作战去惩罚微不足道的不到5000人的劫掠者。的确，这似乎是如此的不可思议，我甚至无法想象一个没有亲眼目睹的人会相信这样的事实。不过，请相信我，由杰出的华盛顿所率领的全部军队总数不足 3000 人！如果我们没有得到该州的民兵的支持，连阵地都守不住。

查尔斯顿 (Charleston)[①] 失守了。这件事目前虽然产生了剧烈的震动，但将产生非常美妙的后果。人们开始觉醒，终于意识到战争是狂暴的。宾夕法尼亚州开始由军政府接管，就像古罗马执政官拥有所有权力那样，州长被州议会授予了所有的权力，这样无疑会增强部队的战斗力。除了加强政府的权力之外，已批准总额超过 6000 英镑的硬币用于加强军事力量。新泽西州直接从民兵中征集兵员来加强其政府军队的力量。简而言之，如果国家能仿效宾夕法尼亚州和新泽西州的有益范例来调整配置军事力量，我们将像人们所希望的那样更有气势地全力以赴地进行战斗。现在恰逢其时，如果现在不竭尽全力作战，那么未来所进行的抵抗都将是徒劳的。只要我们与日夜期盼的可靠盟友精诚合作，战争就将以我们的胜利而告终。敌人正在筹备这样一件事情，上个星期六，哈利·克林顿爵士 (Sir Harry Clinton) 和阿巴思诺特海军上将 (Admiral Arbuthnot) 率领 3000 到 4000 人之间的部队从卡罗莱纳州 (Carolina) 抵达纽约，可以预计轰轰烈烈的时代将很快到来。

1780 年 8 月 10 日，他从军营写信给他的弟弟纳撒尼尔，抱怨由于货币贬值造成他在金钱方面的窘迫，抱怨拖欠到期应支付给他的款项，以及没有收到军饷的沮丧。

陆军军需兵司令兼军需局局长 (Quarlermaster-General) 所管理的部门已经有超过 10 个月没有钱了。从去年 12 月起，部队就没有收到任何军费，

---

① 美国南卡罗来纳州濒临大西洋的港口城市。1780 年 5 月，英军将领克林顿爵士率军攻打南卡罗来纳的查尔斯顿，5 月 12 日，大陆军投降，3000 多名将士被俘，这场战役是美国独立战争以来，美国大陆军的最大的一次失利。——译者注

这就是我不同意还债的理由。我们的部队驻扎在距离纽约 25 英里的北河
(North River) 上的多布斯渡口 (Dobbs's Ferry)①,至于驻扎的人数则相当
可观。但是,哎呀!我们这里非士兵人数比士兵人数多,而且新招募来的
兵员几乎完全不熟悉军务,更糟糕的是,到他们对所有的事项都熟练的
时候服役期也即将期满了。给这些短期征募 6 个月的新兵发放令人惊愕
的补助金严重挫伤了我们这些富有经验的军人。我担心如果这样的措施
再重复实行,部队将成为一盘散沙几乎不可能凝聚在一起。如果在战争
开始的时候首先尽全力去建立一支勇猛善战的军队,双方的争夺早就结
束了,美国现在也独立自主、和平安定了,而从目前来看距离这样一个
美好的结局可能还很遥远。

我们期待不久与盟友会师并且开始联合作战。一想到我们的国家不是
竭尽上天赋予我们的力量去自我拯救而是必须求助外国军队,我就十分痛
苦。我们不能顺利地克服这些困难将是我们的耻辱。至于海军,我们一定会
感激为我们建立海军提供帮助的友好强国。但是,虽然美国人口众多却雇佣
外国军队,一定会在历史上留下不光彩的一页。我是作为一名美国公民说这
番话的。我爱法国人,但是,除非我们学会没有他们或者任何其他欧洲大
陆强国的帮助,也知道如何去做,要不然我们将成为一个令人不齿的国家。

1780 年 8 月 31 日,他再次给同一个弟弟写信:

在过去的 8 天时间里,我们的部队占领了距离纽约大约 41 英里的利
堡 (Fort Lee)② 附近的阵地。这块阵地位于我们与敌军之间,我们彻底查
找敌人留在阵地下面仅有的一点东西。我们对此戏称为"觅食",这只不
过是对"劫掠"的文雅点的说法。不过,这在战争中是惯例,当然也是情

---

① 位于美国纽约州东南部。——译者注
② 位于美国新泽西州东北部的自治镇,濒临哈得孙河,约建于 1700 年,1776 年华盛顿
　　将军试图阻止英国舰队沿哈得孙河上行,失败后放弃当地城堡。——译者注

有可原的。当前必须实施所谓"觅食"行动出于两种目的，首先是防止敌人在感到自身承受不住攻击时拖走这些物资补给，其次可以供养我们自己部队。在采取了这项措施以前，我们已经 3 天没有吃肉了，现在除了用这种方式来获得肉食品以外没有任何其他办法了。事实上，可以这样说，国家既不给我们提供军饷、食物，也不提供军队制服。

1780 年 9 月 27 日，他从设在鲁宾逊旅馆（Robinson's House）的指挥部写信给艾略特牧师：

要是我给任何一位朋友而不是一位牧师写信的话，我会说：魔鬼是要在这里付出代价的。总司令阁下、拉斐德侯爵（Marquis de La Fayette）和诺克斯将军（General Knox）以及他们的随从人员在哈特福德（Hartford）①拜访了法国陆军司令罗尚博（Rochambeau）和海军上将、舰队司令德格拉斯伯爵之后，于 25 日来到这里，当你听到这个故事逐渐表露的情节时，你的耳朵可能将发出叮当的鸣响。哎呀，我亲爱的艾略特，人心难测！阿诺德（Arnold）②投敌了！——美国已经处于摇摇欲坠的崩溃边缘，这次变节事件要不是被幸运地及时发现，现在西点及其附属地区或许已经是敌人的了。通过克林顿的几名间谍，促成了阿诺德与安德鲁少校（Major André）之间的见面会谈，安德鲁少校之前是哈利爵士（Sir Harry）的助手，现在在英军中担任副官长。他乘坐"秃鹫号"军舰溯河而上，在哈佛

---

① 美国康涅狄格州首府。——译者注

② 美国大陆军中具有优秀军事才能的本尼迪克特·阿诺德少将曾于 1777 年 8 月 22 日逼退包围美军斯坦威克斯要塞（Fort Stanwix）的英军，后来与霍雷肖·盖茨将军一起在萨拉托加以南的斯蒂尔沃特镇借助坚固的防御工事，抵挡了英军将领伯戈因的多次进攻并最终实施了对伯戈因的包围，同年 10 月 17 日伯戈因率英军投降，美军获得萨拉托加战役的胜利。但由于阿诺德认为他的统率才能受到不公正的批评，于是在 1780 年密谋背叛美军，试图向英军出卖哈得孙河上西点要塞的情报，后因阴谋败露叛逃至英军。——译者注

斯特罗（Haverstraw）① 一位叫乔舒亚·史密斯（Joshua Smith）先生的房子里会见了阿诺德，在这里他们共同商定了这些守备部队的叛变方案。在进行这些交易期间，"秃鹫号"军舰转移了位置，因为"秃鹫号"暴露在被派遣对军舰进行骚扰的我军加农炮的火力覆盖范围内。这样就造成了安德鲁少校返回的困难，于是他决定从陆路返回碰碰运气。所以，凭借阿诺德将军（General Arnold）提供的通行证，他假扮平民，化名约翰·安德森（John Anderson），横穿水陆交通干线，而后在躲过了我们所有的巡逻之后，他被一些民兵拘捕，更确切地说是一帮绿林好汉，他们依靠在两军之间交通线上的抢劫盗窃为生。有关他的被捕有些非常特别的插曲。当这些人出现在他面前时，安德鲁少校料想他们是属于德·兰西（De Lancey）部队的，于是说自己是英军军官。但当他发现搞错时，他出示了阿诺德将军的通行证，并且提议如果他们允许他继续前行，他将把金表献给他们。这伙人一边没收他的金表，一边搜查他身上的钱财，但是在他衣袋里一无所获，他们就脱下了他的靴子，这时他大声呼喊："都没有了，看在上帝分上……"强盗们在靴子里发现了我军守备部队所有工事的精确布防图，对以下布防都作了详细的说明，包括：每一处工事的火力配备和种类功能以及它们之间相互支持的关系；防御所需兵力，以及当前为了防御目的实际的兵力及分布；假使敌人出现时的部署和队形，以及易攻破的方位和易受攻击的区域；还包括怎样正确运回所有军械物资的解决方案等。除此之外，还发现一份阿诺德几天前收到的我军本月6日情况通报的抄本。而且，其他一些包含有对我国的政治事件、国家货币、继续坚持战争的困难以及对外关系前景的评论文件也被搜出，所有这些情报和文件都有助于向敌军指明抓住当前机会向我军进攻的必要性。这些情报和文件上主要都是阿诺德自己的笔迹。

安德鲁在暴露真实身份后提出倘若放他走，他将付给这些俘获他的人

---

① 位于纽约州东南部，纽约市以北48公里处的哈得孙河西岸。——译者注

## 安德鲁少校被俘

　　1780 年 9 月的一天，安德鲁少校作为英军代表奉命与镇守西点要塞的美国大陆军阿诺德将军秘密会谈，密谋将西点要塞出卖给英军，在安德鲁返回英军驻地时被民兵抓获，如图所示，安德鲁欲出让金表求民兵将其释放，但遭到拒绝，后来被押送至大陆军，终被处死。阿诺德因阴谋败露潜逃至英军。

**焚毁阿诺德的雕像**

  本尼迪克特·阿诺德少将具有优秀的军事才能，曾为美军取得
萨拉托加战役的胜利作出突出贡献。但由于阿诺德认为他的统率才能
受到不公正的批评，于是在1780年密谋背叛美军，试图向英军出卖
哈得孙河上西点要塞的情报，后因阴谋败露叛逃至英军，他的雕像在
1780年费城的一次游行中被焚毁。

500 基尼金币，并将如实满足他们提出的任何要求。但这一切都未得逞。他们把他押送到大陆军前线指挥官那里，该指挥官写信给阿诺德说他们抓到了一个名叫约翰·安德森的间谍，但是没有提到那些文件。同时他另外派人把那些文件送给在几英里外从哈特福德返回西点的华盛顿将军。阿诺德最先接到了信，感到阴谋被泄露，立即沿河而下登上"秃鹫号"战舰。就在这时，华盛顿将军出现了，他径直来到阿诺德的营区，阿诺德预先要求他的一位僚属向华盛顿将军致歉，说他的确不得不马上要去西点，但是两小时后就会回来。此后不久华盛顿阁下与陪同人员一起前往西点视察工事，料想在这个时间段应该能够遇到阿诺德。当我们返回的时候，华盛顿接到一份急件，急件中有一封信告知了俘获安德鲁一事，还附上了安德鲁随身携带的情报、文件。这就真相大白了，对于刚才阿诺德的缺席就不难理解了，华盛顿阁下立即命令主力部队的两个旅前往阿诺德的营区，采取充分的安全措施。

对这个重要事件阿诺德管控得如此严密，以至于除了上述史密斯这个不可缺少的中间人之外，没有人知道这一秘密。同一天晚上，史密斯是在床上被抓获的，在此之前他还不知道阴谋已败露，以及他将面临的对他罪行应有的惩罚。

因此，我的朋友，你知道了一个惊天阴谋，从各方面来看都是无与伦比的。在我们以往的战争历程中，他作为一名军人的好名声是众所周知的，并被社会各界所普遍公认。可是像这样一个声名显赫，分享着国家给予的大量军事荣誉的人，竟突然跳入犯罪的深渊，他的所作所为，所昭示的人性的无耻令人深思。他贪财成性，于是沦为贪欲的牺牲品。"世人何不慎思量，金钱贪欲不可长。"不管是敌人履行对他的诺言，还是认可可以接纳他成为他们团队中的新成员，对于我们都不重要。他在这次重大图谋中失败，很快就会在敌人那里失去任何影响。对于敌人来说，他们将遭受失去安德鲁的痛苦，安德鲁的军事学识与机智才干，对于哈利爵士（Sir Harry）来说是完全不可或缺的，没有安德鲁的批准同意，不可以采取任何重大行动。据说，他是他们部队的灵魂。可是，纵使他十倍于这种地位，其命运也只不过就是一名普通的间谍而已。

1780 年 10 月 1 日，他再一次写信给同一位朋友：

我们现在已返回我们以前在塔潘的军营，林肯将军明天早上将从这里出发返回波士顿。这位和蔼可亲的人已经尽力与敌人商谈了战俘交换事宜，但是由于一些困难不能顺利克服，导致本来希望完成的战俘交换一事再一次推迟。我担心国会，还有整个民众，没有彻底关注到我们不幸的被俘同志的危难，要不然他们对此次提议的交换方式就不会不同意。敌人要求全面交换，我们提议只交换军官，据说，可能是因为已经证明交换被俘士兵将有损我军而增强敌军的力量。显而易见，因为我们的统治者不关注当前国家的首要利益，我指的是建立正规军保卫国家，所以为了我们国家的利益我们现在必须容忍明摆着的不公平。对此，按照你们牧师的说法是"过多的善意反成为罪孽"，确实如此。

在你接到这封信之前，我料想人们可能已经从有关阿诺德罪行的新闻所带来的恐慌中恢复了一些。老天！我们真是幸运躲过一劫啊！在美国失去任何 3 个首府都不会造成具有同样杀伤力的灾难。西点及其附属地区构成了美国独立的守护神，我们邦联链条中的这一最重要的链环一旦断裂，我们可能就该向和平、自由和安全告别了。就维持我们这少许军队的存在所必须克服的诸多障碍而言（责任应该归咎于弥漫在整个政治团体中的苟且偷安的影响势力），即使在现在，各方的意见都是不统一的，因此，这最重要的链环一旦被摧毁，其他环环相扣的链环还能存在无疑将是一个奇迹。如果这次谋反成功，敌人将完全占据从纽约到太康德柔格村 (Ticonderoga)① 之间的广袤地区。再加上他们目前在南方各州已经拥有的

———————————————

① 位于美国纽约州东北部，是独立战争期间要塞所在地。——译者注

势力，就会使我们陷入绝境，当我们处在这样一种情势之下，除了一种开天辟地的力量之外，没有什么可以解救我们。

我们曾经历过一次逃亡，但是危险仍然没有结束。敌人拥有强大的海上和陆地武装力量。虽然他们现在尊重我们，但是他们无疑将密切关注我们新征募兵员服役期限的期满时间，到时我们只有不足如今一半的兵力，难以与之抗衡。尽管我对此后果感到战栗，可我还没有绝望，沮丧一词不属于我。我曾见证美国的最低潮，也曾目睹美国幸运地从低潮转向高潮，的确，从她最近的自我解救来看，我坚信美国不会被打败。如果我们希望看到最终幸运的成就，难道我们不该奉献上帝所赋予我们的一切吗？为了曾经的耻辱，作为一个值得我们为之争取幸福的民族，我们要自我激励。当前的战役正在加速结束。我们战胜敌人的乐观前景却如同海市蜃楼般突然不见了，我们仅存唯一的希望，就是在上帝保佑下，在从目前到下一次战役开战之间的这段间歇里增强自己的实力。

不知何故，我怎么也无法忘掉阿诺德。除了他在纽约受到的接待之外没有更多关于他在当地的情况透露给你。在那里他似乎并没有受到特别厚待。他们部队中各级军官对于这件事最终导致的结局充满忧虑，他们认为阿诺德是导致那位胆识过人的安德鲁被俘的罪魁祸首。哈利·克林顿爵士因为此事几乎要疯了，如果不是因为这样做会对他们国家政策和信义造成重大损害，他认为宁愿牺牲掉一千个阿诺德也要换回安德鲁的安全回归，事实上，可怜的安德鲁在今天下午 5 点就要被处决了。一个由最高级别的军官组成的委员会裁定他犯有违反国家法律和法规的罪行，并据此判处他死刑。他在受审之前以及受审期间的行为都是合乎礼节且不失大丈夫气概的，我敢说法官们在判处他极刑的时候一定非常怜悯他。与被他伤害的国家的那些义愤填膺的怨恨相比，背信弃义的阿诺德所受到的待遇是多么令他愉快啊！

同一天，他从塔潘军营写信给他的父亲：

## 帝国的相遇

我料想你们现在一定都对阿诺德的行为相当震惊。这种行为卑鄙得无法形容，古往今来决没有任何一个邪恶的行为能够与之抗衡。我现在没有时间详述这一极其恶毒的卑劣行为。感谢上苍，这一卑鄙行为被及时发现，由此避免了其他一系列要不然有可能发生的非常不幸的后果。时局确实令人不安，而且日益恶化。法国盟友的舰队，原本是来帮助我们征服纽约的，现在罗德岛受阻。这在战争中并不罕见。渴望下一轮的出击会迫使敌人陷入同样境地。但是我们绝不允许美国的自由全部视运气而定。如果不付出顽强的努力就将失去我们的自由。这绝非没有可能，尽管大多数人判断，认为不会如此。

1780 年 10 月 20 日，他从新泽西州的托托瓦（Totowa）[①] 军营给他的弟弟威廉（William）写了这样一封信：

你知道这场战役我们干了什么吗？很容易回答——什么都没干。英国海军在我国海域的优势，使得我们慷慨的盟军所提供的帮助完全不起作用，我们曾乐观地希望与盟军手挽手占领纽约，这个期待被证明已经流产了。就依靠我们自己来说，最有把握的手段就是促使敌人在战场上体面地解决问题。我们经常营造的阵势在一定程度上是想让敌军感到比我们占尽先机，从而使敌军因此认为，接受我方引诱他们的挑战，将是英军应采纳的完全正确的作战计划。而英军统帅哈利爵士却常常谢绝这番好意，因此这场不分胜负的战役渐渐接近尾声。我们目前忙于推演，试图尽力查明敌军在即将到来的冬季究竟有何已确定的作战计划，我们普遍认为敌人届时将加强在南方地区的作战，由于我们的友军在南方地区，这的确让我们非常担心。大约 3000 人的英军增援部队前天已经由纽约起航前往南方地区，但是最近又有比这还多的兵力从英国抵达纽约，所以纽约的守备力量并没

---

① 位于美国新泽西州东北部，1898 年建市。——译者注

有因为这些分遣而削弱。国会开始意识到南部各州安全告急。他们已经召回了盖茨（Gates），并且希望华盛顿将军从目前的部队中派遣一名指挥官到南部的军队中担任总指挥。格林将军（General Greene）将受命前往就任。但要让当地民众提供兵员和必需的物资补给，如果想对一个人的指挥才能和执行力有任何的期待，我认为没有谁比这位温和的指挥官更才智双全、合乎理想了。尽管我们国家的利益强烈地需要他离开，但是对他即将离开的计划，我们部队中的各级军官普遍感到遗憾。对他的价值来说，没有比这种无声的称赞更能证明他的显赫了，只有他才配得上这种真正的荣耀。

战争仅仅是刚刚开始，敌人好像决心利用随处可见的、阻碍我国政府执行公务的弱点。当我们在征募 3 个月和 6 个月的短期兵员的同时，他们也在为向战争投入大量增援部队而招收新兵。我们的整个政治制度必须改革。目前是国家完全认识到敌人已经侵入我们内部的关键时刻，经验应该已经使他们相信，国家设立常规军队是绝对必要的，要足以捍卫受到侵犯的权利，并确保当前的战争有一个圆满的结局。当前到下一次战役开战之间的这段间歇非常重要，增强部队实力或许将决定我们是否可以作为一个国家而存在。

# 第7章

宾夕法尼亚州部队的叛乱——罗尚博指挥的法国军队——靠近考彭斯的战役——新泽西州部队的叛乱——装备欠缺的美国军队——对军队的压迫，以及国家对士兵待遇的不公正——摩迪·杜·立石骑士

1781年1月6日，召团长从新温莎写信给牧师艾略特：

我亲爱的艾略特，对一个令人震惊并明显会影响每个正直心灵的事件，你可要有心理准备。军队所累积承受的痛苦终于爆发并造成了可怕的后果，驻扎在莫里斯敦的宾夕法尼亚州正规军的军士和士兵发动兵变，捣毁了临时营房，全体人员正向费城进军，要求向国会申冤。

以下是我尽可能收集的有关这次叛乱的详情细节，本月1日，除了3个团之外，整个部队不包括他们的军官，由于服兵役的时间超期，于是，士兵们宣称要求申冤，这是引起叛乱行动的导火索。韦恩将军（General Wayne）和军官们用各种办法指望能够平息这场骚乱，但是徒劳无功，他们中数人受伤，一名上尉被杀。上面提到的那 3 个团在他们军官的指挥下游行示威，不过，这些军官是在其他人的胁迫下参与叛乱的，假使拒绝参与，将遭到死亡威胁。而且叛乱者实际上已经开枪了，于是他们只好照办。叛乱者接着夺取了野战炮，强迫仍然没有参与他们行动的炮兵立即行动起来，否则每个人将受到武力的惩罚，于是，兵变全面爆发。

除了多数人受到伤害而且伤情复杂之外，引起兵变的原因是衣服被褥、军饷和粮食等给养的短缺，而部队长期普遍受到虐待，则是激怒宾夕法尼亚部队士兵的一个独有的情况，大大加速了兵变祸乱的到来。几天前来自该州的代表团到达营地，带来 600 枚西班牙银币（half-joes），发给每个人 3 枚，当时，老兵们的服役已满期，这笔钱将作为为战争再次征募兵员服役 6 个月的补助金。对当时已不堪重负的老兵来说，再受罪服役 6 个月的时间太长了。叛乱者把这一点作为申冤的主要申诉内容条款，并通知他们的军官说，他们不能也不愿再被用任何方式玩弄了，于是他们决定，冒一切危险，全体行军去国会要求纠正这一做法。当上百个刺刀对准韦恩将军的胸脯时，他的手枪也随时准备击发。"我们爱你，我们尊敬你，"叛乱者说，"但是你如果开枪，你就死定了，——不要误解我们，我们不是去投敌，相反，如果敌军现在出现，你将看到我们将在你的指挥下一如既往地果敢并心甘情愿地战斗。"那天晚上叛乱者开始了他们的征程，第二天，韦恩将军本人与 3 名主要军官跟在他们后面给他们发送食物给养，以免他们在给养不足的情况下对私人财产进行非法劫掠，由此赢得叛乱者高度尊重，接着韦恩将军及 3 名主要军官与他们混在一起，帮他们出谋划策，努力防止任何蛮横逞凶的暴行。韦恩将军及 3 名主要军官被叛乱者彬彬有礼地接纳了，并获得了这支队伍的高度信任，于是，韦恩将军等人带领他们去了宾夕法尼亚。

与这件事直接有关的是了解到驻扎在伊利莎白镇附近的新泽西州的正规军利用这个不幸的事件与这个州的一批民兵队伍联合兵变，组成了一支足够挫败任何敌对企图的力量。

因此，我亲爱的朋友，这出戏就这样开场了，只有上帝知道等到谢幕时会是一个什么样的结局，无论如何，这是我们国家的耻辱，肯定会大大地败坏部队的纪律，如果不是完全摧毁的话。

为了减轻一点我和你对目前情况的焦虑，我向你转达两篇来自南方的非常令人愉快的新闻，今天已向全体官兵逐级通报。塔尔顿（Tarleton），这位著名的"英国之战"制订了一个突袭森普特将军（General Sumpter）的计划，用大约 500 名骑兵和步兵组成一个军团对森普特将军的阵地发起进攻。虽然在第一次攻击中，塔尔顿被森普特将军的外围部队击退，但是，在重新发动的突袭中，他亲率主力部队再次猛冲我军。针对敌军的这一次进攻，森普特将军排出有效阵形对英军展开非常激烈的狙击，接着竭尽全力猛冲敌军，迫使英军退却，当场丢下 92 具尸体和 100 名伤兵。值得注意的是我们的人蒙受的损失非常小，只有 3 人死亡，4 人受伤，在这些受伤者当中，就有英勇的森普特本人，他的肩膀受了伤。另一则新闻是一个非常美妙的"突然一击"，同时显露出许多机智。华盛顿上校（Colonel Washington）得知英军鲁奇利上校（Colonel Rugeley）指挥的一支队伍驻扎在鲁奇利农场（Rugeley's farm），决定率领 90 名骑兵去攻击他们，当他们逼近敌方工事时，敌军凭借一些原木建筑负隅顽抗。华盛顿上校命令他们投降，遭到拒绝，于是华盛顿上校登上一段装载在一辆小四轮运货马车上的松木，居高临下指挥当时新组建的炮兵部队向前推进。华盛顿上校威胁他们说，如果再不投降，将直捣他们的驻地，这个威胁奏效了，敌人投降受俘，数量有 112 人。

我仁慈的先生，感谢你对我哥哥的去世满怀深情和充满友爱的吊唁，请接受我诚挚的谢意。你的意见和建议就是上天对我们的施舍和赦免，同时，也是你内心善良和仁慈的流露，我祈求它们能令我备受折磨的伤口痊愈。我期盼享有的幸福时光是多么令人愉快啊，在服完兵役之后，我就有时间能够坐下来，和我的兄弟们分享和平的幸福。但这个可爱的愿景已经接近消失，天堂发出了召唤，——人类必须服从而无怨。我可爱的朋友，很久以前，非常遥远以前，在你的心头也许体验过类似的丧亲之痛。愿上帝能保佑你，赐给你永续不断的幸福岁月，这是你诚挚朋友的热切愿望。

1781年2月13日，他再次写信给同一位通信者[①]：

当我们回到这里，我们拜访了驻扎在罗德岛的罗尚博伯爵所指挥的法国军队，向他们表达了我们的敬意，我们一起度过了两天最愉快的时光，他们对我们优雅的礼遇和关照无人能及，他们给我们看了所有东西，既行经陆地，又掠过水面，在我们的短途旅行中的每件事都令我们非常愉快，你可能会说，这实在是非常文明礼貌了；但是，说真的，我没有奢望过能见到一支更好的军队了，他们的人数比我们在纽波特（Newport）[②]的所有同事的数量还要多，到目前为止，在波士顿，任何时候都没有一支军队能够超过他们。我猜想也许英国的精锐之师完全被计算在内也不过那个数量吧。再补充一点，如果把他们的军官作为一个整体来看，也许极可能是世界上最有绅士风度的男人帮了，很可能你会认为我的溢美之词有一点过分，不过，细想一下，我的朋友，我们虽然被告诫不要对这些宽宏大量的家伙持有偏见。但是偏见却是我们的狡猾对手的特长，它使我们对于他们真实的品格特征，像被蒙在鼓里，一无所知。我必须坦白承认，直到我有机会信服或者说认识到其不合理之前，我都没有完全消除这种偏见。我现在毫不怀疑并且完全彻底地认为，法国人和英国人同样好，或者说任何其他国家的人从整体上来说都是好人；即使在我们认为彼此面临战斗危险的时候，我对此也深信不疑。不列颠先生（Mr.British）毫无根据地污辱和中伤这些善良人的恶行必将被拆穿。

---

① 指上封信的收信人艾略特牧师。——译者注
② 美国罗德岛东南部海港。——译者注

我忠实的老朋友，把你的手伸给我吧。我有来自南部的超一流的消息告诉你。这个新鲜出炉的滚烫的消息是今天早上刚送到指挥部的。在1777年北方战役时，曾担任步枪兵上校的摩根将军，击溃了塔尔顿这个著名的"英国之戟"的骑兵和步兵。当时好像是摩根将军指挥我军在那个区域的先头部队设了个圈套，假装从塔尔顿面前撤退以吸引敌军追赶，通过那种手段，把塔尔顿从康华里（Cornwallis）①所指挥的主力部队引诱到距离较远的地方。当摩根占据了一个有利于作战的位置时，便停下来准备背水一战，并马上向塔尔顿发动进攻，摩根发起的最后打击非常有效，以至于敌军死的死，伤的伤，几乎完全俘虏了塔尔顿的队伍。下面是我抄写的当时格林将军的命令，可以更好地说明这次英勇的行动。

　　1月23号，星期二晚上于希克斯小湾（Hicks's Creek）②指挥部。
　　本将军很高兴祝贺我军取得光荣的胜利，本月17日，由摩根准将所指挥的轻装备部队和民兵，在考彭斯（Cowpens）③附近击败由塔尔顿上校指挥的英军精锐部队，在敌人损失方面，有超过100名敌军被打死，伤敌200到300人之间，俘虏英国军官和士兵500多人，缴获2门黄铜野战炮，常规武器800多件，车辆35台以及所有的辎重，我方仅有10人阵亡和55人受伤。

这场重要的胜利将给我们的南部形势打开一个全新的局面，而且，也许会产生非常深远的有利影响。这将激励我们在南部区域的朋友们坚持反对暴政，通过大力表彰他们英勇奋斗的成就，将使我们的朋友们认识到敌

---

① 英国将军，1776年晚期把乔治·华盛顿率领的大陆军赶出新泽西州，1780年10月5日在弗吉尼亚州的约克敦向美法联军投降，1786年2月23日至1793年8月13日任印度总督。——译者注
② 位于纽约州东南部的长岛，距离纽约约42公里。——译者注
③ 位于美国南卡罗来纳州北部。——译者注

人蹂躏他们的国家与他们自己占领这个国家的区别。

宾夕法尼亚部队的事件已经达成了妥协，在一定程度上，那些曾经插手兵变的人将丢脸蒙羞、名誉扫地，政府已经解雇了大约一半在军队已服役 3 年的老兵，对抱有成见的士兵不再延长其原定的服役期限，其余的士兵休假 40 天。这真是一个非常乐观的妥协！不过，今后在任何时候他们中很少会有人还能重返战场，如果政府决心拥有一支正规军，必须竭尽全力创建一支新的部队。

新泽西州的正规军部队也希望州政府适时仿效宾夕法尼亚的"好榜样"对他们进行安置；不过他们的"资本"太小，以至于很快就要"破产"了。叛乱者摒弃他们的军官，并准备在叛乱中采取一些更进一步的手段。但是华盛顿将军所采取的强有力措施迅速降服了他们的动机。华盛顿派遣马萨诸塞州正规军的一个小分队在豪将军的指挥下对叛乱者实施打击，豪将军他们很幸运，经过一场沉闷乏味的夜行军之后，刚好在黎明时赶到，当场包围了还在临时营房里打盹的叛乱者。命令他们 5 分钟内不带武器从营房里走出来，同时命令叛乱首领投降，叛乱者服从了这一命令，接着叛乱者中有两人被当场处决。就这样，叛乱被镇压，军官的指挥权得以恢复，所有情况继续维持原状。

尽管这些叛乱可能对我们军队的纪律造成了不良影响，然而也带来了一些好处。国家已经警醒；人们也认识到如果要维持一支军队，则必须注重保障供应，一名优秀的军人不能听从政客的摆布而堕落为卑劣的工具，诚实，无论在军事还是民事和私人交易事务处理中都是上策。当他们珍视这些观点时，我们的共和国就是安全的；当他们忽视这些观点时，国家的不幸就将开始。

1871 年 3 月 15 日，他在新温莎写信给他的弟弟纳撒尼尔：

来自南部的最新消息告诉我们，康华里勋爵在塔尔顿被击败后，马上以急行军的速度行进突然侵袭摩根，然后又再次撤退。他的领地区域范围纵横超过 200 英里，最终与我军在丹河（Dan River）对峙，这条河把北卡罗来纳州与弗吉尼亚州隔开。格林将军和摩根将军在这里成功会师并且每天获得增援力量，等待决战。但康华里看来像是对现状并不满意，第二天（我想是 2 月 21 日）就开始撤退了。格林将军渡河进行追击。自从他最喜爱的"戟"被击败后，康华里的行动看起来像个被情欲蒙蔽的男人。他上一次的部队调遣行动就像一个亡命之徒所为。如果那一地区的人出击时的士气更正常一点，他肯定一败涂地了，因为他可以抵达的首个安全地点离他开始撤退的地方有 130 英里。我们极其焦虑地等待收到进一步的消息。

现在是一个充满伟大希望的时刻。我们除了关心格林将军统管的南部事务的进展，我们还非常关注怎么处理叛将阿诺德非常致命的冒险行动。拉斐德侯爵指挥的一支非常庞大的分遣部队已经离开这里去执行任务①，我们希望，由于禀性宽大的盟友的精诚合作，这个重要的行动任务必将取得圆满的成功。


1781 年 5 月 13 日，召团长在新温莎写信给他的父亲，信的主题是他的弟弟纳撒尼尔希望加入美国军队：

---

① 指法美联军联合作战围剿康华里勋爵所率英军的军事行动，1781 年初，为了围困受命驻扎在约克敦的英军康华里所率部队，华盛顿与法国海军上将德格拉斯伯爵以及法国陆军司令罗尚博一起设计了一个复杂的计划，并以 18 世纪战争中前所未有的速度展开了这个计划。拉斐德侯爵率 8000 名大陆军于当年 7 月实施对康华里所率英军的包围，切断约克敦城中 7000 名英军的外逃之路，与此同时，法国德格拉斯伯爵的舰队封锁了切萨皮克湾，同年 8 月，乔治·华盛顿率 7000 名法美联军将士从纽约州开抵弗吉尼亚州，9 月华盛顿与拉斐德侯爵所率部队及德格拉斯舰队会师，使英军陷入重围，困守在约克敦的约 7000 名英军无力抵挡法国军舰和陆上近 17000 人的法美联军的猛烈炮击，孤立无援的康华里勋爵终于 10 月 19 日下令全军放下武器投降，美国独立战争事业从而在实际上获得了胜利的保证。——译者注

**法军围攻约克敦**

    1781 年 7 月，法国德格拉斯伯爵的舰队封锁了切萨皮克湾，同年 9 月，华盛顿率法美联军与拉斐德侯爵所率部队及德格拉斯舰队会师，使英军陷入重围，困守在约克敦的约 7000 名英军无力抵挡法国军舰和陆上近 17000 名法美联合部队的猛烈炮击，终于在 10 月 19 日放下武器投降，美国独立战争事业从而在实际上获得了胜利的保证。

**美国大陆军所穿的各种军装制服**

  美国大陆军汇聚了来自美洲各个殖民地和不同背景的将士，这幅油画的作者是一名法国军官，曾经参加过美国独立战争，画中的士兵是各种身份不同的人，从左至右分别是：手持轻型来复枪的黑人步兵，手持毛瑟枪的士兵，手提重型来复枪的士兵，以及炮兵。

　　我收到纳特①的一封信，暗示他希望成为一名军人。这是我早就期望的事情；但是，我宁可是他本人的意愿，所以关于这个问题，我一直克制自己，没有跟他提及。从他提到的情况看，似乎也没有什么非常紧急的事情需要他留在家里处理，抓住现在的机会将给他的人生带来进步，如果你和我亲爱的妈妈同意他抓住这个机会，我将非常高兴。

　　军人职业，就像我们现在从事的事业，是正当而光荣的，在未来的某个时期，回顾现在，一定会为意识到自己尽了义务而心满意足。而且，我想请你们相信，剥夺一个年轻人有权获得的机会，是侵害别人权利的做法，我相信，这里将有足够的积极因素会促使你满足纳特的愿望。此外，他会从军事教育中得到很多教益。军队被视为人们学习的重要学校；纳特这个可怜的孩子，到现在为止，还没有机会让自己熟悉掌握当今必需的专门技能。他现在处于一个学什么都非常可能铭刻印记的好年纪；我很高兴我有能力帮助他，不仅为他提供在军队中斯文的生活，也为他创立了第一个身份。我建议把他放在李烈上尉那里，李烈上尉的好名声在同级军官中是数一数二的。除了刚提到的这些优势以外，纳特将经常处在我的眼皮底下，他将永远不会缺乏我尽己所能给他提供一些建议或帮助。

　　在这件事上如果我能得到我亲爱的父母的许可和同意，那真是太幸运了，这与我自己的幸福也密切相关，我希望纳特能尽快来。我亲爱的父亲，您不会没有觉察到这个世界以貌取人，强调外表的重要，而且，对年轻人的第一印象通常最为强烈也最持久。因此，他出现的时候，穿着、装备一定要完全像一名军官，这是绝对必要的。为了实现这个目标，我尽可能精打细算地一并对将来必需配备的这些物品作了一个预算。

　　我非常清楚纳特参军将花费一笔钱；但是，对纳特来说这是唯一的一次，而且，会使他的生活状态完全走上正轨，将来在部队他就可以自己照顾自己了，这应该不是一桩浪费钱的赔本生意。然而，你们以一己之力是

---

① 纳撒尼尔的昵称。——译者注

不能给他充分资助的，我受到而且将永远记住最仁慈父母的许多恩惠，因此我有义务为你们去筹措一笔钱，为他置办行装，你们如实记在你们持有的我的账上即可，然后由我承担认付这些费用，权当作我报答父母恩惠的一点小小心意。我恳求你们不要胡思乱想，以为我可能自己缺乏这笔钱但又想让你们承担这笔费用。去年一年欠我的薪资，加上今年可以收到的薪资，将给我提供过得去的生活费用，我为能够在与我弟弟的利益密切相关的事情上为父母免除一次奢侈的花费而心甘情愿。

真诚祝愿亲爱的母亲获得所有即将到来的幸福，

您的亲爱的，孝顺您的

山茂召谨上

同一天，他给他弟弟纳撒尼尔就同一主题写了一封信：

很高兴获悉我的好朋友李烈说又收到你的信。你所表达的关于参军问题的观点正好与我上封信的意见完全一致，希望你继续坚持这个看法；你的信本身令人信服，而且也证明你对我的意见给予了关注，这令我受宠若惊。谢谢你，我亲爱的纳特，它让我感到满足，同时，我希望你能经常写来类似的信件给我提供向你表达感激的机会。

· · · · · ·

"你相信我会成为一名好军人吗？"说真的，我的好兄弟，你可能提出了一个最重要的问题。答案是几乎完全取决于你自己。你必须确定自己的看法。在这场从你童年时代就已开始的战争发展过程中，无法让你不考虑这个非常严肃而又重要的问题，新生事物的发生自有它最初兴起的原因，不过，我倒是宁愿相信它们通常都是这样发生发展的。虽然，目前你问的问题是你深思熟虑的结果，但总的意思却是当你成为一名军人应该尽到的责任。其次，更不必说，在服役过程中会遭遇军旅生涯中易发生的艰难困苦和危险。对此，你必须要及时充分地考虑，准备面对这所有的一切。我的猜测如果是正确的话，出于兄弟的感情，没有什么比我的影响力更能对你产生作用了，但我希望我的意见不要完全左右你的意愿。作为预备的步骤，我为你附寄了一封介绍信给克莱恩上校，你可能在他的营担任少尉。这封信必须由他会签确认，然后转交给诺克斯将军，由他批准（这个批准文件我已经拿到），他会将这个批准文件递交给陆军处，由这里发出委任状。

虽然为了履行每个年轻人对祖国应尽的义务，我牺牲了许多自己的时间，但一想到有一个弟弟同样心甘情愿为国效劳，一种巨大的满足感油然而生。来吧，我亲爱的弟弟，而且——越快越好。虽然我的职位不允许你直接和我见面，但我会做好安排的，既对你非常有利，又特别适合我自己。在李烈上尉的领导下，我认为你必须对自己的职责有所了解；我确信你所拥有的良好素质，再加上他与你哥哥我的情谊，必定会促使他尽其所能关心安排你的福利待遇。

这个世界也是以貌取人的，而且，对年轻人的第一印象通常最为强烈，我希望你出现在这里时，像一个军人那样从头到脚全副武装。为此，我给我们亲爱的父母写了封信，附寄了所需衣着、装备等物品的预算清单，请相信我，会为你准备足够的行装的。

1781 年 7 月 26 日，他从营地写信给艾略特牧师：

我忠实的朋友，你问我战局如何？让我来告诉你事情的真相吧。有人说，如果一切情况正常，而且充分考虑人世间可能发生的各种情况，纽约不久将属于我们。我希望上帝能保佑这个预言。可是没有人坚信我们目前斗争的正义性，也不尽任何职责作任何努力，倒在依靠等待上帝垂青的笑脸。有人盼望天赐神力对他们进行援助和庇护，但同时又拒绝或故意不拿出他们所拥有的财富进行资助，这是对上帝的亵渎。而我们应当自助。有人可能会反驳，我们难道没有作出贡献吗？我们不是送你们去应征服役了吗？而且难道不是由于尽我们所能捐助贡献了所有东西才促使目前的征战有了一个决定性的辉煌的结局吗？我相信许多人具有这样的想法。——奇怪的是人类在他们关于正确和错误的观念上是多么的相左啊！如果某个人用欺骗的手段摆脱他的婚约将被当作无赖看待，而一个团体如果采取措施把某个人从团体中开除逐出却不惭愧脸红。如果各个州都能如实地遵从国会的需求，在这个阶段，我们将有一支军队在战场上经得起任何服役的危机。他们的行为是多么的相互矛盾啊！他们征募的新兵到达营地后，不必说在数量方面的不足，他们中很少有人能在服役期满之前履行一个军人的职责。当我在点阅召集时，看到这些孩子只有1.5码（英美长度单位，1码＝0.9144米）左右的身高，他们是绝对无能力承受住一个士兵所背负装备的重量的。而且我们被州政府告知，这些被派遣的小鬼是作为一个州征兵义务分配额的组成部分。我诅咒我的同胞们口是心非、言行不一的欺骗。而且他们明显不配享有自由的福祉，军方普遍认为与不合格新兵有关的州的行为是卑鄙的欺诈。于是，我们开始遣返不合格的新兵，但是，由于他们占总数的比例非常巨大，因此，我们被迫留用了许多不合格的新兵，这些人虽然他们目前的状况不合格，然而可能经过一到两次征战将会具有一定程度的作战能力。这不是言过其实的夸张想象，也许肤色深了，会变得更貌似军人了。国家是满怀希望的，许多重要的事情被寄托在他们的军队身上，我坚信，假设国家尽到它们的职责，军队就不会不尽其义务。

目前，我们部队占据了多布斯渡口（Dobbs's Ferry）和怀特普莱恩斯之间的有利位置，距离纽约大约25英里。法军部署在我们的左翼，两翼似乎很乐于彼此相邻，没有什么能胜过两翼之间的和谐存在了。21日晚我们转移到金布里奇（Kingsbridge），为我们营地的安全留下足够的防御纵深。这样做也带有侦察敌军在岛上的工事等目的。尽管我们在那里只住了两天，为战斗做准备，但是，上述目的完全达到了；然而，英军统帅认为接受我们的挑战是不恰当的。如果他应战了，美洲的命运就可能毕其功于一役了。虽然我们现在的实力强大到足以维持一场防御战。但我们的国家需要和平，为此，制定这些攻击性的行动计划是必要的。不论是我们目前的实力还是他们可能的获胜前景，胜负的结局必然是可以推定的。如果能够及时真抓实干、顽强努力，怀疑的阴影就不复存在，目前的战役就可以结束这场战争。

1782 年 8 月 13 日，他又给同一个通信者写了一封信：

我要告诉你一个好消息。盖伊·卡尔顿爵士（Sir Guy Carleton）和海军上将迪格比（Digby）已经以重建和平委员会授权人等身份联合致信给华盛顿将军，通知他说，英国政府已经派格伦维尔（Grenville）先生前往巴黎，全权处理交战双方之间的和平事宜，其基本条件是美国独立。因此他们建议双方基于现状，立刻开始全面交换所有类别的俘虏；希望华盛顿将军接受他们的建议。这封信的落款日期是本月 2 号，将军已把信递交给国会了。正当这个时候纽约发生了严重的骚乱，以至于英国指挥官不得不公布了这封信，以抚慰亲英分子，因为他们可能被遗弃的恐惧使他们极度心神不安。在这封信公布之后，接着有一个简短的演说，劝告上述这些亲英分子保持镇定，并且让他们放心，还声称他们的利益将会受到保护。

有关这件事的报道刊登在利文顿（Rivington）最近一期的《英国皇家报》（Royal Gazette）上，我猜想他们应该是设法到达东部地区，并在得到英国政府授权之后，选择在影响力最大的首要报纸上发表这篇报道的。

1782 年 9 月 1 号，他从新温莎写信给他弟弟威廉：

我们现在强烈地盼望和平，我极其兴奋地期待着我们都将享有让我们由衷满意的和平，和平将使我重建原来的生活轨道，这将给我们培养社会责任的机会，并品尝家庭幸福的甜蜜。

双方军队之间的这场战役将不会再有交火。绝大部分的战事已经过去了，剩下的也会消逝，可爱的景色将出现在最后。

1782 年 10 月 4 日，他从西点给弟弟纳撒尼尔写信：

我上次给你去信以后，我已和赫斯将军（General Heath）以及诺克斯将军一起，会见了来自英国军队的重建和平委员会授权人，商定全面交换俘虏的条约；但有些困难无法克服，所以一事无成。当政策的动机如此强烈甚至主宰人性的时候，对每一个仁慈的心灵来说都是撕心裂肺的痛苦。所有那些海军战俘，都是我们可怜的同胞，但根据条约中的条款现在却无法获释，这对国家将是巨大的损失。因此，他们唯有再忍耐一段时间。不仅是释放战俘，我们对这些重建和平委员会授权人能在欧洲更大程度地对和平重建这一方面事态进行调停不抱希望。除非在每一个区域结束战争的灾难。

在 1782 年 11 月 3 日，召团长从西点写给艾略特牧师的信中，这样刻画了很早就加入美国军队的法国绅士摩迪·杜·立石骑士（Chevalier Mauduit du Plessis）的特征：

四天前给你写过一封很长的信，我想利用这个机会专门介绍风度翩翩的摩迪·杜·立石骑士让你了解，目前他是法军炮兵准将。这位先生于1777 年来到美洲，很早参加到争取自由的事业中，他志愿担任诺克斯将军的随从参谋并参加战斗，自然成了你朋友我的亲密伙伴。他随和礼貌，心地善良，得到所有认识他的人的爱戴和尊重，作为一名军官，他的指挥有非常显著的成效，他在这里不仅追加提升了军衔，而且还由于诺克斯将军的推荐得到了法国国王的认可，他在法国军队中的地位获得了非常大的提高。在为这个国家第二次服役后，他正准备面对新的危险，并在另一个环境里获得新的荣誉。最让我感伤后悔的是这位珍贵的朋友的离别。他的音容笑貌一直让我感到无比亲切，很遗憾他在波士顿停留的时间太短了，没能让你享受与他交往聊天的乐趣。他是一位学识渊博的人，一名真正的战士，也是一位绅士。

同月 13 日，他在同一地点写信给他父亲：

又一场战役结束了，我们部队再次进驻冬营地。这是一场没有导致伤害的战役——没有人死亡或受伤。如果这是最后一场战役的话，对美国来说将是幸运的，对那些大量的受伤的士兵来说也是幸运的。为了军队的利益向国家提出的待遇申请，遭受国会成员普遍反对。在军队理应控诉同胞侵害自己权利方面，不必一一列举许多其他的实例，既然已向他们当面提出从军同胞完成服役后的未来补偿事宜，那么，我们不妨听其言，观其行。在我们国家应尽义务方面，承诺什么才能得到最少的信任？既然国会成员们自己已宣布对他们军队中那些坚持到战争结束的官兵，给予退役后享有相当于现役一半军饷的薪金或其等值物的正式承诺，那么这仅仅是权宜之计，还是被逼无奈？我只好克制对国家的公信力这个令人生厌的问题作任何进一步的鞭策。

我打算在债务契约到期时偿还我欠某先生的债务；尽管这样做，我必须签订另一个债务契约。但我一想到不得不还债，我还是有所不满，尽管国家欠我几乎 3 年服役期的军饷，然而，我发觉我竟无法预料什么时候能拿到一个月的酬金。

1782 年 11 月 14 日，他从西点写信给他的弟弟纳撒尼尔：

我希望这个冬天留在这里；让我能经常收到你的来信。如果我们开明的同胞能把一般标准的诚实视为一种道德责任，我将能在波士顿随心所欲地花一点钱，享受与我在那里的朋友们交往的乐趣；如果果真如此，我必定会努力让自己在波士顿尽可能感到心满意足。

第

# 8

章

美国军队的不满——为了部队的利益军官们向国会请愿——那个事件的进程——纽堡匿名传单——采取措施抵消其影响——华盛顿的光荣行为——谴责对亲英分子精神迫害的表现

在 1782 年 12 月与 1783 年 5 月之间，召团长从西点写给牧师艾略特先生 4 封信，从中摘录以下几段：

1782 年 12 月 22 日

我记得我在给你的前一封信里已提到过军队中当时存在着忧虑不安的情绪。它的影响是普遍的；上到将军下到士兵，弥漫在每个人的心头。多年以来，我们共同经受了任何一支军队从未忍受过的最苛刻的待遇。如果我们假定国家不能避免或消除这些困扰我们的不满，那么天底下就不会有人心甘情愿地支持他们。但是实际情形并非如此。我们看到对我们最不公平的行为是，为了坚持这场战争而征收的巨额款项完全没有用于军队。它是被整个大陆为数众多的公务员按常规分配了，而士兵完全被排除在外，这加剧了他们的痛苦，而且似乎是在伤口上撒盐。军队召开了几次会议来考虑和表决通过所制定的补救措施。麦克杜格尔将军（General McDougall）、奥格登上校（Colonel Ogden）以及布鲁克斯上校（Colonel Brooks）组成了一个代表团，代表所有部队明天早晨出发到国会提出要求并请愿。对国家来说，军官介入这件事是令人高兴的事，因为没有什么其他办法可以让军人们保持镇静。国会即将能充分了解部队由于他们而遭受的苦难及其意愿。法国有句谚语说，"无钱寸步难行（Point d'argent, point de Suisse）"，虽然有点夸大其辞，但准确表达了我们的要求和请愿的本意。衷心希望这个申请能够如愿以偿。如果事与愿违——

### 1783 年 2 月 23 日

在这封信送达你之前，这个和平的传闻也许不是新闻了；也许和平被确定成为事实可能更早到达。但愿如此吧！来自君王的最新措辞与双方争斗期间所使用的任何言词完全不同，显然，英国国民对这场战争已是完全厌倦了。但是，我的朋友，我要说的是，美国做好了接受这一渴望已久的福祉的准备了吗？她有什么制度可以胜任正在崛起的帝国的统治和繁荣？没有钞票，没有存款，更糟糕的是，人们也没有定期存款的意向，其结果注定是国家信用的崩溃。令人震惊的是罗得岛州非常固执地反对关税，而且由于这个州的不同意，废除了对国家繁荣似乎十分必要的措施。因此，这个联盟中最小的州能像这样抵制和废除其他 12 个州的主张，证明了 13 州邦联（the Confederation）存在很大的缺陷。除非"告别"所有的州政府，把权力授予一些最高主管，使显然适合所有州利益的这些条例能得到充分的实施和服从——我的意思是要名副其实。13 个车轮需要一个稳定和强大的管理者使其保持良好的秩序，并防止机器变得无用。和平的前景使军人成为政治家。我们是 13 个州，多数人的意见是只这只大桶的那只箍……

很快就会实现和平的预期大大平息了军队的不满，也成了国家不给予补偿救济的理由。因此，向国会申请的这笔补偿款项并没有满足我们的意愿，"用高射炮只打到了蚊子"。国会向军队支付一个月的军饷是军人们能得到的全部承诺；国会没有同意解决过去欠款的处理办法，至于退役半薪或对退役的补偿金的要求，我们必须等到国会具备更充分的代表性时再提出，目前只有 9 个州选派了代表，其中的 3 个代表尽管承认服役牺牲了时间、健康、财产，但反对对过去的服役做任何补偿。

在这些信件中，有一封写于 1783 年 4 月的信，随同附有一系列的文献，包括部队致国会的请愿书，寄自纽堡 (Newburg)①的匿名传单，军官会议的会议记录，华盛顿对军队的演讲稿，以及当时发出的全部命令。召团长在后来谈及这些文献时如此诉说：

这些文献会令你对我们的行动产生相当不错的幻觉，不过，你可能无从搜集关于这个问题的任何信息，我冒昧地补充一些细节，用讲故事的手法说给你听：

军队长期经受的不断积累的艰难困苦令他们对自己的近况难以忍受，于是，大声疾呼要求即时补偿。由于马萨诸塞州的正规军遭到该州政府的处理，因此，如果从各自州政府获得救济不太可能，那么向美国最高行政当局申请给予补偿的做法便被认为是绝对必要的有益措施。

为了这个目的，马萨诸塞州正规军几个团的代表组成了一个代表团，共同商议作出普遍听取部队官兵意见的决定；11 月 16 日任命了一个 7 人委员会；他们决定于 11 月 24 日集会，将基于最可能主张的期望目标，与其他各州正规军部队所派出的最符合民意的代表共同商妥和确定向国会提

---

① 纽约州东南部奥兰治县城市，位于纽约州市以北 93 公里，位于哈德孙河西岸。——译者注

出要求的方案。

会议一致同意这一充分代表整个军队意见的提议，一致同意诺克斯少将（Major-General Knox）、陆军准将亨廷顿（Brigadier-General）、克莱恩上校（Colonel Crane）、科特兰德上校（Colonel Courtlandt），以及尤提思医生（Doctor Eustis），组成一个委员会，为了军队的利益起草一份向国会的发言稿和请愿书，并把内容相同的副件提交给这些与会者，供他们在12月1日举行的会议上思考斟酌。

在12月1日举行的会议上，"宣读了准备向国会提交的发言稿和请愿书的草稿，并提请几个州的正规军部队的代表予以考虑并投票表决"，会议决定，"选出一名将级军官代表整个部队，每个州的正规军部队派出一名校级军官作为代表，他们中任何两个人同意即构成多数，这些校级军官代表将与前述的将级军官代表一起组成一个委员会，办理拜访国会和履行在国会发言这一事宜"。还下达了筹备管理这个委员会以及为他们必需的花费筹募全部资金的指令。

根据12月5日对投票表决的计票结果，少将麦克杜格尔、奥格登上校和布鲁克斯上校被选为前往国会发言并提交请愿书的代表，12月7日发言稿和请愿书被签收，并提交给委员会，——后来，会议无休止休会。

向国会请愿的军队代表团于12月21日开始履行他们的使命。在国会发言并宣读请愿书时，由每个州的成员组成了一个最高委员会，想要与我们的代表会谈商议。这次会谈的结果是国会确定解决问题，1月25日通过决议声称，军队将收到一个月的工资，他们的要求应尽快落实，而且，国会将努力提供足够的资金补偿余额。关于折算退役半薪的问题也被再次提交委员会审议。所有这些决议的详细内容由我们的代表于2月8日以信件形式传达给诺克斯将军，并立即通知了每个州的部队。

这份报告，虽远远不能令人满意，但与确信我们处在一个全面和平的前夕这一大好形势结合在一起，保持了军队的稳定。在这种忍耐等待的情况下写给军官的匿名传单，在部队里露面了。对此，总司令于3月11日

## 华盛顿和将士们在锻炉谷冬营地饥寒交迫

　　锻炉谷又译作福吉谷，是费城东北方向 20 英里处的一个山谷，为 1777 至 1778 年华盛顿将军冬季司令部所在地，华盛顿曾在锻炉谷写道："我的军队里大约 4000 人需要毯子"，"这里简直就是地狱，实在让人无法忍受"。士兵通常只能吃到"火饼"，就是一种用水把谷末和成面糊摊在平底锅中烤熟的死面饼。

**戎装披挂的华盛顿将军**

　　1775 年 5 月 10 日，第二届大陆会议在费城召开，决定组建大陆军，由马萨诸塞州的代表约翰·亚当斯提名，大陆会议决定任命乔治·华盛顿担任大陆军总司令，但华盛顿提出接受任命的条件是他不领薪水。赴任前华盛顿对大陆会议代表帕特里克·亨利说："亨利先生请记住我告诉你的话：从我指挥大陆军的那天起，我就要开始计算自己身败名裂的日子了"。

立即发布命令，召集军官于 3 月 15 日开会，结果导致第二份匿名传单的出现。

军官会议本身是非常值得尊重的，他们被召集商议性质最严重的问题，而总司令意想不到的出席加深了会议现场的庄严色彩。每一双眼睛都盯着这位声名显赫的人，对他们所敬爱的将军的注意使会场鸦雀无声。会议一开始，他就对出席会议表示道歉，说他的意图并不是发布指令监督他们集会。但是，有人处心积虑去散发那些匿名传单，使他感到有必要向军队表明自己对军队性质和倾向的观点和意见，并促使他决定利用现有的机会；而且，为了更加清晰明了，他把自己的想法写了出来，他将冒昧地读给他们听。请求军官弟兄们宽宏对待。对我来说，并不需要对这个传单说任何事情；事实会不言自明的。总司令在总结了自己的发言之后说，他将向军官们传达一封他所收到的来自国会中一位可敬的重要人物的信件之内容，这个人是他久经考验的可靠朋友，这封信可以视为国会对军队妥善安排的确凿证据。这是一封非常通情达理的信，在指出国会的困难和困窘的同时，这封信强力支持在所有事务上要慷慨对待军队的思想原则；绝不能忽视总司令在读这封信时候的这样一个细节，在读了第一段之后，总司令阁下停顿了一下，拿出他的眼镜，并恳求听众对他戴上眼镜给予宽容，同时他说，他对他们的服役充满忧虑，而且，现在他更加茫然了。他的这个呼吁非常自然，非常真挚，如同在从事高水准的非常具有学术性的演讲，强有力地撬开人们心灵的大门，你能够看到感动让每一双眼睛饱含着泪水。将军结束演讲后离开了会场，当天所从事的事务在某种程度上都与斟酌考虑这份匿名传单有关。

在搁置这个话题之前，我不能不做评述。对美国来说，幸运的是她有一支爱国的军队，同样幸运的是华盛顿是这支军队的领袖。我享有在各种情况看到这个伟人的机会——在激烈的战斗中冷静和勇敢无畏；在不幸的压力下充满耐心和毅力；在快速取胜时温和有节制地克制自己。这些品格使他的伟大当之无愧。在我面前，他从来没有比在我们说起的那次会议上，更加真实地展现。在其他的时候，他总是得到军队的鼎力协助和朋友们的支持；但这次，他只身孤独地站在那里。这并不表明部队可能被传单引导使愤怒火上加油，不过，一般来说，虽然长期的克制是危险的，但是，缓和疏导也是无效的。在这种情况下，他出现了，不是作为部队的领袖，而是作为他们的对立面，这真是个可怕的时刻，因为军队的利益与将军的利益似乎存在竞争！他说，——每一个疑问都烟消云散了，爱国主义浪潮再次按其惯常的行动方向滚滚推进。多么让人敬仰的伟人！他曾说过军队就相当于公正的法官，这个比喻也适用于描绘他自己的特征。"有史以来从未见到人性能够达到如此完美的巅峰。"

### 1783 年 5 月 3 日，西点

能够有空时常坐下来，与我亲爱的艾略特保持一点友好的交流，是我在战时感受到的主要的乐趣之一，可以忘却我们之间的时空距离。虽然，作为这个社会的一名好分子，我享有 8 年战斗的幸运结果，我们国家非常光荣地结束了战争。然而我更带着最衷心的满足为和平的回归而欢呼，因为和平能使我继续我渴望已久的平静的生活方式，让我满怀喜悦地恢复与朋友的交往。

当一个人细想这场革命的开始进展以及任务完成等各个阶段的时候，——每个阶段带给我们的境遇是不同的，最初几乎处于毁灭的最后边缘，甚至是被我们所寄托希望的人和事业抛弃，接着由于非常意外的事变，不愿意屈服于威胁我们的不幸，并最终实现我们战争的伟大目的。——我要说当一个人细想这些令人惊讶的事件时，他必定会承认神的保佑和上帝在冥冥之中仁慈的启示，除非他极度冷酷无情而且不具有丝毫感恩的诚心。

美国现在正成为一个帝国，全世界的目光都集中在她的身上。在任何时候，一个国家都必须依靠睿智的精神来指引，现在就是这样一个最特殊的时刻。如果我们想在地球上的强国之林中建立自己的地位，那么这些强

国对我们评价的形成，很大程度上取决于我们的建国方略。因此，应让博爱仁慈、公平友爱，以及温和节制的普世价值成为国家杰出的品质，这将是使国家真正受到尊敬的正道。由于观察到那些褊狭之人显露出对那些不幸的民众迫害的倾向，从而导致了我的这些评论。这些不幸的民众是由于受到诡计的挑唆，在许多情况下，无可置疑的是被国家敌对势力逼迫而动摇了他们对国家的忠诚。现在每天充斥在报纸上的那些声明多么令我们耻辱，与人性的仁慈博爱是多么矛盾啊！他们的这种倾向证明，对于享有神赐予的和平祝福，我们是多么不配啊！但是，出于对人自尊本性的尊重，我希望不到处张扬这些人和事，相反，如果无节制地狂热炒作，会使一小部分人的热情误入歧途。宽恕是如神的本性；美国现在有一个良机，来宽恕这些回头的浪子，这将使美国如同在繁荣中因节制而负有盛名那样，身处逆境而愈发坚强。一些人可能表示异议，认为这些人不能再被信任。他们会说："什么！难道我们应该把这些毒蛇放进我们的怀里，使它们随心所欲地撕咬我们的胸口吗？"不会出现这样的结果，——人类没有一个行为不带有动机。曾经上当受骗的可怜人知道他们的罪过，痛苦的经历已经使他们认识到自己的罪行，不过，如果他们还继续保持敌意和仇恨，对那些无情到如此程度却指望一个饱受伤害的国家赐予宽恕的人要予以防备。接受他们吧，使他们恢复自己的本性，让成为好公民成为他们的兴趣追求。当然，对一个像我们这样的年轻国家来说，这一切安排要遵从合法政策的规定，更不必说要受到更崇高的人性的约束。

如果我能在任何方面有助于你，那么在任何时候都会给我巨大的满足感，我最近以复制你所要求的那些传单作为消遣，也包括其他一些必须提供给你的有关他们那个重要事务的合理意见，我还用讲故事的方式增加了一些陈述，原本我认为最好用单独一封信来叙述，而不是把这些叙述调配成这封信的一部分。至于你要求知道匿名传单的作者，我没有权力照办，我从来没有这个能力查明他是谁。有几个人被怀疑与此事有关，通常认为这是团伙事件。其中，有我们认识的一个熟人，埃斯科拉庇俄斯

（Æsculapius）的儿子——我以前的同学，如果我的记忆力还管用，也是你的密友——猜想他有分参与，出力不小。对聪明人说一个字就够了，记住！这个信息是秘密。无论匿名传单作者的企图可能是什么，总之这些传单一定产生了良好的效果，我毫无疑问地坚信，要不是他们把握那个时机散发匿名传单，军队不可能有机会以爱国的和受人尊敬的面目出现。

现在，我们正等待最后签订条约的消息到来。一旦签订条约，可能就要做好必要的准备以落实应向部队支付的款项，同时给国境提供安全防卫措施，胜利的号角即将吹响——"以色列人哪，你们各回各家去吧！"大部分可怜的家伙的命运会怎么样呢？他们即将停止的军旅生涯，几乎使他们变得不适应任何其他的生活，虽然我希望能够安置他们，但只有天知道他最后的结局。如果国家正当地对待他们，他们将成为不可多得的公民；如果国家没有正当地对待他们，一个极有可能的假定是他们只不过不再为国家服务了。我知道，很多人希望得到我们的优待；但是更多人认为军装制服的荣誉和军人身份的光彩足以补偿作为军人有义务面对的困苦和危险；虽然我们与贫穷相伴几乎是众所周知的，尽管这样，人们还是照样羡慕我们拥有的这一切。出于这些原因，我们不期望感激，但我们有权利追求正义。

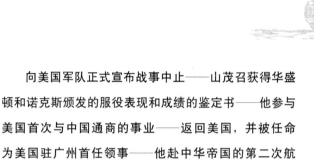

向美国军队正式宣布战事中止——山茂召获得华盛顿和诺克斯颁发的服役表现和成绩的鉴定书——他参与美国首次与中国通商的事业——返回美国，并被任命为美国驻广州首任领事——他赴中华帝国的第二次航程——在中国广州的居留——赴孟加拉的航程，并返回美国

在本章节之前的那些摘录选自召团长给他的朋友和亲属的、所有现在能收集到的有关他军旅生涯的信件。真实记录了经常处于胜利或失败时刻的战地生活的刺激、兴奋、激动和骚动，目的是与他私人朋友圈子交流，没有自我吹嘘或更多宣扬自己的意图，然而这些信件却流露出他心灵的仁慈，为国家事业的热忱和忠诚，他明察秋毫的真知灼见，以及他崇高、贞洁的灵魂的心迹。这些信件说明他得到了上级军官非凡的信任，同时也显示出与他同级别的军官或他的部下对他怀有的深情厚谊。也许，在战争结束后，从美国军队退役时，没有一个相同军衔的人更应获得如此广泛的声誉和更普遍的

承认。

如果从列克星敦战斗所标志的战争开始之日算起，到 1783 年 4 月 19 日华盛顿将军向美国军队正式宣布停战命令这一天，刚好 8 年时间。在 1783 年 4 月 19 日到当年年底的日子里，诺克斯将军授命山茂召直接指挥了解散大陆军的工作。召团长作为一名随从参谋（aid-de-camp）继续留在诺克斯将军手下担任幕僚，用他的意见和影响力在那些艰巨而棘手的连带责任的处理过程中向诺克斯将军提供帮助。由于国家不公正的政策使军人变得贫困，成为世间的流浪汉。军人反感的强烈程度不亚于他们曾经蒙受的其他冤屈和不公正待遇，山茂召是那些支持认可总司令（command-in-chief）策略的人中的一个，而且是其中最积极活跃、最有活动能力的一个，由于山茂召的影响力和声望，有效地消除了在那一段时间里那些对国家政策不满之人扬言要让军队和国家丢脸的恫吓和威胁。

在接下来发生的所有有趣的事件中，山茂召或者是一个行动者，或者是一个目击者，享有这些事件带来的全部喜悦，分享这些事件带来的荣誉。作为诺克斯将军军事幕僚团队的一名成员，他在诺克斯将军身边工作，在接下来的 9 月，在英军撤离之后，华盛顿将军与克林顿州长占领纽约之时，他伴随诺克斯将军一起陪同华盛顿将军。在接下来的 12 月 4 日，华盛顿向美国军队的军官们发表了他那最后的令人心碎的告别演说，召团长现场在座。那是一个热烈的推心置腹的欢乐时刻，更是一段充满柔情爱意的触动人心灵的无以言表的美妙时光。作为像召团长这样一名军人，他能够带着革命觉悟亲历这一动人的场面，在这些事件中，他是非常重要的参与者，他为祖国的每一个探索都是正确的，他们把所有的责任义务付诸实现，他理应受到对他已经遭遇的所有苦难和贫困的补偿和奖赏。

1783 年 11 月，他收到以下出自华盛顿将军的有关他在美国独立革命军队服役表现和成绩的鉴定书：

## 鉴定书

由美利坚合众国部队总司令乔治·华盛顿将军阁下作出如下鉴定：

兹证明山茂召上尉在 1775 年被任命为美利坚合众国军队炮兵部队的中尉（Lieulenant），在 1776 年被任命为副官（Adjutant），1777 年被提升为代理上尉（Captain-Lientenant 或译为上尉副职官员）和炮兵团副团长（Brigade-Major），在这个职位上，他一直服役到 1779 年 8 月，在 1779 年 8 月，他被任命为诺克斯少将的随从参谋（Aid-de-camp）指挥炮兵部队，和该少将一起一直服役至战争结束，1780 年被提升为上尉军衔。

出自山茂召上尉所服役部队长官的证明书，与我自己的观察评价一样，使我能够证明，贯穿他的整个服役期间，在每一件事情上，他都使自己非常杰出，可以给他出具一个机智的、积极的、勇敢的军官的鉴定书。

由我亲自签名盖章作出这个鉴定。1783 年 11 月 3 日。

乔治·华盛顿

由随从参谋本·沃克执笔写于阁下的司令部

1784 年 1 月 5 日，当召团长最后告别离开诺克斯将军的幕僚团队时，他从诺克斯将军那里收到其亲笔写就的下列证书，作为一名军官，召团长所具有的勇敢而杰出的品质和美德给他带来同样的荣誉。

这个证明的持有人山茂召上尉担任所授军衔在美利坚合众国的炮兵部队服役 8 年以上，他在被签署者特别任命为副官、副团长和随从参谋的职位上服务超过 7 年，他所担任的许多职位担负着种种艰巨的任务和责任，他在任何情况下都显示出他是一个机智的、积极的和勇敢的军官，而且由于上述品质，他特别使自己受到许多与他相识的人的喜爱。

这个证明是主动提供的，未经他本人请求，这个证明的作出完全是出于对他的喜爱和感激，是由一个在漫长而艰苦的美国战争期间的不暧昧的感情依恋所驱使。

　　由我亲自签名盖章作出，写于哈得孙河畔的西点，1784年1月5日。

签署者　亨利·诺克斯少将

　　召团长积极并高效率地参加辛辛那提协会的组建，当选为军官委员会的秘书，而且，根据从前任提茂士·匹克英（Timothy Pickering）上校那里所得到的资料，通过他的笔拟出有独到见解的、原创的协会章程草案。像独立革命部队中其他军人一样，召团长不久注定要开始平民生活，欠债，没有财产，除了他获得的鉴定书以及他的才能和诚实、正直能够唤起他全面的自信，此外没有任何可以被寄托希望的基础和本钱。他的举止风度和谈吐非凡卓越，可爱迷人并且文雅优美，他的面部表情是开朗的，富于仁慈和聪明的神色。他的远见卓识、忠诚尽责以及执行力已在所担任的美国军队的若干职位上得以表现，引起了大家的注意和普遍的兴趣；于是，一伙资本家决定与他联合开拓美国和中国之间的商业贸易往来，并任命他在这个航程中担任代理商和商务代理人的职位，山茂召表示，如果能与兰德尔上尉联合分享他的代理经办的收益，那么，他将接受这个委任。

　　此时，与他在美国独立战争过程中结下亲密友谊的兰德尔正和他一样没有财产，也没有工作。虽然业主们同意了这个条件，但是业主们提出兰德尔必须相应地向他们提供服务。现存仅有的给他亲友们的有关这些具体事务的介绍，包含在以下两封信中，其中一封是象征兄弟间友爱之情的信件，很可能因此而没有被遗失。

　　1783年12月24日，他从波士顿写信给当时居住在缅因州戈尔兹伯勒（Goldsborough）的弟弟威廉：

　　我原本打算在这个冬天里看望你的计划不能实现了，我将在1月15日从纽约乘船前往中国。如果他们对我许诺的那些条件能够完全兑现，那

## 亨利·诺克斯少将

　　亨利·诺克斯（1750—1806）是美国独立战争后期军职仅次于乔治·华盛顿将军的大陆军将领，他奉命组建大陆军炮兵部队，为独立战争的胜利作出了不可磨灭的贡献。在独立战争期间诺克斯是山茂召的上司，战争结束后，曾担任陆军部长，积极支持山茂召和兰德尔从事美中航海贸易事业。

## 美国邦联政府时代的星条旗

1784 年 8 月 24 日，当美国商船"中国皇后号"驶抵中国澳门海域时，山茂召升起中国海域第一面美国国旗。纽约的《独立公报》在"中国皇后号"远航后的第二天曾报道说："'中国皇后号'的远航是一个对外交往的里程碑"，"是这个新生的国度开往地球上那个富饶而遥远的地方的第一艘商船"。

么我希望两年之后能够和你热烈握手。虽然从来不知疲倦的命运予以你相当多的艰辛，但是，形势可能在春天会有一个有利的转机。如果上帝保佑我正在从事的事业昌隆，将使我能竭尽全力来帮助你。因此，继续保持一个良好的心情，相信我，你有一个心甘情愿与你分享他的最后一个便士的兄弟。再见，我希望你每天幸福愉快。

在同一天（1783年12月24日），他写信给他的弟弟纳撒尼尔，同时向他转达他打算离开美国去中国的原因，并补充说：

获知你的业务正在步入正轨，这使我非常高兴，祝你成功和幸福。我想送给你一块银表，因为我没有更好的东西送给你，收下它吧，把它作为我爱你的感情标志。我亲爱的弟弟，相信我，无论命运如何安排我，你将永远装在我的心里。

关于召团长商业生涯的事件，除了附在本书"传记"章节后面的"纪行"部分能够提供的那些情况，很少有记录留存。1785年5月11日，他乘坐此前驶抵中国圆满成就首次与中国通商事业的同一艘船回到纽约，由此掀开了他的同胞们大规模开展美中商业贸易的序幕。但是，当他到达纽约之后，发现因为要与他的朋友兰德尔分享他的经办代理的收益，结果，他的收入仅仅相当于对他付出的工作时间和服务的酬劳。

诺克斯将军张开双臂敞开怀抱欢迎他归来，给他在陆军部办公室提供了一个秘书职位，诺克斯将军当时是邦联政府陆军部的部长。刚接受这一职务，召团长便立即开始执行任务，并陪同诺克斯将军巡视位于弗吉尼亚南部的弹药库。在他从中国回到美国以后的10天内，他致信美国外交部长杰伊（Jay）先生，报告关于首艘由美国公民装备的商船在尝试与中华帝国的商人开展商业贸易的航程中发生的事情。并收到杰伊先生奉国会之命的指示："国会对这项事业的成功结局特别满意。"山茂召致外交部长的信以及外交部长执笔的类似官方评价的回信都附加在本书的附录部分。尽管这些信件所包含的相关信息大体上被转录在他的日记中；但是，好像在日记中介绍这项他认为重要的成果真相并不仅仅是为了纪念，而是认为这些重要的成果真相在形式上更适合于那些准备与中国开展贸易的民众仿效。

命定召团长担任陆军部秘书不会持续较长的时间，正如1785年12月，在他写给他3个兄弟的信中所说：

我将再一次去中国，因为我现在确信，这项事业将回报给我更乐观的前景，既然这样，我将辞去在陆军部办公室的工作。我的伙伴，纽约的希尔斯上校（Colonel Sears）、兰德尔先生和我自己将作为联合代理商从事另外一次航行。如果我活着回来，我将生活安逸，家道小康，非常宽裕。如果不料在某一天我在从中国起航的商船上死去，根据之前与我达成的协议，会给予我所履行的整个这次航程中属于我的每一项特权和报酬。我将把我的个人财产遗赠给我们的母亲。我不能不这么做，因为根据法律规定所有这些权益必须遗赠给她，而你们在我死后遗留的所有东西中一个都得不到。

——我亲爱的兄弟们，我把你们和我自己委托给上帝保护，而且继续保护直到永远。

你们亲爱的<br>山茂召

显然是因为诺克斯将军出具了证明，使他在接下来的2月份光荣地从陆军部秘书的职位上卸任离开。在之前的1月份，他被国会选定担任美国驻广州领事，但"不给予领取任何薪水、酬金或津贴等诸如此类的权利"；接着，在这个月的30日，他致信给当时的美国外交部长杰伊先生表示他"感谢国会的委任，对邦联国会给予的荣誉非常满意"。同时他请求那些官员放心，表示在他应尽的义务中没有什么比应该忠实地履行赋予他的职责更重要，他将使这个职位尽可能为实现国家的利益服务。

召团长于 1786 年 2 月 4 日从纽约起航开始他的第二次航程，8 月 18 日到达广州，在整个 1787 年度，居住在广州和澳门，1788 年 1 月 18 日起航去孟加拉，1788 年 9 月回到广州。1789 年从广州起航回美国。当年 7 月 5 日到达纽波特港。这些航程的经过以及发生的事件构成他第二段日记（"纪行"部分中"第二次远航广州"）的主要内容。

当他完成这次航行回到美国，他强烈的家族亲情诱使他作出一个行动，这一行动作为他人格的一个象征，同时也与本书的出版经费因果关联。在这里不应该忽略，他的哥哥弗兰西斯·召，死于 1785 年，在死后遗留的儿女中，除了女儿们，还有两个儿子，他们当时大约是七八岁的年纪。召团长一到达美国就立即写信给当时居住在戈尔兹伯勒的他哥哥的遗孀："我恳求你把你的两个儿子交给我来照管，我也许可以对他们担负起一个父亲的责任。如果你同意，可以立即让孩子由他们的叔叔威廉陪同来波士顿。"他的嫂嫂充满感激地愉快地接受了这个提议。这两个男孩被送到波士顿，从那时起，召团长把这两个男孩当作他自己的孩子看待。他们中有一个男孩叫罗伯特·吉尔德·召，现在是波士顿非常著名和富裕成功的商人之一。这位绅士如同本书序言中所阐明的那样，承担了这本书出版发行的经费，为了酬答这位绅士的良心，我把他于 1846 年 1 月写给本篇传记的作者我的这封信附加在这里。

先生，我是那些失去父亲的男孩中年长的那一位，我非常记得他多么深情和仁慈地接纳我，他对我说，如果我是一个好男孩，我将永远不会缺少朋友，我无法着手描绘他的仁慈在我心里的影响和感化。从那天起到现在，我如同他所允诺的，在生活贫困需要帮助的时候，永远没有缺乏朋友；我相信，我也永远不会忘记那些在关键时刻给我提供帮助的朋友们。由于他们的帮助，由于仁慈上帝的保护，我被委派到这个位置上，在某种程度上是让我通过仁慈地对待其他人来报答我所受到的恩惠，这对我来说是非常正当的、应该做的事情。

在召团长不在美国，居住在东印度期间，召团长接受了几位著名的文学大家出于对他古典文学造诣的尊重而授予他名誉文学硕士学位的请求，尽管他没有大学教育的优势，但是大约在同一个时期，他被推举为美国自然科学和人文科学研究院的院士。

第三次航行到广州──美国人被禁止在巴达维亚从
事商业贸易──他在那个问题上的诉讼──他的弟弟纳
撒尼尔的死亡──他返回纽约──维护诺克斯将军的名
声──他的婚姻──启程前往孟买──他在返航途中去
世──关于他人生和品格的评论

在召团长没有参与此前的航海活动期间，他在
昆西镇（the town of Quincy）一个叫"日耳曼敦"
的地方为自己定造了一艘船，特意用来从事与中国
的贸易。在这艘商船建造之前，美国从未建造过荷
载超过 800 或 900 吨位的商船。这艘船的建造成为
商业界极感兴趣的话题。1789 年 9 月，在召团长
返回美国以后，该船下水，同时被命名为"马萨诸
塞号（Massachusetts）"。在该船下水这个引人注目
的时刻，在日耳曼敦周围的山坡上还包括港口和河
面的船上都挤满了从波士顿和邻近地区赶来看热闹
的人。当时，乘坐本国舰船到访波士顿的英国和法
国的海军指挥官也对该船的造型表示赞赏。后来，
这艘船在巴达维亚和广州被海军指挥官宣称为"有

可能与当时的技术水平同样完美精湛"。

华盛顿总统再次任命召团长为美国驻广州领事，于是他于 1790 年 3 月 28 日乘坐"马萨诸塞号"第三次前往广州就任领事。当他抵达巴达维亚时，他获知因为对与美国人做生意持不友好态度的人到处散播关于美国人的恶毒谣言，所有与美国人进行的贸易已被荷兰政府禁止，这一切使他莫名惊诧、大失所望。他立即以美国领事的名义致信巴达维亚的港务官（Shabandar）——英格勒哈德（Englehard）先生，附寄了一份向殖民地的总督和政务委员会的正式抗议书，抨击了这一不正当的、充满诽谤的权谋。当他到达广州后，他写了一个公函向美国总统报告他自己的行动经过，汇报了自己对荷兰政府这些做法的意见。这些信件和正式抗议书附加在本书附录。

他到达广州后不久把"马萨诸塞号"卖给了葡萄牙政府的代理商。由于没能找到美国商船以便将卖船所获之利送回美国，他只好采用当时留给他的唯一出路，投资购买适合欧洲市场的货物，再把这些货物装到驶往印度孟买的船上。他计划"与这批货物一同前往孟买港口，再从孟买把这批货物运往奥斯坦德（Ostend）①，而且他将亲自押运这批货物到奥斯坦德并就地卖掉货物，然后及时抵达美国，以便在下一个季节再次起航去中国。"

为了落实这项决定，在他完成了所有准备之后，他由弟弟纳撒尼尔陪同于 1791 年 1 月 12 日启程前往印度孟买。当时，纳撒尼尔正遭受疾病的痛苦，在接下来的 2 月 10 日，纳撒尼尔在航海途中因病去世，年仅 29 岁。这一变故使召团长的计划受到了严重影响。他本来的意图是想让纳撒尼尔押送一部分货物回美国，因为召团长信赖纳撒尼尔的才能和廉洁。他在给弟弟威廉的信中提及了此事，他这样表达自己的感情：

①　又译奥斯田，现为比利时西北部海港，濒临北海，18 世纪初，哈布斯堡帝国成立了以其属地南尼德兰为基地的奥斯坦德公司（哈布斯堡东印度公司），奥斯坦德是该帝国从事海上贸易的重要港口。——译者注

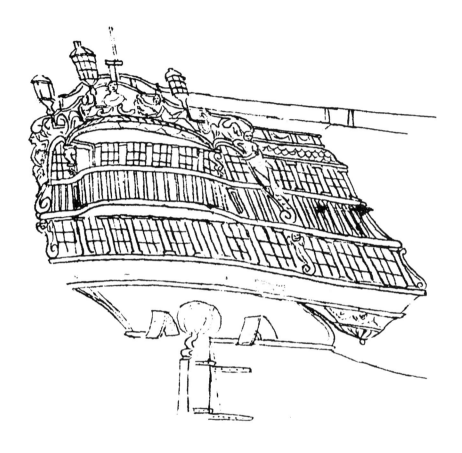

## "马萨诸塞号"商船的船尾手绘图

这是一幅山茂召订造的"马萨诸塞号"商船的船尾手绘图,荷载超过800吨,这艘船受到英国及法国海军指挥官的赞赏,称其"有可能与当时的技术水平同样完美精湛"。

**巴达维亚街头的听众**

　　由于对与美国人做生意持不友好态度的人到处散布关于美国人的恶毒谣言，导致荷兰政府禁止与美国人进行贸易，山茂召抵达巴达维亚后，于 1790 年 9 月 4 日致信巴达维亚总督和政务会，提出正式抗议。

可怜的兄弟！可我为什么要称他为可怜的兄弟？如果现世真诚、仁慈并乐于助人，来世才有资格拥有幸福，那么我们已逝的兄弟兼朋友（对这两方面我将永远为他感到惋惜）应得到羡慕而不是怜悯。

抵达孟买后，他委托一艘美国商船把部分资金送回美国，又租用一艘丹麦商船带着剩余部分的物资和资金继续前往奥斯坦德，在那里结束了生意之后于 1792 年 1 月启程回美国，以便再一次出发前往中国时不会错过航海季节。

大约在这个时候，美国的政客开始首次示威，通过攻击诺克斯将军以及华盛顿的内阁其他成员和私人朋友的品质，借机反对华盛顿的政策和势力。1777 年 5 月，在独立革命战争初期，华盛顿曾向国会用书面形式这样表达了他对诺克斯将军是非功过的看法："在服役中，诺克斯将军理所当然具有一个军官所应拥有的最宝贵的品质。他克服所任职部门的无数困难，组建炮兵部队，为他带来无上的荣誉。"在接下来的 6 月里，华盛顿在给理查德·亨利·李（Richard Henry Lee）的信中提到诺克斯将军是"一位非常可贵的军官，是一个具有极高军事素养、可靠的判断力和机敏的创造力的人"。

诺克斯所表现出的实力和忠诚贯穿战争始终，久经考验，早就因此赢得信任和尊敬。于是，华盛顿一就任美国总统就相应地任命他为陆军部的部长。

当召团长于 1792 年回到美国，目睹了政客对他早年的"老板"和永恒的朋友（一个他所非常热爱和尊敬的人）的攻击时，对老朋友的感激之情，让他义愤填膺，忍无可忍。于是在当年 4 月 15 日，他写信给诺克斯将军，为了使他的传记更充实起见，从这封信中摘录一段插在这里，同时作为对参加美国独立革命战争最艰难战役中最激烈战斗的美军老兵的颂词。

　　我亲爱的朋友，我们应该对波士顿的某些出版物说些什么呢？它们利用新闻监督等权力捏造事实，直到现在，这里还在传播无疑是针对您的报道。这是对正派和真相的无耻的亵渎，对部长在战争中的表现充满深仇大恨的评论，表明这篇颠倒黑白报道的作者的刻毒和怨恨，必须让其受到公众的蔑视和憎恶。考虑到美国的名字能长久持续下去，您一定感到万分幸福，我也感到非常愉快，"尊贵档案"的名单上将载入你的盛名。您所主办成立的炮兵部队在战争的所有危急关头都能战无不胜，将永远被视为您天才的杰作。勇敢的拉斐德（Lafayette）的可敬的誓言让我记忆犹新，在约克敦（Yorktown）① 我们前线炮兵阵地的隆隆炮声中，"我们（他是法国人，但一直为美国服务，始终以美国人自居）开炮"，他施展魔力热情呼喊，"比法国人更猛"（我们的确也有信心）。我对此提出适当的异议，他的答复是，"用我个人名誉担保，我说的都是事实，每个人都认为你们炮兵部队的进步是独立革命的奇迹之一"。真可耻！这些不要脸的作家，让他的心在恶念的勾引下爆裂吧。您的国家从您的贡献中得到极有价值的利益，你乐于助人和博学广识的优点是公认的，汉弗莱斯（Humphreys）只不过是一位用独一无二的手法塑造出来的理想化的人物（厄尔斯托本 [E'er Steuben] 带来了遥远的普鲁士口头传说，诺克斯创作了所有战争传奇），而作为现实生活中活生生的人，您的才能在这场旷日持久和历经磨难的战争的各种不同事件中已得到证明。

　　我亲爱的朋友，我现在要向你道别。就我所知您在所有的境遇中都能怡然自得。最后，向您和您的家人致以我最诚挚的问候。永远伴随您的

山茂召

　　召团长到达美国后立即着手处理与他预期航程相关的债务。在这些

---

① 美国弗吉尼亚州东南部一村镇，1781 年 10 月 19 日，华盛顿在此接受英军投降。——译者注

工作进展的同时，他向波士顿名门望族威廉·菲利普斯（William Phillips）绅士的女儿汉纳（Hannah）求婚。1792 年 8 月 21 日他与汉纳结婚。这一朝思暮想的联姻带来了他所非常珍视的家庭幸福。不过，这件事不但改变了他的有关前往中国的航行计划，而且耽误了相关准备工作。于是，他于 1793 年 2 月从纽约起航，乘自己的船前往印度孟买。关于召团长这段时间的感受，除了从日期为 1793 年 1 月 28 日的信中选取的下面这段摘录，没有留下相关记录的遗稿，这封信是写给其妻子的一位年轻的亲属的[①]，这位年轻的亲属当时正在谋划一次欧洲旅行。

我们正处在一个最适宜的航海季节，我们的船更先进，肯定不会输在任何人的脚下。因此，你和我们的朋友们可以预计在 18 个月后再一次见到我，我衷心希望朋友依然如故。外表上微不足道的变化，我不会介意的。当然，可能会有一些改观，但我没有恶意，就我对你怀有的真诚的感情来说，这是毋庸置疑的。我宽慰妻子说她的不祥预感是杞人忧天。我们来回航程毫无疑问都将一路顺风。然后，我用叙事诗《可怜的杰克》中牧师的教诲向她总结了我的观点："他说，你看麻雀不会自己摔倒，但是没有目标就会失魂落魄；很多微妙东西无疑在考验我，自会有上帝指导保护着我们"。

现在，我亲爱的朋友，无论在国内还是在国外，我同样把你托付给仁慈的上帝来保佑——我冥想预知，我觉得我回去的时候恐怕碰不到你了，因为在我结束航程之前，你的旅行可能已经开始。给旅行者教诲的真谛和精髓包含在流芳百世的莎士比亚的那些台词中，在《哈姆雷特》中有一段母亲波洛涅斯告诫儿子的精彩描写。一位时髦的旅行者（莎士比亚在剧中所塑造的人物夏洛克 [Sherlock]）说，"在旅行期间，我每周读一次母亲波洛涅斯的忠告。"这位年轻人在他全部的旅程中悟出的最重要的戒律

---

① 这位年轻的亲属就是本传记的作者乔西亚·昆西。——译者注

是应当每天反省自己，我敢说，他是在不断修行，现在最重要的是，对你自己这颗心要诚实，如同白天和黑夜互为因果，然后你才不会背叛任何人。

有关他这段时期感受的另一个仅存的手迹是下面这段写在大四开《圣经》空白处的批注。这本《圣经》是他朋友托马斯·弗里曼（Thomas Freeman）于1791年1月送给他的新年礼物。托马斯·弗里曼是英国东印度公司驻中国广州的经营事务最高管理委员会的成员。

1792年10月2日，波士顿。今天开始进入我生命中的第39年①。应该感谢使我变得谦卑而诚实努力的造物主，在所有的日子，在所有的形势下，因为依照他的指引，使我得以享有到目前为止的幸福。为了维护与儿子、兄弟、朋友的交往以及最近新增的管家的群众关系，我祈求慈善的万物主宰，一如那些已逝的岁月，让我能在正在到来的那些日子里享有您的仁慈，不管时间较长还是很短，我的满足都将伴随一生，而且心甘情愿地服从天命的安排。

从波士顿到印度孟买的出航是顺利的，但是在从印度孟买到广州的航程中，他的船遭遇台风，被迫偏离航线，导致航程延长接近3个月之久，以至于商船未能于1793年11月2日到达广州。有关他的这些航程以及随后在广州的居住情况，没有专门记录的遗稿留存。从一封给他妻子的信，以及随同召团长这次航行的他最小的弟弟本杰明·召的信来看，好像他在印度孟买居住期间因水土不服而染上肝病，并在离开孟买以后不久发病，这迫使他在广州逗留的全部时间里都困在住所中。在广州虽经救治，但他的病情并未减轻，他于1794年3月17日乘"华盛顿号"返回美国。不料，

----

① 10月2日是山茂召的生日。——译者注

他的病情在航行中加重，大约 10 周后他的生命结束。他的朋友和合伙人托马斯·兰德尔随同他参加了这次航行，选自兰德尔给召团长遗孀信件的相关摘录讲述了有关情况以及他自己当时的感受。

1794 年 8 月 24 日，写于沙沟半岛（Sandy Hook）①

尊敬的夫人：我以非常沉痛的心情提笔写信通知您，我敬爱的朋友山茂召先生，在刚刚过去的 5 月 30 日星期五下午 3 点，在靠近好望角的海上，在"华盛顿号"商船上去世。为了使山茂召先生康复，外科医生道奇先生和召先生的朋友们，无论在广州还是海上都尽了最大努力。在广州，他得到了医术高明的医生的治疗，在海上，麦卡特尼勋爵（Lord Macartney）大使的外科医生吉隆医生上船探望并进行了治疗，接着在"狮人征战号"（Lion man-of-war）船上，印度斯坦（Hindostan）②的外科医生马克雷亚医生也上船给予医治。但是，可惜！他的病情太根深蒂固了，终未治愈。

我的朋友意志坚强、非常镇定地离我们而去，他在临终时仍念念不忘在世的朋友们的幸福。

亲爱的夫人，召先生的去世让我备受折磨，甚至对你失去如此亲密挚爱的亲人的悲痛我都无法用语言给予安慰。

亲爱的夫人，我非常诚挚地痛惜您的损失，请允许我分担您的悲伤，并请您相信我对您的尊敬和充满深情的珍重。

您最恭顺的仆人<br>托马斯·兰德尔

---

① 位于美国新泽西州东部，濒临大西洋。——译者注
② 印度德干及北部次大陆的旧称。——译者注

也增补于此的随船外科医生詹姆士·道奇日记的摘录①，还提供了更多山茂召病情和去世的细节。

召团长从广州出发所乘坐的商船抵达美国，带来了他因病死亡的噩耗，使时时盼夫归的召太太如雷轰顶不知所措，这一令人伤心的消息让她长久地深陷悲痛无法自拔。后来，她和她妹妹的全家人住在一起，他的妹夫爱德华·多斯先生是一个热心忠厚、情真意切、殷勤周到的人，几年后，随着时间的流逝，减轻了她根深蒂固的强烈的悲痛。但是，时间不能湮没她失去亲人的记忆，关怀也无法动摇她对丈夫刻骨铭心的怀念。她对友谊坚贞不渝，在施舍时慷慨大方。在对丈夫祭奠缅怀的有关事务方面她兢兢业业坚持不懈，寻求并享受着信仰带来的慰藉，她活了许多年，于1833年1月24日在戴德姆（Dedham）② 去世，享年76岁。

1794年8月20日，刊登在波士顿的《哥伦布守望者》（*Columbian Centinel*）报纸上的讣告，生动表达了与他同时代的人对召团长持有的尊敬和由于他的去世留给他们的印象，从中摘录几段：

他所拥有的与生俱来的优秀才能、博学广识和乐善好施，使他在赢得众多亲朋好友对他尊敬的同时，也使他能胜任为社会作出大量有益的贡献。在已结束的整个战争中，他作为一名军官在部队服役，他的功绩引人注目。虽然他拥有许多浪漫激情，但是他保持着言行一致的可敬品格，他智勇双全，始终忠于职守。

他所担任的美国驻广州口岸的领事这一职务要求他扮演好非常谨慎而又坚定的角色。在发生被称为"广州战争"（the Canton War）事件的那个时候，召先生宣示了美国的权益，在某种程度上为他的使命赋予了光彩，为他在欧洲商界和其他海外精英群体中赢得了崇高声望。在他回国后，他

---

① 见本章后注释一。
② 美国马萨诸塞州东部城镇，诺福克县县城，濒临查尔斯河，紧靠波士顿西南，1636年设镇。——译者注

的行为得到美国国会议员的赞许。

由于他具有坚定不移、正直诚实的品格，在任何时候都表现出巨大勇气，因此他被看作能为祖国增光添彩的人。这个人身上闪烁的美德的光芒在他年轻的时候就显示出来，在他与时俱进参与国家行动中显得更加光辉灿烂，一些人的评价是，他极其崇高的精神成就了他一生在社会生活中的普遍影响。他不因私欲而爱财如命，只是将财富作为他大规模积德行善的工具。他鄙视许多商业贸易中那些习以为常而且视为合情合理的诡诈伎俩，他的商业交易遵守最诚实的信誉和他本人的价值观和信仰，循规蹈矩，精益求精。

无论是有利可图的商务活动，甚至军旅生涯都没有诱使他背离对科学的热爱。尽管他不具备受过高等教育的优势，但是他古典文学素养非常出众，1790 年剑桥大学（the University of Cambridge）[①] 授予他文学硕士名誉学位。这是在他不在国内也不知情的情况下，由几位著名的文学大家征求发起的。大约在同一段时间，他被推选为美国人文科学和自然科学院院士。

如果他多活一些年，他的国家可能从他的才智、见识和美德等方面获得更多的利益，他的热情使他人快乐，也使他更广泛地受到分享他友情的人所爱戴；他的热情使不久以前还因忧伤而沉痛的心灵重新焕发欢乐的激情。他的去世让人们普遍感到惋惜，这是他享有崇高敬意的证据。所有认识他的人都怀着既强烈而又诚挚的悲痛之情来哀悼他。

为了借助现存的这些原始材料，勾绘出召团长从童年到生命结束时人生历程的轮廓，我不能不采访追溯考证这段历史，我因此无法抑制心中交集着的感激和喜悦之情。无论是采访与召团长有一面之缘的人，还是情投意合的朋友，他们都保存着关于他的大量真实而难忘的记忆。他的人物形

---

① 美国哈佛大学的前称之一。——译者注

象，在某种意义上是他自己描绘的，既没有任何虚饰也没有伪装。当他向父母、兄弟或朋友讲述自己在军队中经历的事件时，完全是出于对亲情和友情的信任。

他的信件流露着他高尚灵魂的心迹，他对自由和祖国的热爱，他献身于美国的原因，以及他那与曾激励美国独立革命中最受尊敬的爱国者完全相同的动机和信念。这些优秀品质使华盛顿给予他崇高的赞誉（上文已提到）："根据召上尉所服役部队长官的证明和我自己的观察，使我能够证明他在整个服役期间的所有事情上表现非常杰出，可以给他出具作为一名机智、积极和勇敢军官的鉴定书。"

在本书接下来的"纪行"部分中，他的日记充分讲述了他在任美国驻广州领事时在中国的公务行为和商业事务。在"中国皇后号"商船到达广州以前，中国人对美国的存在一无所知，山茂召在广州居留期间运用他的权威影响力，给当地人民留下了一个新国家的特征和资源的第一印象，他认为这是他的幸运和幸福。他的聪明才智、商业才能、忠于职守、信守承诺以及得体举止和绅士风度，为在那个几乎没有来往过的国家建立起对美国人民的信任和尊重作出了伟大的贡献。他的这种精神也体现在他的日记所描述的"广州战争"事件中，他随同欧洲国家的代表一起，冒着极大的风险据理力争，最终保护了外国人的权利和人身安全，从而赢得了这些国家代表的感激和敬重；大不列颠的代表也不例外。当时，英国臣民与清朝官员之间发生了争执。毋庸置疑，他在应对"广州战争"这一事件上的行为对消除英国人因美国独立战争而怀有的，到那时为止仍未被时间湮没的对居留在广州的美国商人的敌意，起到了巨大的促进作用。

---

**注释一：**

召先生是美国驻中国广州领事，他从 1786 年起开始担任这个职务直到他去世。他于 1754 年 10 月 2 日出生在波士顿，去世时年仅 39 岁零 6 个月。在独立战争期间他在保卫祖国的战场上服役，担任富有权威的职务，他极其和蔼可亲的性情使他成为私人生活舞台上特别受人喜欢的人。他虽然高大出众，令人敬畏，但脸色温和，心地善良，悦人而不轻浮，沉静而不冷漠。在繁忙的公务中他抽空扶危济困，对贫穷和生活困难的人，他总施以援手。他举止高雅，拥有名副其实的可敬情操。由于他的和蔼可亲使许多人沉重的心情变得快活起来。他与所有的军官的坦率交往，以及无拘无束的行为举止使他深受他们喜爱，大家保持着非常愉快的关系。几乎没有一天晚上，我们不是在一直聆听轶事奇闻中度过的，早餐时我们常常因专心倾听他有趣的谈话而心甘情愿让我们杯中的茶水变凉。在他卧床养病期间，我常常因听他说话而高兴不已，他曾说没有什么比在波士顿家中接待我更让他感到愉快的事了，而且，我经常坐在他身边的座位上享受他讲述种种趣闻的乐趣。就在他去世之前不久，我站在他身边（我们单独在一起），他抓起我的手，紧握着，充满深情地贴在胸前，接着沉重地叹息，并且把目光投向挂在铺位脚头墙上的他妻子的袖珍画像上，再一次叹息，然后说，"愿神的旨意能完成。"我热泪盈眶，眼泪从我面颊滚落到他手上，当他看到我的泪水，他说，"我亲爱的朋友，您知道我快要死去，说点安慰我的话吧。"就在这时，他身子突然一沉，他带着对所有朋友的深情眷恋离开了，我认为我目睹了前所未有的非常难忘的场面。他可怜的仆人我的所有使命是不停而忠实地关心照顾他，可是，现在除了站在主人床边哭泣之外，再也不能为他做任何事情了。

今天下午 1 点钟，我们亲爱的朋友召团长，在患病 8 个月零 10 天之后没有一声呻吟安静地走了，在这期间他备受剧烈的病痛折磨，疾病好像决心将他置于死地，因为当疾病以某一种形式出现的猛烈的发作被征服，并屈服于医疗技术的效力时，其疾病的本能将采取不同的模式再次围攻，加倍难治，在我们逗留广州期间，经过两次医治，确实让他部分康复，曾令我欣慰。他的体质强健得令人惊奇，完全足以战胜几乎任何一种单独的疾病，可是，最不幸的疾病是并发症，不仅是生命的免疫机能而且医术也无法将其制服。——原著注释

（二）

纪　行

　　大英帝国与美国之间的战争结束不久，纽约与费城的几个商人渴望开拓与中国广州的商业贸易，他们购置了一艘船，主要用来装载西洋参，以便用它换取中国的茶叶和其他产品。我的朋友丹尼尔·帕克（Daniel Parker）先生是有关那些事务的代理人，他提议由我担任大班（Supercargo）①职位，我听从了朋友们的劝导，接受了这一提议，我同时又发现我亲密的朋友托马斯·兰德尔（Thomas Randall）也有航海的偏好，于是，我们同意一起去试试我们的运气。我们于 1784 年 2 月 22 日，星期日，从纽约起航，乘坐由约翰·格林先生所指挥的"中国皇后号"商船。帕克先生、波特（Porter）先生以及另外几个绅士和他们的客人护送我们到沙钩半岛。在经过炮台时，我们鸣礼炮 13 响，并收到礼炮 12 响的回礼。下午 4 点半钟，我们在靠近灯塔处抛锚泊船，几艘去外国的船也同样在此停泊。风逐渐消逝，潮水已涨到最高点。第二天的下

---

① 船的商务主管，下统称大班。——译者注

午在沙钩半岛办清结关离港手续，朋友们与我们道别，在他们登上领航艇之后，我们鸣礼炮 9 响，他们用三声欢呼作为回礼。

这艘船的全体高级船员如下：船长是约翰·格林（John Green）先生，第二船长是彼得·霍金森（Peter Hodgkinson）先生，大副是罗伯特·麦克卡弗（Robert McCaver）先生，二副是亚伯·费彻（Abel Fitch）先生，事务长（船上管钱的官员）是约翰·怀特·斯威弗特（John White Swift）先生，外科医生是罗伯特·约翰逊（Robert Johnson）先生，外科医生的副手是安德鲁·卡德维尔（Andrew Caldwell）先生，以及约翰·格林（晚辈）（John Green, Jr.）先生，海军军官学校学员塞缪尔·克拉克逊（Samuel Clarkson），船长的文书弗雷德里克·莫利纽克斯（Frederick Molineaux）先生。此外，船上还有 34 名普通水手，包括炮手、两个木匠、一个修桶工人，以及我们的勤杂人员，这艘船设计建造的荷载为 360 吨。

24 日这天，陆地淡出视线，从这时起一直到 3 月 14 日我们看到加那利群岛（Canaries）中的帕尔玛岛（Palma）时为止，这期间没有什么重要的事情发生。仅仅是在发现这个岛之前，我们钓到一条鱼，被水手们称为鲔（Albacor），或鲣（Bonito），它是鲭鱼的一种，身体短而圆，尾巴逐渐变细，并且分叉。其外观酷似金枪鱼，戈德史密斯（Goldsmith）所著的《栩栩如生的自然》（*Animated Nature*）中曾提到过这种鱼。我用两种方式来烹饪，红烧和烧烤，结果发现它仅是既不好又不坏的食物。

3 月 17 日，昨天的航行已经过北回归线，当天下午全体船员用惯常的仪式进行庆祝。那些此前从未经过北回归线的人被禁闭在下一层甲板。大约 3 点钟左右，我们全船向"回归线老人"欢呼致敬。舱面上的高级船员请"回归线老人"来到甲板上，于是，他由他"妻子"陪伴随侍登上船首。他们坐在专为他们造的四轮"马车"上（用平时供船舱采光通风透气的舱盖格栅示意为马车）由扮作小海神的水手们拉着"马车"来到船的后甲板，船长和绅士们在那里欢迎他们。他们的样子真是滑稽可笑。他们的脸抹成

## 一艘与"中国皇后号"类似的船

　　"中国皇后号"是1783年在美国波士顿建造的排水量为360吨的方尾大海船。据资料记载：该船根据美国历史上第一位海船建筑师派克（Peck）的创意设计并由其担任监工建造，其工艺水平、行驶速度、质量都是美国当时最好的。船长104.2英尺（1英尺＝0.3048米），宽28.4英尺，吃水深度为16英尺，船身外壳包裹铜板，船头有一个女神雕像，船尾方形，船侧后部有瞭望台，船上配有10门9磅火炮和4门6磅加农炮，此外还配有足够的轻武器、火药、铅弹以及短刀。图中的这艘船除了在船舷部分未设有炮门之外，在外形设计及尺寸上与"中国皇后号"类似。

**"中国皇后号"船东和船员的签名**

　　"中国皇后号"的主要投资人和运营人都与辛辛那提协会或协会成员有直接和间接的关系，特别是协会主席、美国建国之父乔治·华盛顿主持了该船的下水仪式。该船最重要的风险投资者罗伯特·莫里斯是辛辛那提协会的名誉会员，曾为该船相关人及事项专门写信给纽约州州长的亨利·诺克斯少将、该船投资暨运营人兼项目代理和司库丹尼尔·帕克、负责销售运回美国的中国商品的威廉·康斯特布尔、船长约翰·格林、大班山茂召、二班托马斯·兰德尔、随船医生罗伯特·约翰斯顿和医生助手安德鲁·卡德维尔等都是辛辛那提协会的会员。辛辛那提协会成立于 1783 年 5 月，严格限定为在独立战争期间服役于大陆军 3 年以上的军官才有资格加入。

黑色。肩上披着一条毛毯，当作长袍，一把巨大的扫帚顶在头上，充当皇冠。长长的几缕细绳垂挂到他们的腰部，像头发那样卷缠着。他们首先向船长道贺，并表示欢迎本船来到他们的疆域。然后他们说"中国皇后号"是一艘此前从未到达过这里的新船，他们看到了若干似乎此前从未到过这里的陌生面孔。船长承诺说不仅这艘船，而且船上的绅士们都将完全彻底地接受洗礼，于是，他们回到船的前面，继续进行小品演出。一只本船附属的小艇事前已装满了水，边上放着一个装着焦油与黄油混合物的桶。那些从未经过北回归线的人被蒙上眼睛从甲板下分别单独带上来，"回归线老人"将用超乎寻常的仪式来欢迎他们。"回归线老人"说，自己很高兴见到他们，在他们前往任何更远的地方以前，将冒昧地为他们修面。等候洗礼的人接着坐上横跨小艇的凳子，脚远离小艇中的水面，在这个过程中眼睛一直被蒙住，"回归线老人"把焦油与黄油的混合物像涂肥皂沫那样涂在接受洗礼人的脸上，用开有槽口的条状物为其修面，这些程序一完，就令他发誓，即——他将尽其最大的能力，证明自己是一个好同事：当他能喝烈性酒的时候，他从不喝淡啤酒，除非他喜欢喝淡啤酒；当他能吃白面包时，也不吃黑面包，除非他喜欢吃黑面包；当他能够亲吻女主人时，他从不亲吻女佣人，除非他非常喜欢女佣人；当他有一条新船的时候，他从不乘旧船外出，除非他确信他经得起被诅咒。总而言之，绝不放过任何一个第一次经过回归线或赤道而没有参加过这同样仪式的人。接着，在他的手里放上一个喇叭，命令他向回归线欢呼。他刚把喇叭几乎垂直高举放进嘴里，就有一桶水灌注进喇叭，与此同时，他所坐的凳子被用力从他身下拉除，他便仰面跌落在盛满水的小艇中。旁观的人们立即向他猛烈地泼水，"洗礼"仪式才算结束。大约有半打人自始至终参加了这一连串与超乎寻常的好心情相伴的活动。接着，全船人聚会一同畅饮掺水烈酒，向这条船以及那些首次穿越回归线的绅士们表示祝贺。

今天也是圣·帕特瑞克日（St.Palrick's day），绅士们施行特定的礼节以纪念爱尔兰的这位保护者。

## 帝国的相遇

20 日，我们于下午 3 点看见博阿维斯塔岛（Boa Vista Island）①。从那时起到第二天，我们看见佛得角群岛（the Cape de Verde Islands）的其他岛屿。在 22 日上午 6 点到 7 点之间，我们向圣雅各岛（St.Jago）靠近，我们鸣礼炮一响，两名领航员上了我们的船，他们不久便把我们领进普拉雅港（Port Praya）抛锚泊船，我们发现这里有一艘斯鲁双桅纵帆船（snow）和两艘方帆双桅船（brig），其中一艘船的船长和大班来到我们船上，告诉我们那艘斯鲁双桅纵帆船和另一艘方帆双桅船属于葡萄牙人，他们在等第三艘船到达，天天在盼，等那艘船到达后，3 条船将全部出发赴非洲海岸装运奴隶，然后再返回佛得角群岛，他们代为一家专门从事奴隶贸易的公司经营奴隶买卖，然后再返回里斯本。同样停泊在这里的那艘方帆双桅船是法国人的，她的路线是从塞内加尔（Senegal）装运奴隶，然后运往弗朗索瓦角（Cap Françoiss）。这艘船的船长也来到我们船上，告诉我们说他住在哈弗德格雷斯（Havre de Grace），拥有 123 名奴隶，按平均数计算，每个奴隶大约花费他 5 克朗，他希望在弗朗索瓦角能有一个好的市场收益。今天晚上他打算前往那里。这些绅士们请我们与他们共进早餐以尽地主之谊。我们的船长给共进早餐的绅士们一个忠告，让绅士们好好留神提防他们船上的这些水手，"这些家伙"，他说，"是圣·彼得的孩子——每个手指都是鱼钩，而且他们的手是铁爪篙。"

9 点钟，我和船长及兰德尔先生乘坐小艇上岸，在海滩上有一个黑人在迎接我们。他颇像军人，穿着二手服装，着装包括一件蓝色的海军上衣外套，外套用同样颜色镶边，配有锚状纽扣，一件猩红色的布马甲，深红色的长毛绒马裤，黑色长筒丝袜，还有一柄镶嵌黄铜的剑。尽管他会说的唯一一句英语是"How do do？"②然而，他将引导我们去要塞向那里的指挥官作礼节性拜访，指挥官是葡萄牙人，他接见我们时非常严守礼节，他

---

① 现为佛得角共和国最东端岛屿，位于大西洋。——译者注
② 你好！疑为 How do you do？之误。——译者注

**从西北方向描绘的 18 世纪晚期纽约城的面貌**

　　"中国皇后号"当年从纽约起航时，纽约还只是如图所示的一个小城。"中国皇后号"原计划是从费城出发，后改为最终从纽约港出发的原因：一是费城港口所在的特拉华河结冰早，融冰晚，冰期较纽约的东河长，如果选择从费城首航将会延误出发的船期，不能在最佳的航海季节中利用最有利的风向和洋流，并在最好的贸易季节到达广州；二是为了获得大量的财政支持。

Port Praya bore N 3 miles distance, it being in the Latitude 14° 54′ North, unbent the Cables stowed the Anchors and clea'd Ship — overhauled our potatoes and the Corn, we have for Stock, & Sundry other Jobbs Sat. by Obs. 14° 9′ N.

References.

1. Eastern point of the Road.
2. Peak of the highest Mount. brot with the Fort in Anchor E.
3. The Fort.
4. Palm or Coco Houses.
5. Quails Island.
6. remarkable Red Bluff.
7. Peak or Volcano of Fogo Island seen N. W. by Log. distance.
8. West Point and Reefs.

VIEW OF
PRAYA BAY.
in the Island
S.º IAGO.
taken from the Eastern Point.

Observations. As you sail round the East Point of Praya Bay (to which you may come within a Cables length) you will soon open the Fort which stands on a small Cliff in the bottom of the Bay, to the W.ward of which, in a Valley, are several Cocoanut Trees and a small House pretty remarkable. The winds here (except in the Tornado Season) are generally in the NE quarter, & frequently blow fresh & squally; therefore as you haul into the Bay it is necessary you have your TG sails furled, & take one reef or more in your T Sails — you may Sail within a Cables length of S land, where you will have five fathoms Water & in many places we the ground in that depth — in Praya Bay lies a small black Rock called Isle of Birds or French Island, it is almost even at the top but rugged at each end. There lie some rocks off the S end about half a Cables length; there is also some rocks off the N end, where the Water in general is short — you'l not have more than 3 fathoms between this and the FORT. Inside or to the W.ward of the Island it is only Navigable for Boats. —

## 18 世纪佛得角群岛中圣雅各岛普拉雅湾

佛得角群岛是葡萄牙人早期航海发现的岛屿之一，圣雅各岛是该群岛中最大的岛，距离西非海岸 640 公里，面积 991 平方公里，位于该岛南岸的普拉雅现为佛得角共和国首都，"中国皇后号"曾在此停泊，填捻漏缝，补给餐饮食物及淡水。

用法语询问我们停靠本岛的原因。我们回答说，需要补充淡水，及一些活的家畜和水果，而且要给我们船的干舷（水线以上的船体）重新填塞船缝。他告诉我们前者非常容易办成，但后者必须依靠我们自己去做了，因为他从没有听说过整个岛上有一名填塞船缝的工人。他要求5元银币(dollar)① 作为停泊费，我们付给了他。他继续说，等我们再次上岸，交易完我们所需要的这些物品之后，我们一定要给他一个酬礼。我们给了他一份我们所需要物品的清单，他答应明天早上我们一上岸这些东西就会准备好。在与他喝了一杯掺水烈酒之后，我们告辞离开。

去距离9英里的首府圣雅各对司令官或称总督进行礼节性的拜访，在时间上已经太晚了。我们便去谒见这个港口的另一个官员，他也是葡萄牙人，态度举止彬彬有礼，请我们喝了一杯葡萄酒，接见我们时显得非常高兴。当一个黑人口译者告诉他，我们是美国人后，他显露出超乎寻常的兴奋，还带着一副高兴和惊奇的表情惊叫——"波士顿人，波士顿人！"他的房间里有一名妇女，我们猜测是他的妻子。她相当漂亮——她的皮肤几乎没有一点儿菜色，不仅如此，她的每一绺头发都修剪过，显得一丝不乱，她的头上没有戴帽子或花冠，而是缚有大约有4英寸宽的一圈白布，她穿着一条印花布做的裙子，还有一块印花布搭在她的肩膀上作为披风，共同构成她的衣服。她的外表和我们美国美女的外表完全不同，我相信她没有让我们任何人激动、兴奋产生违反"十戒"的幻想。尽管她看起来好像不超过25岁。

我们回到船上已是中午，我们忙于写信，顺道拜访那艘法国方帆双桅船。在给帕克先生的信中，我写了从我们出发以来直到抵达这里的具体事务和实际经过以及关于船和货物的情况，信的内容摘自我的日记，记录了眼前发生的事情。附加一封私人信件，附寄给我在纽约的一个朋友。兰德尔先生带着这些信件上了那艘法国方帆双桅船，把信件交给船长，并在信

---

① dollar 在本书中指价值一元的银币。——译者注

封上写明将信件带给"吉拉德公司的诸位先生"。这几位先生是弗朗索瓦斯角的商人，兰德尔先生在费城时曾与他们长期通信联系。这艘方帆双桅船名叫"拉珍特"（La Jengat），船长是皮科特，由该船长把信件转交给"吉拉德公司"塔塔里尔先生，"吉拉德公司"的所有者是哈弗德格雷斯的道瑞先生。

那艘法国方帆双桅船第二天早上起航，顺便以 4 响回旋炮和国王万岁乐曲向我们行礼，我们以三声欢呼回礼。甲板上有许多裸体的黑人。——可怜的人啊！即将要变为没有希望的奴隶身份，而且将扯掉所有温柔体贴的亲情关系，命定将在边吃着面包、边喝着水的折磨中度过悲惨的余生，仁慈的上帝！那是人吗？人的识别特征应是博爱仁慈，以及施行所有的温情美德，他带着甜甜的微笑向上仰望天国——那是人吗？天资决定你享有幸福和忍受苦难的容量，你有把你的知识分享给予那些人吗？授予他们判断是与非的权力，告诫他们相信未来的因果报应。——那是人吗？他肆意践踏全宇宙的首要善行，与人类的创造者的真正目标背道而驰，行同魔鬼去折磨他的同类，并且故意导致本应与他自己同样享有永久幸福的同类现世受难。

早餐后我们上岸，向那位指挥官送礼以表达我们的谢意，礼品有一块咸的牛腿肉，一块奶酪和一些苹果。他索要 1 元银币，理由是为我们照看了一些水桶，我们把钱给了他。——他另外还乞求一些葡萄酒。卖东西的那些人集合在他的小屋附近，我们在这里买了羊、猪、家禽和水果等东西。他亲自监督，并归因于一个理由，那就是国王要对每一个卖出的东西收取一个税费。在拜访第二位指挥官时，我们给了他一块奶酪和一些苹果，他看起来好像非常感激，然后我们回到船上用正餐。

那位葡萄牙方帆双桅船的大副来到我们船上，他曾指挥一艘中桅帆船（topsail schooner）从里斯本出发，船在海上沉没。他的两名水手失踪，一艘英国船将他以及仍然活着的 6 个人从距离陆地 40 里格[①]的海上救起，

---

① 长度名，在英美约为 3 哩或 3 浬。——译者注

当时他们正在一只敞篷船上，大约 3 个星期以前，英国船把他们带到这里。——那只船现在躺在海滩上，非常老旧，不足 18 英尺长。那些以航海为业的人要面临多少数也数不清的危害啊！

将近日落时分，船长叫我看一条鲸，那条鲸距离我们大约 5 英里远，看起来好像正用它的尾巴非常有力地击打水面。船上的人说它已被箭鱼和长尾鲨攻击，正与这些敌人在格斗，那些箭鱼潜到鲸的腹下，向上刺击鲸鱼，以阻止它的反击，与此同时，长尾鲨用它的锋利的尾巴砍下鲸鱼身上大块的肉等等。尽管以航海为业的人们普遍相信这些格斗和刺砍击杀的说法。但经询问，我没能找出一个在任何时候见过长尾鲨的人。他们好像错误地把鲸用尾巴击水当作是鲸在对抗那些他们想象中的敌人。戈德史密斯所著的《栩栩如生的自然》对有关箭鱼攻击鲸鱼的方法有以下叙述。

箭鱼是鲸最可怕的敌人，"当发现这些小动物时，"安德森（Anderson）说，"那鲸鱼好像很焦虑，做出反常的举止，从水中跳出，好像满怀恐惧：无论箭鱼在哪里出现，鲸鱼远远地察觉到后，就会从箭鱼出现的相反方向飞速逃离。我曾经亲自'跟踪过它'，作为一个它们骇人的遭遇战的旁观者。鲸鱼除了尾巴之外没有其他防御器械，它总是力图用尾巴打击敌人，尽管它发出有效的单独的一击就能够将对手置于死地；但是箭鱼的灵敏性就像鲸鱼的强壮度，它能轻易地躲避鲸鱼的击打，跳到空中，然后落在它正下方的巨大的敌人身上，竭尽全力地，不是用它犀利的嘴去刺穿敌人，而是用它嘴上锯齿状的棱切割敌人，海水不久就几乎完全被受伤鲸鱼的血染上颜色。当这个庞大的动物徒劳地力图触及它的侵犯者时，它就会用它的尾巴击打碰击水面，每一击所发出的爆炸声响亮得超过加农炮的炮声。"

我们因为距离不够近无法判断这些情况，但是我们非常清楚地看见鲸的尾巴击打水面，确定无误地听到击打发出的爆炸般的声响。戈德史密斯

# 帝国的相遇

继续介绍：

　　鲸另外还有一个更强有力的敌人，它被新英格兰的渔民们称为"屠夫"，它本身也是鲸目动物，表皮坚韧，有威力强大的牙齿，据说，许多"屠夫"包围鲸鱼的方式与一群狗围着一头牛的阵势相同，有的攻击者用它们的牙齿从后面进攻，另一些攻击者用牙齿从前面撕咬，直到这只巨大的动物最终被拆卸，只剩骨架。虽然它们捕获了整头战利品，但据说鲸的舌头是它们贪食的唯一部位。传说它们具有超乎寻常的神力，众所周知的是，一个"屠夫"能够单独拦截被几只船一起拖着的死鲸，并能将死鲸从这几只船中间拖曳夺走带到海底。

　　25 日，黎明时分，根据昨日白天已做好的适当安排，我和船长、兰德尔先生、事务长、医生上岸，骑上我们的马，出发前往圣雅各城镇，或者更确切地说是城市。一名黑人向导步行带路，尽管他是步行，但也超过我们马的行进速度。在所有的路边，间隔很短的距离就有一个十字架，在大约一半路程的地方有一座小小的石头教堂，在教堂的庭院中有一座耶稣被钉在十字架上的受难像，周围环绕摆放着一圈骷髅，我们的向导在经过任何一个十字架时，总是脱下他的帽子。这座教堂的边上有许多小屋和一个种植园，有一条小溪流淌着从园中穿过，我们在种植园采摘了一些水芹菜品尝。在这个城镇上面的高地的边缘是一座古老堡垒的遗址，它看上去好像是一个自成系统的防御工事，两侧有 4 个棱堡，俯瞰控制整个城镇，这座堡垒所在的地方靠近水源。在经过这些遗址之后的第一座小屋里我们看见一些黑人，衣着体面，他们用拉丁语告诉我们，他们是门徒，被指定为这座教堂服务。能够读奥维德、维吉尔、贺拉斯、西塞罗的作品，但是不通晓希腊语。他们指引我们去总督居住的房屋，就其房屋的雅致而言与一个好的谷仓不相上下，总督阁下因为发烧闭门不出卧床休息。不过，在向他报告我们是美国人之后，他发出命令同意引导我们进入他的房间。我不得不用法语向他报告我们在这个岛进港泊船靠岸的原因。他手下一名来自葡萄牙的士兵为总督充当翻译。总督阁下向我们表示欢迎，告诉我们，他准许我们去任何喜欢去的地方，而且，在我们停留期间，我们可能需要的任何东西，他都会让他的机构人员为我们提供。他是当地出生的葡萄牙人，是一个白人与黑人的混血儿，看上去好像大约有 55 岁的年纪，1765年去了里斯本，在那里他居留了 9 年。从那以后，他成为这个岛以及佛得角群岛所属其他岛屿的总督。他非常细致地询问有关我们国家政府的性质，我向他作了解释，进而又说道，针对最近葡萄牙女王颁布政令承认美国独立的表现，美国人对于葡萄牙人的友好亲善怀有感激之情。他接受了这份他应得的敬意。在谈话过程中，他提及了约翰·斯通（John Stone）海军准将的事件。1780 年，在约翰·斯通率领他的海军中队攻击普拉雅港锚地的过程中，遭到萨夫林（Suffrein）先生的进攻，双方的兵力几乎不相上下，但是，萨夫林率领的法国军队由于是采取了突袭的战术，而约翰·斯通没有防备，所以占了优势，约翰·斯通损失很大，被迫乘船逃离。他用非常赞赏的措词说起约翰·斯通，显示出他对英国人的极端偏爱。我们提及船上储藏有许多物品触手可及，可以为他提供一部分，但他谢绝接受任何东西。他表示如果我们能赠送几副纸牌给他，他将非常高兴，他用葡萄酒、糖衣杏仁、水果和乳酪款待我们，不过没有上面包，我们对总督阁下的以礼相待致以谢意，用完餐饮，我们走出总督府去参观这个城市的其他区域。

我们接着来到女修道院，这里有 7 个圣方济各会的修道士，还有一个漂亮的附属于圣方济各会的小教堂。我们走进小教堂，发现一个白人牧师和一个黑人助手正在做弥撒，除我们之外，听众由大约 12 个黑人组成，其中有绅士，也有平民。在这里短暂停留之后，我走进女修道院，访问教友们，并参观了花园。这个花园非常一般，而且很热，完全暴露在阳光下，周围有过多高大的岩石，让人透不过气来。当我们穿过走廊回到女修道院时，教友们已经摆开一张桌子，桌上是一些水果、葡萄酒、蜜饯和蛋糕，供大家分享，对他们的好客我们不仅道谢，还向他们的礼拜仪式捐赠了一些美元。我们与这些人的所有谈话要么是用法语，由译员翻译，要么用拉丁语，虽然我们的言词表达十分拙劣，但是，她们很有涵养，完全给予谅解。在这个城市的另外几个区域徒步观光之后，我们返回来与总督告别，阁下赠送了一个水瓜给我们。

圣雅各是一个有城墙的城镇，位于岛的西南端，地处朝向大海的低地上，在一座大山的脚下，高地吹来的清新的微风被大山挡住吹不到低地上，使得圣雅各所在的地方极其炎热。当这个城镇处于它最繁盛的时候，这里可能有大约 300 间房屋，但是，其中大部分以及一些最好的房子现在已无人居住，成为废墟。有人告诉我，主要原因是商业贸易已从这个岛转移到邻近的岛屿，许多人迁居到了圣多明戈（St.Domingo）城镇。圣多明戈在本岛的另一端，城镇的处境更兴旺一些，环境更舒适一些。这里有两座监狱和几座教堂，其中最大的一座教堂有 4 口钟，从它的碑文上看，好像建造于 1696 年，一直处于正常良好的状况。这些建筑几乎全用石头建造，顶上覆盖砖瓦，无论是公共建筑还是私人建筑都极少使用玻璃，除了我们进入这个城镇时所经过的城门，在这个城镇的西北端还有另一个城门。这些城门是敞开的，门扇被拿掉了，看起来好像只是一个从陆地上进出城镇的入口和出口所在地而已。城镇朝向大海的地方没有城墙，完全敞开，而且，除了山上的古老堡垒和靠近海岸的 4 门小炮以外，几乎没有任何防守。

我们登上那座山，踏上归途，我们在那座废弃的古堡的门口坐下来休息，享受着凉爽的微风，吃着我们一直带在身边的那只水瓜。从我们所在的这个高处，可以看到极美的海景，从我们这个基点正好看得见远处正对面的福古岛（Fogo）的景色。——当时，有一朵白云飘在那座高地上显得非常清晰。在一段疲劳的骑马行程之后，我们在大约 4 点钟的时候，回到船上就餐。我们把一些软饼、6 支上好的葡萄酒（因为总督他自己的酒很劣等）、一块乳酪和 3 副纸牌，作为礼品赠送给总督，伴随这些礼品的还有一封用法语写就的感谢信，感谢他赐予我们的关心。我们把这些东西交付给那位曾为我们充当译员的军人，他是受总督委派来接收我们所答应给总督的纸牌的。

第二天，我们的船长，兰德尔先生和医生，用完正餐后上岸打猎，在他们外出期间，我给我在纽约的朋友写信，想通过那两艘计划在我们船离开后开往里斯本的船带上寄出。我们的打猎爱好者天黑了才返回船上，猎获了一些小鸟，带回一只极好的火鸡，这只火鸡是我们上岛后第二个去拜访的官员送给船长的。我们曾赠送了一块乳酪和一些苹果给他。

27日上午，我和船长上岸向那位指挥官道别，我们送给他4瓶葡萄酒，这位指挥官显露出在一切尊重外人的方式方法方面观念的欠缺，行为举止不符合一个绅士待人接物应有的规范。除了极端缺乏良好的教养和好客的礼仪，他似乎欠缺应有的意识。尽管我们在上岸后从来没有不去拜访他，而且向他送了两次礼表示敬意，就算是送了一次礼，他也都没有还过一次礼。除了第一次拜访他的那一天，他给我们倒上一些掺水烈酒，让我们饮也不是，不饮也不是。而且，在我们从圣雅各城返回途中，他知道我们没有用餐，却只会对我们说，我们看起来非常疲劳。我们返回船上时，大约是11点钟，因为事先已决定今晚起航，我忙着在今天剩下的时间里写信，详细汇报我们到达这里后处理有关事务的详情，这封信及其复本将顺便从弗朗索瓦角寄回美国，我在信封上写上"致纽约帕克先生"，还把我写给我朋友的一封私人信件也封入其中。这个信件包裹被附在寄给里斯本商人勒·弗伍尔的信封中，正副两份抄件和副本由兰德尔先生送到打算结伴开往里斯本的葡萄牙船上。

圣雅各岛大约有50英里长，在有些区域，宽度在30英里以上，它是这些名叫佛得角群岛中最大的一个岛，岛上的山非常多，除了山的溪谷里从头到尾都是适宜耕作的土地以外，山上完全是不毛之地。溪谷里出产丰富的水果，比如：橙、椰子、罗望子果、香蕉、无花果、菠萝和一些酸橙，也出产非常硕大的玉米和小蚕豆。这里还饲养有大量的家畜，即山羊、猪、绵羊，有角的牛和家禽，除了这些，还饲养有小种马、母驴和一种黑面小绿猴。岛上居民合计大约6000人，其中有150人是白人，其余是黑人以及黑人与白人的混血儿。在这些居民中间，有不少教士僧侣。除了已经提到的圣雅各城之外，岛上还有一个规模相当大的不临海的城镇——圣多明戈，坐落在普拉雅港的东北方向，它与普拉雅港的距离和它与圣雅各城的距离，长度大约是同等的。

普拉雅港在岛的南端，位于北纬14°54′，经度为伦敦（格林威治）以西23°29′。两个凸出的山岬伸向大海构成海湾，几乎呈半圆形。这里风平浪静，任何吨位的船只都能安全下锚泊船，从一个岬到另一个岬的距离大约为1里格，船可以在这里补给淡水和餐饮食品，这里每年有9个月的安全航行时间，在此期间，刮的是从陆地吹来的北风。每年的6月、7月和8月是雨季，这期间吹的是南风，使得海湾非常危险。在海湾内东部的一处高地上，有一个架置了12门陈旧铁炮的要塞，作为港口的防卫工事。要塞的背面和两边的侧翼是空旷的。港口的驻军由大约40个白人和200个黑人组成，他们住在用石头砌成的蹩脚的小屋里，盖屋顶的材料用的是可可树的叶子。港湾内仅有的像样建筑是小教堂、监狱和仓库，没有军衔的军官主要是黑人。军官的制服是蓝色的，用红色贴边，用银色来装饰，里面穿着红色的内衣。岛上的贸易由一家公司经营，这家公司在距离要塞不远的地方有一个工厂，他们的船从里斯本开到这里，为了获得奴隶，再由这里去非洲海岸，然后，在他们的另外一些岛上把奴隶卖掉，再返回这里来备齐他们回国的货物。

在这里进港停泊的船只只能向黑人采购餐饮食物，黑人中的许多人是自由的，他们普遍比较聪明，比那些白人更诚实，当然是否诚实并不完全由他们的肤色决定。他们中的许多人英文写得很好，并且会说英语。我特别喜欢一个大约十三四岁的男孩的言行举止，他想买一张毯子，"如果你卖'他'给我，我就给你一只小猪、一只鸡、一个橙子。"我对他说，我没有毯子可卖，并询问他是否和父母在一起。他回答说他的父亲从非洲的海岸去了天国，他的母亲一直生活在这个岛上。我称赞他是个好少年，并给了他一枚小银币。他回答说："啊，长官，你说我是好少年，我不是贼，我不说谎。"他好像更感激于我的美好评价胜过我给他的钱。这里的人在他们买卖交易上显示出非常的精明。——其中有个人被别人告知他的玉米售价太高，他回答说："不要紧，昨晚上我梦见两只英国船3天后来到我们这里，买了许多玉米，出价是每蒲式耳容量的玉米要花一美元。"

我们在普拉雅港进港停泊的原因，是水线以上的船体被检查出有漏洞，而且，还发现由于木桶损坏严重，导致我们船上所储备的淡水部分流失。这些情况使得我们对整个船的所有必要的细节逐条罗列细查，最终我们确信，在普拉雅港停泊的这一决策是非常正确的。如果我们不停泊而是继续前行，在我们能够到达巽他海峡（the straits of Sunda）之前，我们一定不可避免地需要做上述工作。从美国准备前往中国的船只最好在这里或者在一些邻近岛屿停泊，在这里可以做一些小维修，补给淡水和家畜、水果等。这些物品在船只航行通过暖热地区时有助于长久维护我们的健康。我们在6天内实现所有这些目的，把10座火炮收藏到船舱的下方，腾出舱面之间的空间，使人更加舒适，也使我们的船比之前更加平衡。在一个顺风并且令人愉快的天气里，我们于当天晚上7点再次起航。我忘记提及在普拉雅港停留期间，我们吃了大量鱼，尤其是棱子鱼和石首鱼，这些鱼口感极其鲜嫩，在外观上与我们的狗鱼有异。

在27日和28日之间的那个夜晚，3条飞鱼跌落在船上，31日，我们看见一条小鲨鱼在我们船尾下面跳来蹦去。一只用猪肉装饵的鱼钩不久将它带上甲板。它有2.5英尺长，能做成几盘菜供正餐食用。我们把这条鱼的部分浸入盐水腌制了一个小时，然后用太阳晒并用火烤焙把它制成鱼干，剩余部分烤焙后在吃的时候涂上纯黄油。31日晚上，船上所养的3只猴子中的一只掉进海里。第二天早上发现哈巴狗被钓鱼绳紧紧地缠住，原来它为了吃鱼从船上滑落，幸亏被绳缠住没有掉进海里，哈巴狗被拎上船来幸免于难。5月8日这天，我们捕获一只海豚，第二天，它被以下几种方式烹调：把肝油煎，口感像乳猪的肝一样鲜嫩；把肉烤炙，烘焙，还做了汤。烧烤过的海豚肉，吃起来有一种野的味道，和野味没有差别。除非他被告知，否则没有人会一直想象海豚是鱼类。对我们船上的那些人来说，这是幸运的，因为他们以前从未来到海上，他们什么东西也没有捕获过，更别说鲨鱼或者海豚了。事实上，至少对于我们所捕获的每一种食物，在烹调口味这一点上，我们都是迎合大家的口味。

自从离开圣雅各岛，我们继续向南航行直到4月9日，并于当天中午穿过赤道，我们观测到当时的位置位于南纬0°4′，根据以伦敦为起点测算，位于西经20°31′。在5月5日，根据估算，我们位于南纬36°23′，和东经1°20′。从那时起，我们船保持在南纬36°及南纬39°这两条平行的纬线之间的水域航行（5月26日曾航至南纬39°24′）。直到6月5日我们船转向按我们预定的经度行驶，当天观测到当时我们位于南纬36°35′，经估算，位于东经76°11′，从那时开始，我们船改变航向向北方行驶，没有发现圣保罗岛。

6月25日中午，经测算我们船位于南纬7°52′，东经105°15′，我们希望看到爪哇岛——根据此前4天以来的观察，除了一些与我们迄今见过的任何种类都不同的鸟，我们还发现了几根芦苇、竹的根茎以及另外一些木头从我们船附近经过。这些鸟被船员们称为鲣鸟，我们杀死了一只停在斜杠帆桁上的鲣鸟，另一只暂住在船尾栏杆上的鲣鸟被我们的少年们俘获。他们后来伸出圆篙，当这些鲣鸟飞落在圆篙上时，就将其逮住，用这种方法抓获了许多鲣鸟。这些鸟普遍都是灰色的，大约和家养的鸭子的身材大小差不多，它有一个长而尖的嘴，脚是有蹼的，翅膀是长长的。它们以文鳐鱼和其他小鱼为主食。一旦被抓住，经常会把吃的鱼全部吐出来。这些鸟很瘦，肉的味道非常像鱼，但属于与鱼不同的食物。在我们航行期间也常常看到一种名叫信天翁的大鸟在船边飞翔。它的身材像鹅，并且非常有戒心，我们屡次试图逮住它们——尤其是用装上肉饵的钩子去引

**位于苏门答腊岛与爪哇岛之间的巽他海峡地图**

  在 1869 年苏伊士运河没有开通以前,前往中国的欧洲商船绕过非洲南端的好望角之后,大都横渡印度洋,穿过巽他海峡,进入中国南海;美国商船最初也是采用同样的航线。"中国皇后号"在巽他海峡幸遇法国商船"海神号"。

## 画有"中国皇后号"商船形象的扇面

在这面中国折扇的图画中，在一群商船的最左边画有"中国皇后号"商船，但描绘得不够清晰，可能与绘画者对美国商船的认识有关。许多人一开始都把讲英语的美国人当成了英国人，在办理商船登记时，一名公行的商人故意把"中国皇后号"登记为英国地方商船。正如当时的法国领事所说，或许是由于地理学知识的不足，以及与全球其他国家的隔绝，所有国家在与中国开展贸易时，总有同样差错的新闻传出。

诱它，我们用一根长线，在船尾部把带肉饵的钩子扔进海里，并用钓鱼用的浮子使带肉饵的钩子漂浮在海面上，——但是，一无所获。这些鸟一定非常健壮，因为通常的测程仪索经不起它们的挣扎。它们中的一只曾被钩住，但它挣断了船上的深海钓线，因为那只鱼钩扎得太牢，于是，这只信天翁就带着鱼钩和部分钓线飞走了。

7月9日，第二船长霍金森（Hodgkinson）驾乘单座艇外出，力图抓一些小鱼，他用鱼叉刺获3条海蛇，这些蛇的长度在3至4英尺之间，背部是深棕色的，侧面和腹部是淡黄色的，尾部有黑白相间的条纹或格纹，因为海蛇没有鳍，当我们剖开它的胃时发现里面有些像草类的食物，所以我们把它们看作两栖的，进而证实我们正处在陆地附近。

在7月15日太阳升起的时候，我们在东方看到4个海龙卷①，距离我们非常近，在他们出现的位置，这些海龙卷看来好像触摸着水面，在他们的组成部分中好像有一个沸腾的装置，伴随着雾气。能够看得见它们的时间超过一个小时。

7月17日，星期五。自从上个月25日以来，我们一直向东逆风换抢行驶，偶然顺便探望陆地。在当天下午3点半钟，我们交了好运，发现并很快确定是瓜哇岬。船转向东北偏北10或者12里格的方向行驶。用我的船位推算公式对这个时间点我们船的位置进行测算，结论是我们船位于南纬7°24′，东经111°13′。根据摩尔的测算方法，瓜哇岬位于南纬6°49′，经度为伦敦（格林威治）以东106°55′。

翌日上午9点至10点之间，我们避开挡住视线的障碍物，看见巽他海峡，中午时分，距离我们3到4里格处，我看见有一艘船沿着海峡航行驶近瓜哇海岸。我们于下午3点升起美国国旗，4点钟的时候我们看见一艘在小海湾中抛锚停泊的巨轮——最初看到的那艘正在航行中的船，1个半小时以后开始靠着这艘巨轮抛锚停泊，这两艘船都扯着法国旗。

---

① 龙卷风卷起的水柱。——译者注

## 帝国的相遇

在 4 点钟的时候，来自爪哇海岸的两只独木舟向我们划来，其中一只独木舟上的 5 个当地人来到我们船上，另一只独木舟没能靠近我们。这些人身材中等，体格良好——肤色类似于北美洲的野人，他们相貌匀称，一副快乐的面部表情，不过他们应该把极黑的牙齿归咎于他们咀嚼的一种草本植物，这种草本植物还把他们的嘴唇染成紫红色或者更确切地说是紫罗兰色。沿他们脑袋一周包着一条头巾，腰上围着一块印花布或者格纹布。布的下摆与膝盖一样齐。他们卖给我们一些家禽和椰子，然后驶向王子岛 (Prince's Island)。过了不久，另一只独木舟上的人来到船上，出售给我们许多鱼，多得足够在晚餐的时候款待两个船舱的人，共花费了 5 角银币。这种小船或者称独木舟，长度在 15 英尺到 20 英尺之间，大约 2.5 英尺宽，桅杆长度在 10 英尺到 12 英尺之间，风帆的长度和桅杆的长度一样，宽度大约 4 英尺，伸展在两段芦秆上，并穿过对顶的桅杆。用一根直径 6 英寸的安装在小船舷侧的舷外浮杆，根据风向来调节，保持帆与 2/3 船身相距 7 或 8 英尺的距离。这些小船用芦秆或竹竿铺盖，船主可以坐在上面，下面饲养着他们的鱼和家禽等等。船上有桨，通过划桨行驶，在我们买的那些鱼中，一种带有红色的斑点，还有一种是常见的黄尾笛鲷——前一种鱼的红色斑点是一种极其美丽的朱红色。它们与矛状宽额鲈（the groper）一样，身短体厚，我们国家也有这类鱼，都属于河鲈类。

天刚黑，我们就挂起两盏信号灯，得到那两艘船的响应，晚上 8 点 15 分，我们开始抛锚泊船于 19 呵的深水中。——我们全船的人处于良好的健康状态，自从我们离开纽约以来，没有发生意外事故。

在 18 日的午前，我和船长及兰德尔先生来到那艘巨轮上，该船的船长与他的高级船员一起非常有礼貌地欢迎我们。这艘巨轮名叫"海神"(Triton)。该船虽然配有 64 个 N 型备战凹槽，但只设置了 16 门轻型加农炮，全船有 184 名船员。她于 3 月 20 日驶离布雷斯特（Brest）[①]，前天

---

① 法国西部菲尼斯泰尔省港口城市。——译者注

抵达此地，在补给淡水并购置木柴后将驶往广州，最终从那里再返回欧洲。购置木柴是不得已而为之，因为在返航时节如果在这里停泊是不安全的，而且在广州，木柴是按重量来销售的，要是在好望角，木柴的销售方式则完全不同。另一艘已经穿过马六甲海峡的同样规模的商船，以及在这里日夜期盼的第三艘船都将开往广州，这些船所运载的货物和钱币估计有 600 万里弗尔（livre）①，由于法国没有永久性的东印度公司（East India' Company），国王出租这些船给一个进出口贸易商人的公司以支持目前的远征探险。"海神号"的船长是一位圣路易斯骑士（a chevalier of St.Louis），看起来好像是一个有见识的人，曾多次前往中国。据他说，在他离开巴黎的前一天，拉斐德侯爵（Marquisde la Fayette）收到美国辛辛那提（Cincinnati）协会的勋章，国王同意正式认可给予这些军官接受并被授予勋章的权利。他继续说，法国人非常喜欢为他们国家所设立的这个荣誉。当我们从他的船离开时，他们在舷侧和帆桁各就各位，用 3 次万岁国王的乐声向我们致意，我们则用 3 声欢呼来回礼。

在"海神号"附近停泊的那艘船名叫法比尤斯（Fabius），比我们的船小，没有鸣放礼炮，载有 36 名船员，装载着加农炮和位于巴达维亚的荷兰行政管理机构所需的补给品，这艘船于 3 月 15 日驶离好望角前往巴达维亚，于昨天到达这里。在没有得到关于英国和荷兰之间和平已成定局的可靠情报时，雇佣法国船员是明智的。"法比尤斯号"的船长曾在海军上将、舰队司令德·奥维利埃（d'Orvilliers）公爵指挥的法国舰队服役，1778 年 7 月 27 日在法国西北部布列塔尼附近海面参加了与英国海军上将、舰队司令凯佩尔（Admiral Keppel）所率舰队的最终未分胜负的海战。1781 年 10 月，他作为德格拉斯伯爵（Count de Grasse）所率法国舰队的军官参加了在切萨皮克②对英军实施的包围，封锁了切萨皮克湾，迫使英

---

① 法国过去曾用过的钱币单位，值一磅银子。——译者注

② 美国东部大西洋沿岸平原最大的海湾。——译者注

军在约克敦向法美联军投降。在此后的 1782 年 4 月 12 日，他参与了虽然英勇但倒霉的德·格拉斯（De Grasse）与英国海军上将、舰队司令罗德尼（Rodney）之间的令人难忘的战斗①。当离开法比尤斯号商船时，我们受到与海神号商船相同礼节的致意。大约 2 个小时之后，法比尤斯号的船长对我们进行了回访。两艘船的这些指挥官都是皇家海军上尉，海神号的指挥官外表看起来似乎有 60 岁，法比尤斯号的指挥官大约 40 岁年纪。

有许多当地人的船今天靠近我们船的舷侧，这些当地人都极其喜欢鸦片，每次把 12 粒或者 14 粒鸦片放进嘴里，但没有不良反应，我们向他们买了海龟和家禽，50 磅重的海龟需要支付 5 角银币，12 只家禽要花费 1 元银币。他们还带来一些猴子，我们船上的水手买了几只，那些猴子的个头与我们在圣雅各岛见到的差不多，只是颜色有差异，这里的猴子是浅灰色、黄褐色的。

19 日的午前，"海神号"的船长德·奥德林先生和他的第二船长考第兹（Cordeaz）先生对我们进行回访。他们察看了我们的航海图（Dunn's）②称赞说绘制得准确完整。并邀请我们第二天与他们聚餐。考第兹先生曾作为德格拉斯伯爵舰队中的一员，参与了对切萨皮克的封锁，后来也参加了对罗德尼的战斗。吃完晚饭，我和船长、兰德尔先生、斯威弗特先生踏上海鸥岛（Mew）的海岸，3 艘船在这里购买木柴。从爪哇海岸获得淡水补给非常便利，可以通过短的软管直接将船上的水桶注满，不必从小艇上获取淡水；不过进入岸上的森林是危险的，因为森林中有许多老虎和其他野兽。

20 日上午，一艘荷兰巨轮驶过海峡。同一天，我和船长、兰德尔先生在"海神号"船上用餐。晚餐供应得极好，好像我们是在岸上被款待一

---

① 指 1782 年 4 月 12 日在西印度群岛多米尼克岛附近海域，罗德尼击败法国舰队取得辉煌胜利，回国后晋封男爵。——译者注

② 指塞缪尔·邓恩（Samul Dunn）所著的《东印度群岛新指南》（第 5 版）中的航海图。——译者注

样。每天这里有 20 个绅士进餐——极其有礼貌，并且非常乐意与我们接触，"海神号"的船长通知我们，他将于星期四起航，并表示希望尽其所能为我们提供每项服务。我们决定与他一起去广州。他曾经 11 次到过那里，十分熟悉这里海域的航行。首席大班乔列兹（Trolliez）先生从他的专业角度向我提出类似的建议。正当我们享用晚餐的时候，另一艘荷兰的商船驶过海峡。下午，我们来到海鸥岛的岸上，与我们同行的包括我们船的第二船长，还有"法比尤斯号"的船长哥伦布（Colombe）先生，以及一位法国步兵上尉，这位军官获准乘坐"海神号"开始这段前往中国的航程，仅仅是缘于好奇心的驱使。这种好奇的天性结合宗教信仰，也许还有其他念头，驱使一位年轻的教士不仅踏上这段前往中国的航程，而且公开宣布永远与他的祖国告别。他倾向于作为传教士在北京居住，那里有他的许多教友，这些教友拥有一座巨大的教堂，宗教信仰自由，还有一个相当大的宗教组织机构。他看起来好像不到 30 岁，聪明而有教养。那些高级船员宣称他是一个学识渊博的人，他脑子里装满了关于所有实验科学的完整解释，并且熟悉最近由德·蒙哥费埃（de Montgolfier）先生在巴黎发明的氢气球的原理和构造。除了这些之外，他斯文的举止风度无疑将会使他在中国人以及他在中国的教友们中间有所收获。愿上帝保佑他成功！——他作出了伟大的牺牲——因为，根据中国的法律，在外国人被允许在帝国都城居住后，从未有一名外国人被允许返乡。

第二天，"海神号"的船长日夜向我们发出信号，我给纽约的帕克先生写了完全相同的信，封入信封分别附寄给在阿姆斯特丹（Amsterdam）的约翰·德·拉·纽夫维尔（John de la Neufville）先生和他的儿子。当天下午，在"海神号"上，我把这些信件交给"法比尤斯号"的船长，他承诺把握最好的机会从巴达维亚寄出一封信，如果那里没有更早的传送途径，他将负责保管另一封信。

我和斯威弗特先生、格林船长、兰德尔先生与"海神号"的船长、第二船长以及两名高级船员一起来到海鸥岛的岸上，我们在那里种植了玉米、燕麦、豌豆、豆科植物和马铃薯，完工之后，我们喝了一瓶马得拉白葡萄酒和一瓶香槟酒以庆祝我们的菜园种植成功。这个岛无人居住，被法国人称为坎塔丫（Cantaya），在隔开该岛与爪哇岛的小湾中有许多鱼类，而且在附近地方还有一种非常巨大的蝙蝠，它们大约在日落时分飞翔，看起来好像和成年的母鸡一般大小，据法国人说，这是极好的食物。在这个地方，"海神号"的船长用钉子钉死了一块木板，木板上面镌刻着他的名字，船的名字，以及船到达这里、离开这里的日期。

7月22日，星期四，在日出时分，我们与那些法国商船一起开始航行，当天晚上10点抛锚停泊，翌日早晨我们起航，正午时分，我们放下附属小艇捕获两只海龟。下午4点钟，我们在瑟瑞戈尼岛（Serigny）停泊。来自岸上的一名军曹站在他自己的船首巡视我们的商船。递上一份事先印制的包含着许多询问的调查问卷给船长，"船只登记地点或者归谁所有？——从哪里来？——开往哪里？"等等。要求船长如实填写附上正确答案。我和兰德尔先生、船长来到"海神号"船上。那些高级船员高度称赞我们船的航行技术。明天，天气将是无云的，他们打算借助太阳和月亮开展一个观察以确定经度，在航行过程中他们有4次用这种方式来确定他们所在的经度。据他们说，在每一次观察确定经度的过程中，他们推算出的经度的位置与实际上的准确位置相比不超过20英里。日暮时分，"法比尤斯号"的船尾几乎看不见了——"海神号"和我们船都包被着铜板。

24日，吃完早餐，我和霍金森第二船长、医生、兰德尔先生，斯威弗特先生上岸前往靠近爪哇的瑟瑞戈尼定居点。不少本地人正聚集在一起，当我们登陆时，一位老人走到近前主动向我们伸出手以示友好。我们从海滨走进集镇，这个定居点由400到500座棚屋组成，棚屋用藤料或者竹子、芦苇建造，覆盖在屋顶上的材料是树叶和稻草——似乎宽敞而且干净。当我们接近这个定居点的中心时，我与酋长相遇，有超过100名他的同胞随侍在他左右，这些侍从有的手持长矛，但所有的人都佩着刀。他敞开胸怀欢迎我们，面带笑容，与我们握手并宣称："我是万丹（Bantam）①最高贵族。"在我们向他做手势并指向我们的船时，他回答说："美国人（Mericans）"，这个情报一定是昨天曾到过我们船上的荷兰人告诉他的。在他带领我们穿过那些主要街道之后，他引导我们走进一个阔大的院子，周围环绕着石头墙，完全被巨树遮蔽，他的房屋在院子的中心地带，他邀请我们走进屋内，我们谢绝了这个邀请，他把我们送至大门口，我们在此握手道别，并请他与我们共饮了一杯我们自带的葡萄酒，为他的健康干杯。他外表看上去大约 30 岁年纪，英俊堂皇，他穿着华丽的颜色鲜艳的印花棉布长袍和内衣裤，用一块精致优雅的上好印花棉布当作头巾缠在头上，他腰间环绕着腰带，或者更确切地说是饰带，由蓝色、白色和红色丝绸制成并配有黄金，腰带上配置有短剑，剑鞘由黄色的金属制成，十分精美。他的脚和腿都是赤裸的，虽然他的样子看上去颇有些贵族的气息而且非常讨人喜欢，但他的行为举止总而言之是友善的而且令人愉快。

从这个定居点走到另一个定居点距离大约超过 3 英里——它与第一个定居点没有实质的差异。在这里，我们遇见第二船长、军医、法国步兵上尉和"海神号"的其他 3 位绅士，他们正在购买牛肉、海龟、家禽等等。

这些定居点依傍在海滨，周围稻田环绕，当地人通过耕种水稻提供食物来源。他们也种有菠萝、玉米、香蕉、黄瓜和椰子，此外还养殖了大量的所有种类的家禽，以及水牛（这是他们牛肉的来源）和山羊。这里的土壤肥沃，从我们登陆的地方通往上面提到的那个定居点的道路十分平坦，覆盖着葱翠欲滴的美丽树木，沿途自始至终是连续的椰子树林，这些树的遮蔽为我们提供了一个舒适的保护以避免太阳灼热的光线，而且椰子的乳液是一种非常清凉爽口的汁水。

---

① 位于印度尼西亚爪哇岛西北端，16 至 18 世纪末港口淤塞时，曾是爪哇与欧洲进行香料贸易的最重要的港口，在荷兰占领期间，万丹位于爪哇驻扎官管辖区的西端。——译者注

当地居民中的绝大部分以捕鱼为生，这里大约有不少于 200 只船，或大或小都属于他们。这些船只的建造和装备方式已经在上文提及，这些船从能承载单独一个人的到可以乘坐 30 或 40 人的，任何规格的都有。那种大型船只上面建有棚屋，从船尾一直延伸到船的中间地带，当地人用芦苇和稻草作为建造棚屋的材料，以保护船员防御不利的天气状况。大约有 70 艘小型船只在日出时出海捕鱼，在正午时分带着他们捕获的海货归来，鱼有大有小，船船满载而归。这里的海滩非常低缓，距离海岸相当远，海浪在海滩上能冲击极长一段距离，巨大的波涛呼啸咆哮，因此，如果一些船被遗忘在这里，这些船不久将被击穿成为碎片。为防止这种情况发生，为了给他们的小型船队提供安全保障，当地居民挖掘了 15 到 20 英尺宽的运河，通往他们定居点背后足够容纳全部船只的水潭。在许多地方，每个定居点一定是聚集在运河和水潭旁边，越过这些运河和水潭要靠桥梁，这些桥梁的建造方式是用木料从一处堤岸铺设到另一处堤岸，木料上面覆盖的是用芦苇片编织成的席子，席子被钉牢固定在木料上，使桥梁显得整齐、精制，并且足够坚固。这里的人口为数众多，儿童在整个人口年龄的比例中比重过大，可能是缘于这里的妇女多育能力超常。他们是伊斯兰教徒，每个定居点都有清真寺，无论男人还是女人都配备有刀，他们时常随身携带着这些刀，刀放在木质的刀鞘中，悬挂在肩膀的一边。尽管这样，他们好像外表平静，用他们的方式彼此相处，对待外来的陌生人谦恭有礼。据说，无论如何，他们都不乐意他们的妇女被任何陌生人注意，可能是因为这个原因，这里的妇女显得腼腆，她们的外貌很少被人看到。

这些地方隶属于万丹（Bantam）和巴达维亚（Batavia）[①]。我们最初逗留的地方有一位荷兰军曹和两名士兵作为当地的驻军，他们拥有两门小型

---

① 是印度尼西亚首都雅加达的旧称，1619 年曾被荷兰人占领，成为荷属东印度的首府，始称巴达维亚，1949 年国家独立时复称雅加达。——译者注

的黄铜加农炮，配备的炮弹每枚大约半磅重，有时这里会升起一面荷兰国旗。这位军曹向每一艘过往商船发出调查问卷，以便获得那些询问的答案，就像向我们展示过的那样，然后，这些被填写过的调查问卷被传送到万丹，再从那里转递到巴达维亚。传递者走的所有路线都沿着海岸，尽管对他们来说传递行动是危险的，但因为传递者是当地人，全都熟悉自己乡土的水文地理环境。这位军曹向我展示了一把涂了毒药的刀子，并说许多当地人除了他们的矛之外还带着刀，那些矛也涂了毒药——他继续说，这些兵器上涂的毒是一种剧毒，只要被这些兵器中的一个刺割出极小的伤口，人将很快死亡并且是必死无疑。

这里的食物很昂贵，大体上几乎是我们在海峡入口处所购得的同样食物价格的两倍。这里有鸽子、长尾鹦鹉和其他多种鸟类，在这里购买鸟，不仅要察看鸟的羽毛而且还要听鸟的叫声。由于一直逗留到潮水涨满，我们最后离开这些地方的时间大约是 9 点钟，而回到船上已是 11 点钟了。今天的探险活动，非常疲劳。

当我们决定与"海神号"一起航行之时，"海神号"的船长德·奥德林先生通知我们，他打算不走通常规定的习惯航线穿过邦加（Banca）海峡①，而是想尝试走更偏东一些的航线，从邦加岛和勿里洞岛(Biliton)②之间穿过。这条航线是一位法国绅士加斯帕（Gaspar）先生告诉他的，此人曾乘坐西班牙商船往来中国，这条航线能够提供最大限度的安全，水深在12 至 25 㖞之间。7 月 25 日，星期日，我们按着这条航线开始航行，我们顺风顺水行进迅速，听任航速和气流、水流的速度一样快，直到 8 月 2日，当我们两艘船抛锚停泊时，"海神号"派出它的小艇去探测通道。在探望德·奥德林先生时，他告诉我和格林船长，他的船及早停泊源于他的担心，要么我们所看到的那块陆地不是有航道经过的陆地，要么他关于这

---

① 位于印度尼西亚苏门答腊岛与邦加岛之间。——译者注

② 现写作 Billito，位于印度尼西亚苏门答腊岛的东南方向。——译者注

个航道的情报一定是错误的。因为在水深方面，他本来料想，这里水深有12呎，而实际上只有5.5呎。他的航线图似乎证实了后一种看法。他派出一名高级船员乘坐小艇去做进一步的探测——同时，我们商定，如果整个晚上气流风向不容许小艇驶回，我们将带领一名或者两名他的高级船员和我们一起乘坐我们的船，在白天慢慢地、小心翼翼地驶向那块陆地的岸边，与此同时向那名高级船员发出信号。德·奥德林先生给了我们一张他的航海图。第二天早上，当考第兹（Cordeaz）先生和另外一名高级船员来到船上时，我们愉快地获悉他们的小艇刚刚返回，之前他们按照航海图上标明的水深，探寻发现了那条航道。他们的担心是由于在正午时分提供测量水深数据的人的过失所产生的误导，大声读出的11呎却记录为5呎。早上5点起航，我们带路穿过海峡，有规律地测量水深，于下午3点抛锚停泊。加斯帕岛（Gaspar Isle）的身躯位于我们船的东南偏东方向，相距2英里。我和麦克卡弗尔（McCaver）先生、兰德尔先生、军医来到海岸，在离加斯帕岛不远的一边的一块礁石上，我们发现许多蛋和雏鸟，这块礁石与加斯帕之间有一条仅能供小艇航行的通道。在岛的另一边是大面积的浅滩，与我们现在的做法相比，放弃轻率地驶近这一大片浅滩是明智之举。我们没有时间去查明这里是否有淡水，不过，从岛上葱翠的草木、呱呱地叫着的蛙声，以及成群的白鸽来看，淡水无疑是存在的。

8月4日上午，驶离加斯帕岛，两艘船继续一同前行，在23日午前，从澳门来的领航员到达，下午4点两艘船在锚地停泊，向澳门这座城市鸣炮致意。

24日上午，法国领事和几位从澳门来的绅士访问了我们，当他们离开我们船时，我们放了9声礼炮向他们致意，这些绅士邀请我和他们一起去澳门过一天，我随同这些绅士上了他们的小艇。那位领事陪着我去拜访葡萄牙总督，但是阁下不在家，法国领事留下了一份我们已来拜访过的书面报告。我在这位绅士的领事馆里出席宴会，一同参加宴会的有法国人、瑞典人，还有哈布斯堡帝国（Imperial）① 的大班，以及从"海神号"上来的一些绅士。下午，兰德尔先生、第二船长霍金森、医生、斯威弗特先生和格林先生，同"海神号"的一些先生在我们船上吃完饭后来到岸上。我和医生、霍金森船长共度良宵并寄宿在瑞典领事馆，兰德尔先生和其他那些绅士以同样的方式寄宿在法国领事馆。第二天早上，我们向这些绅士们提交了美国与这些欧洲强国之间和睦相处的条约的副本，然后我们与他们道别回到船上。

今天是 25 日，是圣·路易斯（St.Louis）周年纪念日，日出时分，针对同一个纪念日，"海神号"鸣炮 21 响宣布致意，我们船回应了 13 响礼炮。正午的时候，我们重复进行鸣炮致意。下午 2 点钟，我们的领航员来到船上，我们开始航行。顺便向德·奥德林先生鸣炮 9 响致意，他也鸣放同样数量的礼炮回礼。

《安松的旅行（Anson's Voyage)》的作者说：

"澳门城"是葡萄牙人的殖民地，位于广州的水道入口处的一个岛上，它以前非常富裕而且人口稠密，并且有能力靠自己防御抵抗毗连的中国总督的势力。但是，现在的澳门从它古老的光辉中衰败了，尽管这里由葡萄牙人居住，而且总督由葡萄牙国王任命，然而，澳门的生存和粮食供给纯粹经由中国人默许，无论何时只要中国人愿意，这些葡萄牙人就可能饿死在这里，而且被撵走。这些形势迫使澳门总督循规蹈矩、周到慎重，而且小心翼翼地避免一切可能冒犯触怒中国人的细节。

澳门的境遇是非常令人愉快的，欧洲各国在广州从事贸易的绅士们被这里完全接纳。一旦他们的商船离开广州，代理商与中国人结算完账目后，他们就返回澳门，在这里他们必定会居住到下一个季节，他们的商船

---

① 又称奥地利帝国，第一次世界大战后解体。——译者注

到达时。那些荷兰人、丹麦人和英国人在我们到达澳门的几天前已经去了广州。

我们从澳门继续前往广州，于8月28日早上到达黄埔锚地（在广州下游14英里），我们向锚地的各国商船鸣炮13响致意，各国商船回礼。8点钟我们开始抛锚停泊，并再次用13响礼炮向锚地的船舶致意。

在我们抛锚停泊以前，"海神号"派来两只小艇，送来锚和缆索，一位"海神号"的高级船员指导并帮助我们驶达一个可靠的锚位，并一直在船上沉着应对，指导我们船系泊固定。丹麦的商船派出一名高级船员前来道贺，荷兰的商船派出小艇前来援助，英国的一名高级船员致辞"欢迎你们的国旗在世界的这个地区升起"。

下午，我和第二船长、兰德尔先生随同格林先生回访那几艘商船，按以下顺序：2艘法国船、1艘英国船、1艘丹麦船、1艘荷兰船、1艘丹麦船、3艘英国船，除了最后2艘船之外，所有的船都在我们告别离船时，为我们鸣炮向我们致意。那位法国船长鸣炮7响，其他船鸣炮9响，我们船则每次回以同样数量的炮声。那两艘没有放炮的英国地方商船 (Country ship) ① 来自孟加拉，其中一艘船的炮已被卸除，另一艘船虽然装有火炮，但是，在我们完成访问之前已是日落时分，在这个时间放炮是违反惯例的。两艘船的高级船员用适当的方式替代鸣炮致意，我们也用同样方式回礼。

在各艘船上见到的那些绅士们的行为举止都十分有礼貌，并令人愉快，在英国船上，避免谈及以前的战争是不可能的。他们认为发动这场战争是他们国家这一方的巨大的错误，他们为战争的结束而感到愉快，并为在世界这个地方遇见我们而高兴。他们希望英美之间把偏见搁置起来，同时补充说，让英国和美国联合起来，这样双方一起可以傲视全世界。在我们拜访各国的商船时，没有一个船长在船上，荷兰和丹麦的船长在他们的

---

① 又译港脚船，下同。——译者注

大仓库，那名法国船长去会见德·奥德林先生了，英国船长在广州。

其他两艘曾与"海神号"一同离开欧洲的法国商船正在抵达，"海神号"的首席大班乔列兹（Trolliez）先生有商馆提供住宿，他邀请我和兰德尔先生和他们一起暂住直到圆满安排好我们自己的商馆。

我们因此与乔列兹先生以及其他法国绅士于 8 月 30 日一起前往广州，与他们一起逗留直到 9 月 6 日，这时，我们的商馆（factory）① 正好准备妥当，在我们对乔列兹以及他的朋友罗斯（Rose）先生以及提莫斯（Timothee）给予我们的关心表示感谢之后，我们进驻了自己的商馆。他们使我们确信，他们以能与我们结识并建立友谊而感到非常高兴，而且自认为非常感激我们给他们提供了一些能对我们有所帮助的机会。我们帮费城的茂利特（Mallet）先生带了一封信给戴斯茂林斯（Desmoulins）② 先生，这位先生事无巨细对我们非常友好，尤其是帮我们介绍并找到一处商馆，为我们准备安家。

在我们到达广州的那一天，中国进出口商界首领以及丹麦和荷兰商馆的头领和绅士们访问了我们。第二天，几位英国绅士来访。第三天早上，英国商馆的头领皮古（Pigou）先生和 6 位绅士前来拜访，他们为延迟到今天才来访问而道歉，并解释说，前天因为有一个家住在河对岸的中国商人宴请了他们商馆的同事。

我们按照他们来访的顺序进行回访，同时接到几家商馆头领的请帖，每家轮流为我们举行国宴和晚餐，期望我们未来能够不拘礼仪地来访。当即将离开英国商馆时，皮古先生在感谢我们的来访之后，自我表白了大概以下这些措辞："先生们，今天是值得庆祝的典礼之日，如果你们将来能够以社交方式经常来访，我们将非常高兴，如果我们能够为你们提供一些帮助，将是给予我们一个真正的满足。"罗布克（Roebuck）先生是

---

① 又译夷馆。——译者注
② 法国商馆大班。——译者注

这家商馆的第二长官,不希望与我们这么早分别;尽管时间已过11点钟,但是他坚持挽留我们移步他的房间,我们与商馆里的几位绅士以及他们商船上的高级船员在这里度过了数个小时的愉快时光。

在我们的商馆里安家后,我们不时用国宴和晚餐分别回请那些欧洲人,首先请的是法国人。对待那些虽然在我们之后到达广州,但是也像其他国家一样,给予我们同样礼仪的瑞典人和哈布斯堡帝国人,我们同样回了礼。

这个国家的政府①谨慎防范限制该国臣民与外国人之间的所有交往,外国人的参观访问等活动被限制在中国唯一的一座对外通商城市——广州的近郊,一个非常狭窄的范围内。获得有关这个国家构成或者民情风俗的机会,既不常有,也不多。因此,在广州获得的极少的观察报告不能向我们提供足够的有待分析或可作为决策参考的资料,使我们对上述每一个要点无法作出准确的判断。传教士著述中提供的叙述神秘莫测,而且从大量实例来看,不少的界限是以不可思议的方式划定的。

我们所有人无疑都知道关于中华帝国能够长期存在的一个显著的证据是它的政府的睿智,从而能一直持久地被世界各国钦佩。

以下的记录仅仅涉及欧洲各国人以及美国人与这些卓越人士进行贸易和交往的做事方式,包括一些零星的特例和细节,不少于4个月的居留时间使我从欧洲各国的撰稿者那里收集资料成为可能。

刚开始在广州做生意,好像有点小小的为难,这也许是很平常的事,就算在世界已知的任何地方都会这样。丹麦人、哈布斯堡帝国人、瑞典人、英国人和荷兰人有固定的机构,由公司行号进行贸易,法国人没有公司。去年,法国国王为了自己的利益完成了一次远征,今年,他把他的船租给进出口商人们。西班牙的贸易由来自南美洲的私人大班经营,途经马尼拉。他们去年有4艘船来到广州,但是今年一艘也没有见到。葡萄牙人

---

① 本书中都指的是清朝政府。——译者注

## 从外国商馆区到海珠炮台之间的珠江景观

　　该图创作于 1760 年前后，图中右手边的海珠炮台位于珠江下游方向，外国商船在黄埔锚地停泊后，船长和大班须改乘小艇逆流而上，经过海珠炮台前往位于靠近珠江白鹅潭附近的外国商馆区办理业务。珠江上常见到一些内地来的货船、客船，以及往来珠江两岸的渡船、卖杂货的船和算命耍把戏的船。

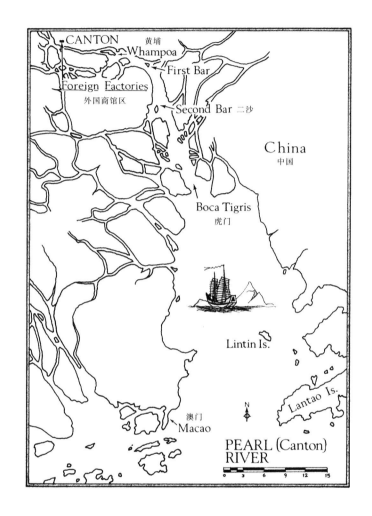

**广州在中国珠江入海口的位置图**

　　1757 年，中国清朝政府限令广州作为中国唯一的对外通商口岸，当时全球市场消费的中国丝绸、瓷器、茶叶等数十种中国商品，大部分通过海运从广州出口。广州在独特历史阶段的独特历史地位，造就了广州成为中美首次交往的历史见证地。外国商馆区位于广州城西南郊，距离黄埔锚地 10 英里，距离虎门炮台 40 英里，距离澳门 80 英里。

尽管占据了澳门，却没有采用其他国家的方式，去建立一个官方机构从事这些贸易，但是从事他们贸易的代理商是从欧洲派遣来的，并且也随船返回欧洲。他们船的卸货和装货业务在澳门办理时享有特别的优惠。葡萄牙为本国商船免除了其他国家在澳门办理业务时必须缴纳的一笔金额相当大的关税。

英国的商船从欧洲运出铅和大量布匹，最近英国东印度公司不得不通过授予每年度向中国出口的经营权的方式，以刺激该国的毛织物生产。一些英国商船先驶抵印度半岛，它们所运载货物中的一部分属于向东印度公司下属机构供应的补给物品，其余那些货物将供给那个区域的市场。继出售这些商品之后，这些船装运棉花连同他们的铅和布匹前往中国。从这些被授权的，在印度的英国臣民所拥有的与中国开展贸易的私人船只上，英国获得相当大的收益。这些船从印度海岸除了运来棉花、檀香木、云木香、乌木、鸦片、鲨鱼翅和燕窝以外，还与荷兰在马六甲及其附近的殖民地的定居者以及当地土著从事走私生意。这些船向当地土著提供鸦片、布匹、火器等物品，作为回报，它们得到胡椒、锡锭和香料。最初它们用银币以及从印度带来的其他物品进行这些交易，交易所得的商品中适合印度市场的运回印度。运往印度的这些货物大约占总交易所得的 1/3。剩余的商品运到中国销售，由中国进出口贸易商人用现款或者用汇兑的方式支付货款，中国商人解款进入东印度公司的金库，这样一来，他们可以收到东印度公司从英国开出的汇票，5 先令零 6 便士兑换 1 元银币，到期应支付的汇票将在 365 天之后见票即付。这个特别基金管理机构已从事许多年的开出汇票业务，不需要东印度公司在从事与中国贸易的时候从欧洲输出任何银币。

荷兰人凭借他们在爪哇、苏门答腊、马六甲以及在印度拥有的其他殖民地资源，在经营与中国的贸易时能够处于平等的地位。虽然与其他国家商人的那些贸易相比，没有较大的优势。

其他国家的公司主要依靠它们从欧洲运来的铅和白银，虽然，有时从

# 帝国的相遇

印度海岸来的英国船长会向中国商人提供白银以换取汇票，但这种兑换汇票的行为是被英国东印度公司禁止的，任何人一经侦查发现，将剥夺他的特权，可能会被当作囚犯押往英国。不过，因为这种处罚很罕有，所以究竟是否被处罚，可能很少引起注意。想要把他们的资金汇寄到欧洲的在印度的不列颠臣民，发现通过其他途径来汇寄比通过英国东印度公司的金库更便利。他们用1便士，有时是2便士，最多用1元银币，就可以购得服务，办妥见票即付的短期汇票。此外，这家英国公司现今的信誉对于他们在印度的不列颠臣民来说，已不像从前那么可靠，有一位英国船长告诉我如果出售他的财产以换取汇票，他首选瑞典的公司，之后是丹麦和荷兰的公司，最后才选择这家英国东印度公司。

法国先前在广州有一家商馆，不过，因为它的事务落后了，商馆被解散取消。正像我们已提到的，去年国王为了自己的利益派遣4艘船前往广州，今年，他把3艘船组成的运输船队租给一家进出口贸易公司，船队的股本被切分成若干份额，一定数量的股份卖给了那些愿意成为冒险家的个人。这笔资本有600万里弗尔，这笔资本的构成，包括大约一半金额的硬币；远征的经费，大量羊毛布料、镜子、珊瑚和其他商品，以及用剩的剩余物品。法国领事以及法国以前所建立的机构的一部分，一直保留着。法国领事所使用的一间房和工作台是由国王为他置办的。他的薪水每年是6000里弗尔。如果在法国臣民中间出现了一些争议，除非向国王和政务会提出诉求，否则，他的判决在他统辖的衡平法院（the court of chancery）是最终判决。

哈布斯堡帝国人的商业贸易渐入尾声，日耳曼疆域不是位于经营贸易的有利位置，该国的商馆有巨额欠款，债台高筑。该国今年没有派商船到达广州，预料他们来年也不会有船到达。他们的头领瑞德（Reid）先生是一位节俭的苏格兰绅士，他告诉我说，他期望能收到汇票与中国人结清账目，然后返回欧洲。

瑞典人和丹麦人建立的机构主要靠他们在英吉利海峡和不列颠海岸的

走私贸易来维持。如果不列颠议会废止对茶叶征税的法令，那么这些走私贸易的施行可能将不再是那些列强中每个国家的目标，同时，与中国的贸易将由那些拥有消费中国产品最多顾客的国家来主导经营。这是在广州的所有欧洲人的意见和想法。皮古先生告诉我大不列颠和它的属国每年的茶叶消费量总计重达 1400 万磅，而东印度公司的销售量不超过 600 万磅，"如果我们的立法机构"，他说，"能够用一些其他税种来替换茶叶税，将不再诱导走私行为，而且瑞典人、丹麦人以及法国人也会发现他们在这些生意上不再有利可图。届时茶叶贸易必然会落到荷兰人、你们和我们这些消费者手中，我们可以雇佣 20 艘船，而且这个贸易一直足够我们所有人来经营。"

除了欧洲人、亚美尼亚人（Armenian）① 和摩尔人（Moor）② 努力与中国在珍珠、宝石以及其他商品上开展大规模的贸易，他们从红海、波斯湾和印度半岛用葡萄牙和英国的货船来运输上述货物。

上述这些内容是欧洲人与中国从事贸易的概要，这些国家的办事机构是该国持有的一个自由贸易的立足点，这些大班享有上等的商馆，和他们可能想要的所有膳宿供应，所有的开支由商馆承担予以报销，大班的佣金与他们处理业务、做交易的业绩挂钩，根据他们的年资分配。在英国商馆，有一位年轻的绅士，也许是他的父亲，或者他的其他关系接近的亲戚是东印度公司的职员，这个年轻人刚出来工作时只有 14 岁或 15 岁的年纪，当他担任文书抄写员时，所有的开支由商馆支付，而且每年还有 100 英镑的薪水。5 年期满后在他开始担任大班时，他的薪水终止，他的收入包括部分佣金。这些佣金的总金额视船只的数量而定。英国商馆的现任头领在该商馆已经工作了 14 年，他今年的佣金估计在 7000 英镑以上。该馆的第

---

① 原住亚美尼亚地区的民族，该地区包括今天的土耳其东北部和亚美尼亚共和国。——译者注

② 在英语文献中一般指摩洛哥人，过去亦指 11 世纪至 17 世纪在北非作为难民定居下来的西班牙穆斯林居民或阿拉伯人、西班牙人及柏柏尔人的混血后代。——译者注

二长官罗布克先生自己告诉我，他的佣金估计比 4000 英镑多一些，而其他人的收入则根据比例分配。没有人被允许担任商馆头领职务的时间超过3 年。

在英国东印度公司供职的英国船长和所有高级船员，被许可享有私营贸易的特权。这些船长为了自己的利益，他们的船一旦在黄埔停泊，就各自前往自己在广州的商馆。他们投机活动的商品构成，除了来自印度海岸地区的一些物品之外，主要包括中国人最钟爱的所有种类的钟表、刀叉餐具、玻璃制品、毛皮、银币①和一些西洋参。这些船长的特权是随船免费携带大约重达 60 吨的货物。在这个限额内，他通常会装满上等茶叶、菌桂皮、南京布②、瓷器等等，在他进入英国英吉利海峡时，他会出售大部分商品给走私者，这些船长与这里的海关官员双方之间一直有着默契。进出口贸易商人把自己建造和装备的船只按一定的载重量租赁给东印度公司。这些船的载重量从 600 吨到 800 吨③不等，而且，在一般情况下，没有船能耐受完成超过 4 次航程。一名船长必定会有极大的权力购得这些船中间的一艘，或者支付 5000 到 7000 英镑以取得船只的指挥权，在这种情况下，他可以再次出售这些权益。如果他在航行期间死去，他所拥有的这些特别待遇及相应的利益将由他的继承人或受让人承接。下属高级船员也可以作为受让人。英国地方商船船长也前往广州的商馆，而且能享有依照他们雇主意见购买质优价廉商品的优惠。

其他国家根据每个高级船员的身份酌量给予一定金额的赏金，而不是私营贸易的特权，因为商船是那些公司的财产。每一个船长在商馆里有一套房间，在商馆的餐桌上有一个席位，对任何可以来广州的高级船员，商馆也提供一份餐点和一个可歇脚的房间。

---

① 附录 B 中是银器。——译者注
② 附录 B 中是丝绸。——译者注
③ 附录 B 对船的载重量的叙述为"平均每艘载重为 700 吨左右，有些多达 1400 吨，没有一艘小于 500 吨"。——译者注

没有一个欧洲人被允许在广州停留一整年，当他们的商船驶离广州，他们与中国人结清账目后，就前往澳门，在那里，每个国家有它单独的办事机构，他们在澳门一直居住到下一个季节他们的商船到达时，再回到广州。

不论是公家的，还是私人的商船，一旦到达黄埔，在卸下任何货物以前，必须雇佣一个担保人或保证人，这个人是进出口贸易委托人①之一，尽管这个人通常是与雇佣他的人做交易，但是这种情形不能阻止他与其他人做生意。担保人负责向海关支付进入帝国的关税，每条船应交关税的平均数额的总量超过 4000 元银币。除了这个关税，这里对输入除硬币以外的所有商品，不管是进口的，还是出口的，都征税。不过，在这里征收这些税并不困难，在与中国人的所有交易中，大家对税心里有数，不论是买或是卖，他们都会把税支付给征收部门。

与中国人的这部分贸易是由一群进出口贸易商人来经营，他们的机构自称"公行"，"公行"这个词与我们关于贸易公司的概念含义相同。上述公行由 10 或者 12 个进出口商组成，他们享有排他的与欧洲人及国家贸易的独有特权，为此，他们要向政府支付相当大金额的费用，即使我们不计入那些也是被政府许可的微不足道的店主，没有别的商人能够涉足有关欧洲贸易，除非被公行许可。公行的每一次集会都是必需的，传递公行所属的商人彼此获得的有关市场的商品信息，商议他们将购买货物的价格水平，确定他们自己拥有的利益回报。如果偶然遇到一艘商船仅载有较少货物的情况，公行不会派单独一个人，一对一去做这艘船的担保人，因为也许这艘船给公行带来的收益不足以支付税金。在这种情况下，公行会指定一个担保人，在公行的联合账户中去操作这艘商船的生意。绝不仅仅是价格上的重要变更，在这里有关贸易的所有业务通常都由公行操纵。

每艘船和外国商馆也必须有一个洋行买办（Comprador），这个人会按

①　又译作行商。——译者注

照他所订立的某个价格提供食品、粮食等储备物资和其他必需品，这些商品被强加上许多欺瞒的费用，如果这艘船太小，除了向这个买办支付所有补给品的费用之外，他还将索要 100 或 150 银两 (tael) ① 的一笔小费。正像政府从每条船得到规定的税收，这笔费用必须提交，因为全部补给品的定量供应由洋行买办正式认可。

所有公司的商船来到黄埔后，在岸边有各自的大仓库，可以容纳摆放它们的水桶、桅杆、帆和船上所有的材料杂物，而且容得下外加一套给病人住的房间。法国人有他们自己的与其他欧洲人分开的大仓库，坐落在一个岛上，由此，这个岛被称为法国岛 (French Island)②，其他欧洲人的大仓库位于该岛对岸的大陆地带。法国人占据的场地是受限制的，场地周围是稻田，经常用水灌溉，致使他们不可能越过他们仓库的范围；而在另一方面，法国岛是令人快乐的场所，是所有国家绅士们旅游休憩的胜地，他们来来往往带着欢乐和满足。除了那些法国人和美国人，其他国家的普通船员绝对不允许到这里来。为了这个岛拥有排他的特权，每个法国商船要额外增加 100 银两作为海关监督 (hoppo)③ 的礼物。这种大仓库是一个巨大的建筑物，由中国人建造，用竹子、干芦苇搭框架，用席子和稻草覆盖作为屋顶，当这些商船驶离，中国人马上把这些大仓库推倒，以便在下一个季节建造一个新的大仓库时有利可图，一个大仓库的建造费用大约 200 元银币。因为我们的船小，法国的绅士们建议我们不要去建大仓库，而且在他们的大仓库中根据我们的需要提供了许多房间。在这个岛上有 4 名清朝官员 (mandarins)④，在他们许可我们悄悄地向岸上运送物品以前，他们要求我们提供一笔相当于建一座大仓库所需的总费用作为贿赂，硬说不管我们建一个自有的大仓库，还是利用另外的别人的仓库，

---

① 中国清朝时的货币单位。——译者注
② 深井岛。——译者注
③ 清朝海关头领的职务名称。——译者注
④ 中国清朝九品及九品以上的官员。——译者注

对他们来说都是相同性质的事情。继与他们争辩了数日之后，直到我们船的粮食、食物等储备物资弹尽粮绝，我感到必须妥协每月向他们支付30元银币。

除了一个担保人和洋行买办，每艘船还必须有一个通事（linguist），雇佣一个这样的人需要花费大约120银两，这个人绝对需要，他负责办理与海关有关的所有事务，因为海关在城区，没有一个欧洲人准许进城——必要时，这个人将根据雇主的需求提供舢板（sampans）① 用于卸货和装货，随时候召。

每当黄埔有三四条商船未被海关监督调查时，海关监督会由公行的人陪同随侍来到黄埔测量船舶的吨位数。利用这个机会，船长呈示他们的钟表和其他奇珍异品，海关监督把他喜欢的那些东西放在一边，这艘船的担保人会把这些东西送给他以示好并表示感谢。过了一会儿，海关监督查问这些东西的价格，并表示他不能收受这些东西作为礼物，这时，对这些东西的价钱多少完全心里有数的商人会告诉海关监督一个金额，大约相当于这些东西真实价钱的 1/20 或更少的金额，然后按照这个金额收下海关监督的钱。在测量我们船的过程中，那位海关监督向我们打听我们是否有一些手信（sing-songs）——这个名词是他们对上述这类钟表及奇珍异品的称呼——面对我们否定的回答，海关监督看起来有点儿不高兴，不过，当我们告诉他我们是从一个新的国家第一次来到这里，不懂要带这些东西的惯例，他的脸上露出满意的神色，但不忘嘱咐我们，当我们再次来的时候要带上这些东西。

商船一经测量，担保人就可以领取卸货的许可证，于是，通事预订的两条舢板即来接纳装货，这些货物当着两位官员的面吊离船舱，这两位官员就住在位于外国商船旁边的他们的舢板里。当这些物品运抵广州，一个长官将由他的助手们陪同随侍前来称重计量，并对所有情况进行记录。这

---

① 小船。——译者注

些工作完成以后，才准予自由销售。如果担保人或公行不打算把这些物品卖给任何其他买主，通事可以从担保人或公行领取税金，由担保人支付。当返航的货物转送到商船上时，那些官员像从前那样由助手们陪同随侍进行检查并对所有情况做记录。每件货物的外包装上必须有卖者的商号，以便通事能知道向哪里提出税金要求。否则，买主自己代为支付税金。不论是买家还是卖家，都不需要向这些官员支付费用，他们的薪水由皇帝安排，卸货的费用由欧洲人支付，中国人在商船旁边向外国商船交付其返航的货物，免缴所有的税金和其他任何费用，不过所有的商品必须由中国人的舢板运输。

广州的海关像全世界其他地区的海关一样，欺诈的例子间或出现，丝绸的税费可能已与某个官员谈妥，这位官员所接受礼品的价值大约相当于允许送礼人的货物所免除的税费总金额的一半。既然税费已经谈妥，商船附属的小艇就可以扯着这个商船所属国家的旗帜，在约定的时间和地点露面，接纳装载那些货物，由于出示了那位官员提供的许可证，因而小艇在通过时无须作进一步检查。所有来到广州和驶离广州的船只都须接受搜查，并且必须持有许可证，除了上述这些要求以外，它们还会被拦住停泊在临河的 3 个不同的机构接受检查，除非扯有某个国家的旗帜。

广州的外国商馆所在地方的前面是河堤，相距不足 1/4 英里。码头被栅栏圈起封闭，从水边码头走到各个商馆要经过梯级台阶和一个门洞，码头是所有商品被接收和运离的地方，欧洲人的活动范围极其有限。在这里，除了码头，只有近处的几条中国进出口商人们在此开店经商的街道允许这些欧洲人经常光顾。在这里居留了 12 年之久的欧洲人所看到的东西与刚到广州第一个月出现在视野中的东西相比不会更多。中国商人有时会邀请欧洲人赴宴，中国商人的住房和花园在河的对岸，但是，尽管那样，也绝非能得到新的信息，涉及本国的、家庭的任何事情都被缜密地隐瞒。尽管他们的妻妾以及女儿通常待在这里，但在任何时候，任何一个都不会露面。我们与 4 位公行里的人分别在不同场合一起就餐，他们中有两个人曾在他们的乡间宅第款待我们和一些法国人。在这些场合，客人们通常贡献出菜单上的主要的餐饮食物，在同官(Chowqua)①和潘启官(Pankekoa)②这两个商人家做客时，法国人提供了餐桌和刀叉等餐具设备及葡萄酒和大部分的餐饮食物。同官家的花园阔大，使用了许多技巧，付出了巨大的努力把花园装点出一派田园风光，一些对自然风景的模拟还是不错的，花园里的森林、假山、山脉和小瀑布制作得挺有见地，从这些形态各异、多姿多彩的景色中，我们获得一种愉快的感受和印象。不过，中国人在他们对水的盲目崇拜上暴露出一种病态的审美情趣，每个花园必须有丰富充裕的水这个要素，针对一处天生不流动的巨大的静滞的池塘，他们就在池塘的中央建一座凉亭，以填补死水的缺陷和不足，使整个景色变得柔和起来。据同官说，他的宅第和花园的建设费用超过1万银两。

在广州的欧洲人相互之间没有像我们可能期望的那样自由地交往，各个商馆的绅士们大多与他们的自己人交往。除非在较少的一些场合，大家能见到面，但彼此都遵守着非常讲究的礼节，而且举止行为含蓄克制。在丹麦商馆，每个星期天的晚上有一场音乐会，由几个国家的绅士演奏，每个人只要愿意都可以出席，这是仅有的看上去好像全然是一个可供全体欧洲人交往的机会。总的看来，欧洲人的境遇不值得羡慕，就他们在这个国家居住的时间长短，甘愿忍受的约束和限制，与他们的姻亲关系的极大的疏远，社交以及几乎所有消遣乐趣的匮乏而论，应当体谅这些欧洲人，他们挣钱的代价是非常高的。

如果一个欧洲人死于广州，死者所属国家在广州的商馆头领会派人送信将死者去世的消息通知各个商馆。该国的国旗会降至旗杆的一半位置，直到尸体被运离去往黄埔，才把国旗升起；新近死去的这位死者的朋友们在此期间将接受来自欧洲其他国家的人的吊唁探望。商船奉行同样的

---

① 同官不是一个人名字，"官"是尊称，相当于"先生"的意思，下同。——译者注
② 也写作 Pwankeiqua 或 Ponkhequa，即同孚行行商潘绍先。——译者注

礼仪，当尸体出现在视线里时，那位死者所属国家的商船的船长开始鸣放分炮，并由港口中的其他船只持续重复鸣放分炮，直到尸体被埋葬在法国岛，然后国旗再次升起到往常的位置。第二天，死者所属国家商馆的头领带着一个或者两个该国的绅士回访其他的欧洲人，感谢他们在这个事务上给予的关心。

在我们离开广州的大约 10 天以前，我和兰德尔先生拜访了各个国家的各位头领们（一个不能被忽略忘记的礼节），向他们的礼貌客气表示感谢，并把我们准备启程离开的打算通知他们。于是，来自各个国家的请帖接踵而至，我们充满感激地接受一家又一家的官方宴请和晚餐，那位法国领事还坚持用他独有的权利宴请我们以向我们表示敬意。那些欧洲人在所有场合都向我们表示关心，无论出于对国家还是对个人的尊重，他们都非常奉承。来自法国的宴请特别友好。他们曾帮助我们停船系泊，坚持让我们把自己的家安在他们的商馆里，腾出他们的大仓库的部分空间以接纳我们，而且不允许我们对他们有益的帮助作出任何酬报。"如果"，他们说，"我们在任何情况下对你们有用，我们将感到高兴；没有什么比有更多的机会使你们确信我们的爱，更让我们期待了。"

瑞典人、丹麦人、荷兰人以及哈布斯堡人轮流向我们表示自己的关心；与他们相比，英国人也不落后。除了商馆的绅士们，许多这些国家的船长们也拜访我们，送上请帖，并接受我们的回访。在这些交际往来期间，不难发现他们对法国人的妒忌，有时也不会隐瞒他们对我们与法国人保持愉快融洽友好关系的厌恶，这种厌恶态度有时表现得顾不上他们自己的教养斯文。尤其在英国商馆的一天晚上，当东印度公司宣布宴会结束后，我们从餐桌离开，英国商馆的头领邀请我们能否一起喝一瓶增进友谊的酒。这是一个我们不能表示不赞成的提议，因为他一直格外细致、礼貌客气地对待我们。在我们促膝谈心过程中，在对我们表示关心、敬意之后，他希望我们国家和他们国家能够一直保持友好和谐的关系，心心相印。他说，在我们的会见方式上有一个小小的误会，关于这个误会，他希望我们能够予以纠正。"关于你们船到达的消息,我们和大家知道得一样早,"他说,"我们决定给你们看一看各个国家人对你们的关心;可是,你们却和法国绅士们一起来回访我们,而我们本来的意图是,在你们到达的第二天,请你们和我们一起吃饭,我们请法国人的吃饭安排在第三天,因此,我们对你们一同到来感到不小的失望,你可能还记得当时我们在这里告诉你,你方有一个误会,我们为此非常惋惜难过;对此,请相信我,先生,"他脸上带着微笑说,"我们没有故意把你们和那些法国人安排在一起。"

除了返航印度的商船不计算在内,去年从广州和澳门共有 45 艘船前往欧洲,其中 16 艘是英国船。现在这个季节的船只数量附后(12 月 27 日):

欧洲共有 25 艘船,其中英国 9 艘,包括:"沙利文号"(Sulivan),船长为威廉姆斯(Williams);"加尔各答号"(Calcutta),船长是汤普森(Thompson);"霍克号"(Hawke),船长是文顿(Rivington);"鲍斯宝恩号"(Ponborne),船长是海默特(Hemmet);"米德尔塞克斯号"(Middlesex),船长是罗杰斯(Rogers);"承包商号"(Contractor),船长是麦金托什(McIntosh);"福利斯号"(Foulis),船长是布拉奇福德(Blatchford);"莱瑟姆号"(Latham),船长是罗伯逊(Robertson);"拿骚号"(Nassau),船长是戈尔(Gore)。法国 4 艘,包括:"海神号"(Triton),船长是德·奥德林(D'ordelin);"普罗旺斯号"(Provence),船长是曼塞尔(Mancel)(以上 2 艘商船分别设有 64 个可供射击的凹槽);"赛剑提尔号"(Sagittaire),船长是莫兰(Morin),该船共设有 50 个可供射击的凹槽;"本地治里号"(Pondicherry),船长是比牛(Beaulieu),该船在毛里求斯岛(Isle of France)登记注册。荷兰 5 艘,丹麦 3 艘,葡萄牙 4 艘;美洲只有一艘美国船①。还有英国地方商船 8 艘,包括:"拜瑞姆戈尔号"(Biram Gore),船

---

① 即"中国皇后号"。——译者注

长是莫恩（Maughan）；"女战神号"（Bellona），船长是雅·理查森（Jas. Richardson）；"帕拉斯号"（Pallas），船长是奥唐奈（O'Dounell）；"埃利奥特将军号"（General Elliot），船长是麦克卡鲁（McClew）；"黛安芬号"（Triumph），船长是理查森（Wm.Richardson）；"休斯夫人号"（Lady Hughes），船长是威廉姆斯（Williams）；"极品号"（Nonsuch），船长是史蒂文森（Stevenson）。以及 1 艘丹麦的斯鲁双桅纵帆船，共计 35 艘船。

瑞典人在航行中迷失了航道；哈布斯堡帝国人和西班牙人正像所记录的，没有商船到达广州。

我们是有史以来第一艘访问中国的美国商船，中国人在一段时间之后能够完全了解我们与英国人的区别，他们称呼我们为新人，当我们通过地图用美国的现状和增长的人口向他们传达我们国家宏大的发展计划时，他们非常乐意地展望着其帝国的产品将拥有如此巨大的市场。

清朝人尤其是商业阶层的欺诈已经臭名昭著，不过，这绝非无例外的普遍习惯；虽然，大家承认那些小经销商几乎全体都是无赖，需要严密地防范，但是同时必须承认公行里那些商人们是一批像在世界其他地方经常见到的值得尊敬的人。我们主要与他们做交易、处理事务。他们聪明，会计精确无误，对他们的约定严守时刻，尽管他们有点过分关心、自夸强调自己公平公正的名声。所有欧洲人的共识证明了这个觉察。

尽管中国政府的杰出卓越被广泛赞扬和推崇，不过，有人也许会提出疑问，在地球上的任何文明国家中是否能够找出一个比清朝政府更暴虐的国家政府。那些被安插在地方各级部门的所有官员与中央朝廷里的高官一样尽可能为自己谋取最大的利益。由于谋利的缘故，臣民们经受各种形式的压迫。这些臣民被地位低微的官员压榨，这些低微的官员又再次被更高地位的官员压榨，依次轮流被他们的上级官员以及地方长官和总督压榨，这些最后的压榨者本人有时被皇帝以管理不善为借口剥夺所有的财产，被判决流放在西伯利亚度过余生。我所知道的两个例子可能适合传达这个政府暴虐本性的一些理念。

几年以前，石琼官（Shykinkoa）作为一名公行中最受尊敬的商人，没有能按照事先的约定给英国商船运送一些茶叶，他把没有能运送茶叶的理由归因于没有能见到海关监督，据石琼官说，他去海关监督的办公场所拜访以领取运送茶叶的通行许可证时，海关监督喝醉了酒。不久以后，公行中另一个商人去英国商馆办事，英国商馆的头领不经意提起那件令人扫兴的事，以及由石琼官提供的那条理由。这个商人是石琼官的仇敌，他把这些情况向海关监督报告了，石琼官被迫赠送给海关监督 3000 银两以取得双方的和解。这件事情的经过我是从皮古先生那里听来的。自从那件事发生之后，石琼官害怕所有的海关监督，他再也不敢亲自与他们接触，而是每年呈送一笔款项以豁免陪同随侍海关监督去测量商船的差事。

另一个例子是我们买办的亲身经历，根据规定除了公行的人和衙门里的人之外，每一个中国人须持有许可证才能去往商馆，这个许可证每月更换新版本。为了取得这个许可证，那些佣人，甚至工钱每月只有 3 元银币的苦力，也必须花费 5 角银币。我们的买办有一天被海关的第二长官碰到，这位长官查问并要求看那位买办的许可证。他把许可证遗忘在家里了，但面对盘问，却回答说他是某某人的事务长，众所周知，如果他承认自己是一名买办，那位长官会向他敲诈勒索一笔钱。真倒霉，那位商人（指买办）的一个亲戚，在这一时刻正好从附近路过，他认识这位海关第二长官。这个不幸的买办被查明真实的身份，立刻被押送进城里的监狱，用一块类似牛轭的木板枷锁闩住他的脖子，在监狱里关押了一个星期。这位买办自愿出价 1000 元银币以求赦免，那位海关第二长官拒绝了这一提议，周围的人没有谁能知道他重获自由的价格，也没有谁能知道用什么其他方法才能为他消灾免祸。

正像所觉察到的，欧洲人在他们的活动范围内受到非常多的限制，清朝人不会错过提出过分要求的机会。码头上的官员非常警醒，在商馆里工作的每一个佣人都是密探。最近在外国人经常路过的码头区域建成一座房屋，企图安排另一个官员在此居住，相当于追加了一个密探。这件事连同其他一些压抑了很久的不满，促使欧洲人在海关监督下一次巡查商船时联合向其请愿，每个国家都派出了代表，我被要求作为美国的代表参与，在一艘英国的商船上，我们觐见海关监督，他答应纠正调整。不久以后，那座房屋被用力拉倒，我们特别提到那位买办的案例，买办也获得赦免，大部分造成不满的根源被消除。虽然之前曾再三请愿，但是，这次请愿是绝无仅有的欧洲人一致行动的实例。事后，那位买办逐一拜访所有这些绅士，感谢大家为了他的利益所给予的有效帮助。不过，尽管海关监督承诺将他免费予以释放，但是，这位可怜的家伙感到必须给那位曾关押禁闭他的官员送上一份礼物。

与这件事的处置不同，我们所注意到的一件也许不是不合规则的事件惹起了广州战争，曾预示着将产生非常严重的后果。

在 11 月 27 日星期六，午前大约 10 点钟的时候，由于英国地方商船"休斯夫人号"的大班史密斯（Smith）先生被中国人作为人质逮捕，普遍的惊恐在广州的外国人中间传播蔓延。3 天前，该船船长与一些绅士在船上用餐，在送客人离船时，商船鸣炮致意，倒霉的是在放炮时，这艘商船旁边的某只清朝官员的舢板上的一名中国人被炮打死，另外两名中国人受伤。根据清朝法律，血债必须用血来偿还，在许多实例中，杀人凶手都被这一法律原则强制处以死刑。大约 4 年前，一个法国人和一个葡萄牙人打架，两人都属于同一条船，在扭打过程中，葡萄牙人被打死了。因此，清朝官员要求那名法国人投案，当被告知那个人的做法符合法律所规定的自卫权时，清朝官员答复说，非常清楚这个法律依据。但是，必须在清朝的法庭前对这名法国人进行审查，他们必须承担对这些案件的审理权，而且经审查之后一定会放还这名法国人，不会伤害他。这个可怜的家伙，根据这些保证向中国人自首，结果，第二天早上，清朝官员把他带到邻近商馆区域的河滨，在那里将他绞死。

在每个人的头脑中，这个事件记忆犹新，英国商馆头领在这件事上拒绝与清朝官员协同调查，英国商馆头领不仅视其为一个偶然的事故，认为

## 彰显主权的审讯

  1807年，广州发生了一起类似于本书中描述的"休斯夫人号"商船鸣炮伤人事件，图为清朝官员在对涉案的外国人进行讯问。这幅图象征着清朝政府拥有着治外法权，而丧权辱国的重要标志之一就是一国政府无权法办在该国领土上涉嫌犯罪的外国人。不过，在1842年中英签订《南京条约》，并随后签订《中英五口通商章程》、《虎门条约》，以及1844中美签订《望厦条约》之后，中国逐渐丧失了治外法权。

## 广州瓷器商店

　　早期的美国人无不以家中拥有一两件中国货而自豪，特别是瓷器，不仅是美国家庭的装饰品和财富的象征，而且成为美国人了解中国的重要媒介。比如：乔治·华盛顿长期相信"虽然中国人的形象和外表很有趣，但也是白种人"，据说直到"中国皇后号"返回美国后的 1785 年，华盛顿才知悉中国人不是白种人，而是黑眼睛、黄皮肤，他为此惊讶不已。

炮手无罪，而且表示，他对英国地方商船没有行使权力的权限，这些地方商船不属于东印度公司在中国的雇员的权限管辖范围。在双方对此事争执了两天之后，中国商人和清朝官员通知皮古先生说，他们已被说服了，因为炮手已经潜逃，关于这件事将不会有更进一步的纠纷。每个人都认为这件事了结了，直到他们经历再一次误判，他们不再信任清朝官员。公行的头目潘启官以做生意为名派人去请史密斯先生到他的办公场所来，在潘启官的办公场所，史密斯先生立即被警卫抓捕并押送到城里。这个处理行为一旦广为人知，所有生意都停止了。中国商人歇业回到城里，欧洲人为了磋商应对措施集合起来，一致决定从每艘商船指派一个小艇，用武力保护各自国家商馆的人身和财产安全。直到这个纠纷被调停解决。在此期间，买办、中国籍的雇员以及其他中国人离开商馆，几艘清朝皇家舰船在商馆对面摆开敌对的阵势。在日落之后，这些小艇为了穿越中国人的要塞封锁对中国人开枪射击，通过要塞时，有一个人被打伤。大约晚上7点，外国人的那些小艇到达。小艇到达后，艇上的水手进入商馆中守卫，水手手中的武器由他们所属商船的高级船员掌管，与此同时，欧洲人一致同意联合，而且像这样坚持下去。在这件事开始之时，美国人被请求提供支持，我们的小艇照办参加了。一封信被送进城，解释了这件事的详情细节，声明史密斯先生是无罪的，而且送交那名炮手是不可能的事。卫兵被安插维持正常的秩序，当天晚上平静度过。

第二天早上，为各国商馆服务的买办们像往常一样回到商馆并提供补给。一名在之前那个晚上遵从所有中国人撤离商馆命令的买办重新开始抛头露面，他受命向英国商馆头领传送信件，经警察当局一名地位低微的官员检查验证，获得了通行许可证，经翻译，信的要旨如下："这位府尹在广州区域行使总督职责，已经发布捕捉史密斯先生的命令，但是只要那名炮手投案，史密斯将会被释放——他对那些武装小艇的做法非常生气，欧洲人应该充分妥善考虑他们的处境和未来。而且，他已经命令这个区域的全部兵力准备就绪以迫使外国人从抵抗状况中屈服，他决心制止对帝国法律的侵犯。"

大约 2 点钟的时候，法国领事维埃劳德（Viellard）先生来告诉我说，他和王室翻译高伯特（Galbert）先生及一名清朝官员已在一座塔形建筑见过面，那位官员通知他，无论何时，只要外国人愿意撤回他们的小艇，并向官方提出粤海关外洋船牌的申请，就会被批准，但英国人除外。而且，基于丹麦人、法国人和荷兰人已决定不再为了英国而与中国发生战争，他劝告我立即派我们的小艇返回，然后提出海关船牌的申请。在感谢他的建议之后，我答复，对于正在处理中的这件事，我非常关注人的权利和正义，当英国商馆头领请求我们指派美国小艇前往广州时，我支持的就是对人权和正义的保护。如果英国商馆头领向我保证，他所要求的保护人权和正义的目的已经被答复和落实，我将撤回小艇，不到那时我不会撤回小艇。

傍晚时分，由通事陪同随侍的两名清朝官员初次来访并要求除英国之外的每个国家派出代表与府尹会谈，而且说府尹乐意在他的法庭上会见我们。经与英国商馆的绅士们交流之后商定，我们将向府尹再次提出：我们认为史密斯先生被捕不仅仅是一个影响英国人的事件，而是几乎关系到每一个在广州的外国商人，他们现在可能不再认为他们的财产和人身是安全的。在见到府尹之前，府尹已把他的法庭设在欧洲人不能时常出入的近郊区域的一座塔式建筑里，我们由一名军官接待，他带领我们穿过左右两列手持长矛的全副武装的士兵队伍，他用自己的膝盖跪下向府尹敬礼，报告我们已到达。府尹说，他把我们的到来看作是我们与他达成友善意向的一个标志，让我们不必过分担心史密斯先生，他没有受到任何伤害，只要炮手投案，史密斯先生即可归还。当我们告知那名炮手已经潜逃时，他回应说："不管怎样，他必须被挖出来。"然后，高伯特先生企图说明那些小艇被指派的缘故，并为英国人辩白，府尹命令他不要再出声，并且声明说只不过是考虑到其他那些国家的因素，英国人在这个事务上，才没有成为一个失败者。在我们谢绝府尹向我们提供茶叶之后，府尹给每位绅士赠送了两块丝绸以示和好，接着，请我们离开。

在到和解为止的这段时期内，我遗憾地注意到，我们没有一个被各个国家正式通过的有系统的计划，在他们的具体措施上几乎没有任何连贯性。我们确实开了几次商讨会议，那些绅士们曾说他们把人权和正义看作是共同的奋斗目标，但是没有会议记录记载下他们的言行，而且看起来他们的热忱减退了许多。中国人意识到如果他们能够把其他国家的人与英国人间离，很快就会了结这件事。维埃劳德先生的提议和府尹要求的见面会，就是以此为目的，这是毫无疑问的。在最后一个步骤实施以前，在英国商馆开会时，我深信维护人权和正义是大家的奋斗目标，因此，我曾大胆提议当场作个会议记录。不过在场的每个绅士都在为他们自己国家的利益讨价还价。我提出如果把人权和正义作为一个共同的奋斗目标，这样能使他们联合更大范围的力量一起行动给予这个目标以支持。虽然没有人反对这个主张，但也没有达成任何决定，于是我们去见府尹。

尽管在商馆对面就位的军舰在数量上超过 40 艘，不过第二天的事态完全保持平静。这些舰船的火力配置是两门长长的铁炮，能装进 4 盎司重的实心弹，铁炮通过一根旋轴固定在一个有 4 条腿的凳子上；虽然清朝的士兵武装配备有刀、剑、弓和箭，以及用一个三角板封火的火绳滑膛枪，但是实际上它们一点都不令人生畏。就所有我能观察到的清朝官员所炫示的这些军舰来看，我确信适当装备的 3 艘欧洲长艇，可以强行穿过 5 倍于它们的清朝军舰的封锁。

在白天当中，法国人的两只小艇，丹麦人的一只小艇以及另一只荷兰人的小艇在中国军舰的保护下开往河的下游，站在船头的人举起一面小红旗示意。除这些船以外，英国人的一只小艇也以同样的方式顺流而下，带着由史密斯先生写的一封信，要求炮手到场。那名曾引见我们见府尹的军官粉墨登场，向曾陪同随行去见府尹却没有被介绍与府尹见面的每位绅士赠送两块丝绸，因为当时府尹只允许 6 名代表进入塔形建筑，但据说府尹希望随行人员都能收到那些礼物。

30 日，上午，布朗（Browne）先生、兰（Lane）、兰斯（Lance）和费兹修（Fitzhugh）等几位先生来访，告诉我一个正在散布的传言，说他们未经与其他国家的人商量，就派遣一只小艇去了黄埔。由于这个传言的缘故，他们以英国方面法定代理人的身份，前来对那个传言以及其他已经发生的所有具体事务进行解释。史密斯先生根据清朝官员的指令写信给威廉姆斯船长，要求炮手到场，但是受命递交史密斯信件的那名通事一看见那些外国商船上供火炮射击的炮眼已经打开，便吓得魂不附体，调头返航，没有将信传递给威廉姆斯船长。在了解到这个情况之后，清朝官员给一只英国小艇发放了通行许可证，让小艇载着送信的那名通事，同时，英国商馆方面派遣麦金托什（McIntosh）船长作为保护人，保护那名通事安全地接洽和返航。英国商馆方面还叮嘱说，即使找不到那名炮手，麦克托什船长没有接到炮手也必须返回。接着各国商馆的绅士们再次集合，并希望就许可他们派自己的小艇和人去黄埔以及恢复商业贸易一事联合向府尹提出请求。

下午，兰斯（Lance）先生再次来访告诉我说，他作为英国方面的代表与一名清朝官员在那座塔形建筑中见了面。清朝官员通知他说，由于冲突发生以后已经阐明的理由，他们的小艇现在出现是非常不恰当的。他们等待着麦克托什船长返回，希望麦克托什船长能够带回那名炮手。兰斯先生就此提议清朝官员许可他们以搜查那名炮手作为特定条件，赞成他们的小艇开往黄埔，并表示假设炮手没有被找到，或者被找到后，如果威廉姆斯船长不把那名炮手交出，那么东印度公司可以强制他必须屈服于被中国人强加的如此形势。那名官员表示自己无权同意批准这个要求，但是许诺在下午的时候给一个答复。

英国的 5 艘小艇在一面清朝旗帜的保护下大约在 3 点钟的时候出发前往黄埔。在日落时分，麦克托什船长带着那名炮手回来了，炮手被带到商馆，过了一会儿之后被带往塔形建筑，在那里，炮手被交付给清朝官员——各个国家商馆的代表包括英国人在内一起请求中方兑现承诺。那名官员向我们保证，史密斯先生将在今天晚上交还。而那名炮手将被拘留，直到皇帝的旨意传到——这样一来，这件事到目前终止。贸易限制被解除。

晚上，那名通事通知我，允许我们商船离开的海关船牌还不能发放，因为海关监督以为我们属于英国，所以到翌日以前将不会发放我们商船的海关船牌。经询问，我发现潘启官把我们商船当作一艘英国地方商船在海关监督的登记簿上注册。鉴于此，我和兰德尔给法国领事草拟了一份陈情书，他允诺第二天呈递，而且，他把将提交给海关监督的解答用书面形式知会我们。①

12 月 1 日，和平和商业贸易恢复，英国商馆的头领上门感谢我们所给予的帮助，史密斯先生也来表示感谢，他是前天晚上被释放的。

下午，各国商馆的绅士们结伴去拜访海关监督，在公行的大厅，当海关监督表达完对恢复和平和商业贸易的满意之后，他警告我们要在水手中保持严谨的纪律。在向他告知中国人与欧洲人之间发生的纠纷，是因为那些商人不实陈述而导致的情况之后，他承诺将来每月会安排一个官员在那座塔形建筑中，听取由欧洲人自己的翻译传达他们提出的问题，以便他们理应申诉的任何抱怨和不平能够得到纠正和调整。

在这个场合，我要求法国领事宣布我是一名美国人，他照办了，通过王室翻译高伯特先生明确指出我们与英国人的区别。那位海关监督回应说，昨天晚上石琼官已经向他解释说明了这个问题，他非常明白我们是谁，并且表示当天将发给通行许可证给予支持，同时授予美国人的小艇以及两只给美国商船运送货物的舢板以通行的权利。我们之所以被视为英国的地方商船记录在册，是由于担保人潘启官明知故犯，潘启官在听说海关监督已经知晓我们真实的国家身份之后，不得不带着一份礼物去补充登记资料。不过用于哈布斯堡帝国商船的相同的瞒骗诡计曾被成功地实施，到

---

① 见本章后注释一。

了第二年，当他们的商船到达时，已被当作一个老资格的国家的商船。

我们的小艇连同武装人员在同一天晚上回到黄埔，像往常一样挂着美国国旗，两只载货舢板把货物运达我们的商船。

一个非常令人烦恼的事件以这样的方式结束，这个事件从混乱中开始，接着做出失常不当、毫无规则的举动，最终以可耻的丢脸结束。基于对人权和正义的要求，欧洲人产生了团结一致的热忱，能够为了全体的利益而对私人的利益作出重大的牺牲，本以为事件的结局必定是体面的和光荣的，可能还将会获得一些附加的优惠待遇。但是，当事件结束以后，我们不妨最好引用中国人自己的评价，——"千真万确，所有的'番鬼'(Fanquois)①，在这些事务上大大地丢了面子。"

中国管理统治的充分完善，与中国人的信仰有关，随处可见的、神乎其神的偶像崇拜和迷信足以说明这一点，他们认为崇拜偶像，和从事迷信活动可以使他们受到某种力量的保护。没有一个中国人不是虔诚的、居安思危的、守规矩的人，或者是超乎寻常地相信黄道吉日的人。在经过那些寺庙时，我经常停下来看他们虔诚敬拜。寺庙里有一个胖胖的塑像，像一位笑着的老年人，坐在房屋末端上面的一把椅子上，在塑像的前面直立着一个小小的神坛。神坛上面的细蜡烛和檀香，不断地燃烧着、冒着烟。崇拜者一进来就自我拜倒在神像面前，用他的头磕地3次。做完这些，他拿起两支木签正好一起放进一个肾形的模壳中，再次跪下，对着佛像(Joss)②，磕头，接着，在他鞠躬3次，为自己祈福3次之后，握住肾形模壳抛掷，如果从模壳中掉落在地的两个木签的平坦面朝上，或者圆凸面朝上，都代表吉利好运；但是，如果两个木签朝上的那面不一致，则代表倒霉，时运不济。他会重新向佛像行跪拜之礼，再次作出尝试。我曾见到像

---

① "番鬼"是当时广州人对侨居广州的外国人的贬称，起源于16世纪初期，刚刚到达中国的葡萄牙殖民者在广州沿海的掠夺和暴行，引起人们痛恨，因而被称为番鬼——译者注

② 又译菩萨。——译者注

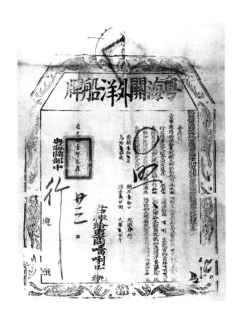

**粤海关外洋船牌**

外国商船只有获得粤海关颁发的这样一块船牌，才能从黄埔载货返航回国。图为道光十一年（1831），粤海关向一艘美国商船颁发的船牌。

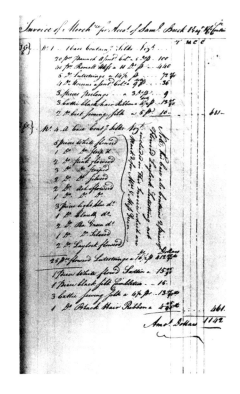

**"中国皇后号"返航船货的采购账单**

"中国皇后号"采购了武夷茶、熙春茶、"南京"布（本色棉布）、瓷器、丝绸及其制品等运回美国。

### "中国皇后号"商船的木匠约翰·摩根所购买的瓷罐

约翰·摩根在"中国皇后号"返航途中不幸去世，临终前，他委托自己的朋友、担任"中国皇后号"炮手及伙食管理员的托马斯·布莱克（Thomas Blake），将其在广州购买的这只浅黄色的瓷罐及其他遗物带给他的父亲。

### "中国皇后号"商船的船长约翰·格林所购买的碗

在这只碗中央的商船图案上方有一条用来装饰的飘带，上面写着"中国皇后号指挥官约翰·格林"。

这样重复了6到8次的人，直到两个木签成功地一致朝上。一旦木签显示大吉，他会再次拜倒匍匐在地，像之前那样磕头，然后拿起一个陶制的小瓦罐，那里面有许多支用文字符号标的芦苇棍，他一起抖动这些芦苇棍，接着，在捧着陶罐向佛像鞠躬3次之后，他抽出其中一支芦苇棍，如果这支芦苇棍显示不走运，他就再次重复之前的举止；如果抽出令他满意的一支芦苇棍，他就在佛像面前点燃细蜡烛，并把那支芦苇棍放在佛像面前，接着用火点燃一张镀有锡的纸，郑重地把纸放到神坛上，鞠3个躬，然后离开。我曾见过女性崇拜者履行同样的礼仪，除了下层妇女，没有一个女人被允许在公共场合抛头露面，但这些寺庙例外。这些寺庙是开放的，女性出入不受限制而且经常能见到她们。这里有高大的宝塔或者神殿，有许多僧侣、和尚或者道士，他们每天履行顶礼膜拜的礼仪。在这些寺庙里有不同的偶像，有男性的模型，也有女性的模型，不过比实际生活中模特儿的身材在体量上要大许多倍，他们的外貌有的非常可怕，有的极其美妙。有一尊女性的佛像有许多双伸展的手臂，这是表示天神包罗万象，是天神神通广大的象征。除这些公共场所的崇拜之外，每一户人家的宅第和舢板都有神的家，神像前面的一支檀香一直点着，冒着烟，这些檀香在相同的时间献上，使神像被香烟缭绕，而且每天的早晨和晚上，他们用纸和细蜡烛点燃那只崇拜者专用的筒以示虔诚。

中国人不奉行安息日，而是一周内每天都在工作，他们庆祝宗教节日而且在满月的时候以及其他事件上履行某种礼仪，尤其重视庆祝冬至日。他们新年（指农历新年）的历法以新月降临作为开始，非常接近太阳位于宝瓶宫的第十五角度位置（又译第十五宫）的那个时间点。而且这是一个非常重要的时段——不仅因为普罗大众的喜庆日要持续4到5天，在此期间所有业务停止办理，而且在新年到来之前的这一天所有的付款必须完结。在冬至日到农历新年之间这段时间里，如果有人欠债不还，债主会变得非常的纠缠不休，这些债主会在旧历年的最后一个晚上聚集在欠债人家里，占领他的宅邸，在绝对的静寂中庆祝新年的来临。上一年最后那个晚上的午夜刚过，债主起身祝贺欠债人新年快乐，然后离开。欠债人于是丢了自己的面子，以后没有人将会信任他，把钱借给他。

中国的富人关心的最重要的利害之事是获得一个满意的墓穴场地，倘若找到一处符合他心意的墓穴宝地，便认为是无价之宝。墓穴宝地必须通风，有树荫蔽，有连续不断的流动的水从附近流过，灌溉滋养，而且必须坐落在可以居高临下俯瞰广阔田野和水景的山丘上。他们对墓穴周围的这些环境、风水非常重视，当一个中国人遇到任何离奇的灾祸时，有时甚至他会猜想，这个灾祸是因为他祖先的尸骨没有安放恰宜所致。在这种情况下，一个新的墓穴开始选址，并由术士供奉看风水，筹备墓穴的建设，然后，通过举办许多礼仪，花费大量的费用，把他祖先的遗体从其以前的住所迁移出来，接着小心放置在新建好的墓穴里。

在清朝人中间多配偶是许可的，一个男人喜欢和他最喜爱的妻子以及他的"送子娘娘"住在一起，送子娘娘的地位是与她生养的儿子的数量相称的。生养女儿的妇女是没有地位的。广州首要的瓷器商人沈冲（Syngchong）有一天非常满意地告诉我说，他妻子给他带来了第三个儿子——还带着富于感激之情的神态补充说菩萨对他非常好。"菩萨爱我"，他继续说，"因为我对他顶礼膜拜。"

广州有许多绘画者，但是，我发现这些人中间没有一个在设计构思上拥有创造能力，我想要把一些辛辛那提团体协会的象征绘制在一套瓷器上。我的创意是借鉴密涅瓦（Minerva）① 图像的艺术处理方式把美国辛辛纳图斯（the American Cincinnatus）② 描绘成类似密涅瓦的神化形象以传扬他的名声，一旦辛辛那提团体协会收到那些绘制了辛辛那提团体标志的瓷器后，便可以将之公之于众。为了实现这个设想，我给了绘画者两幅不同

---

① 智慧女神。——译者注

② Cincinnatus 原指罗马政治家辛辛纳图斯。据历史传说，公元前458年，他曾被罗马城居民推举为独裁官，去援救被围困的罗马军队，据说他一天就打败了敌军，危机一解除他，便辞职返回农庄，在这里是喻指乔治·华盛顿。——译者注

的女神版画，一幅一名军人的雅致的画像，而且向那位绘画者提供了一个我拥有的团体标志的摹本。这名绘画者被称为他的同行中最著名的一位，不过，反复尝试之后，仍然不能把团体标志与人像等图形整合绘制成勉强适宜的图案。尽管从每一个单独的图形来看，无不模仿得超乎寻常的精确。因此，仅仅在局部上，能够使我的需要得到满足。

我保存了他的大部分尝试绘制的作品，把它作为清朝杰出绘画者的设计标本，凝视这些作品而不笑起来是困难的。清朝人尽管能在模仿方面具有极端优秀的技术能力，但是大部分丝毫不具有原创能力，这是大家的评论。

清朝商人有他们约定俗成的坦率和随意的行事方式，他们超乎寻常地能够控制自己的脾气，并细心留意别人的心思。我在这些情况发生之前已获得足够充分的情报，一直使自己处于警戒状态。尽管一个人的忍耐力经常受到严峻的考验，尤其是那些小商人的纠缠。他们能够毫不迟疑地以我的商品标价 1/3 的金额作为他的出价，提出购买我的商品，虽然我告诉他们绝不会降低价格，但是他们能够在一周以内每天一起来，以与上述同样的出价重复提出购买要求。他们中有一个小商人对我的某一种商品报出低于我所作价格一半的金额要求购买，我没有同意，这个人能够日复一日地用上述同样的报价向我提出购买要求。我每次对待他都很有礼貌，而且坚持我最初的标价要求，由于我坚持不降价，他最终同意以我最初的标价购买我的商品。在这笔交易结算完成之后——"你不是英国人？"他说。我回答"不是"。"但是你说英国话，而且你初来乍到，我不能辨别你们之间的差别；不过，我现在非常清楚你们之间的差别了。当我与英国人商讨购买他的商品的价格时，他会说：'就这个价——买下它——不谈价。'我对他说：'不行，朋友，我出价这么多。'他瞪着我说：'滚，下地狱去，你这个该受天罚的无赖；你算什么东西，敢到这里来给我的货物定价？'千真万确，大班先生，我非常明白你不像英国人，所有的中国人都非常喜爱你们国家。"迄今，这个家伙对我表示满意的评说，也许被我信以为真。不过公道迫使我对他的结论进行补充："所有人初次来中国的时候都是非常规矩有礼的绅士，都和你一样。我想如果你来广州超过两三次，你就会变得和所有英国人也一样。"

我和兰德尔先生安排好我们所有的事务，商船也做好航行前的准备，12 月 26 日这天，我们向各个国家的商馆头领和绅士们辞行，再次感谢他们给予的关心，并接受他们对我们未来的美好祝愿。翌日我们登上船，这天过后，商船开始了她返回美国的航程。

这是不言自明的，在兰德尔先生打算与我参与这次航行的时候，就已经约定，如果在中国期间有任何良机能给他提供利益，他将不必再回到船上，而是留在中国，或者去任何他判断极有助于实现他利益的地方。他因此把握了有利于自己的一个似乎有可能给他带来利益的良机，没有回到船上。之所以同意兰德尔这样做，是因为除了能给投资人的资产带来双重保障的好处之外，所有投资人在享有他的服务所带来的利益的同时，不必在他们当初所承诺的除提供给我的津贴等项目之外，再增加任何支出和收益让渡，正如同他们对我的指示，万一我在航行途中死亡，将由兰德尔指挥商船的一切商务活动并承担所有责任和义务。

1784 年 12 月 28 日，我们在黄埔开始航行，在下午 4 点钟的时候，经过那些商船，我们向他们鸣炮 9 响致意，各位船长鸣炮回礼。30 日这天，当船经过二沙（Second Bar）时，我登上"海神号"向德·奥德林先生以及他的高级船员们话别，他们时时刻刻对我们的礼貌殷勤和关心留意理应受到我们真诚的感谢。31 日，日落时分，我们在澳门办妥出港手续后，领航员离开我们的船。

那艘荷兰商船"克勒克将军号"（General de Klerk）比我们提前一天从二沙驶出，在我们离开广州以前已经约定穿越中国海时双方结伴而行，翌日，我们用旗语与他们联络，并且一起继续向北岛（North island）[①] 航

--------

① 北岛位于巽他海峡东入口处，距离苏门答腊岛近 4 英里。——译者注

行，1 月 19 日，星期三下午，我们抛锚停泊，水深为 14 㖊，北岛的方位在我们船的东北方向，再偏东二分之一的角度，距离我们船 2 英里，而苏门答腊（Sumatra）岛的船舶加水处，在我们船的西南方向，距离我们船同样也是 2 英里。我们见到这里停泊有一艘荷兰商船，两艘英国商船和两艘葡萄牙商船，都准备驶往欧洲。"鲍斯宝恩号"（Ponsborne）和"霍克号"（Hawke）这两艘英国商船在我们从二沙出发 3 天之后驶离二沙，并且驶经加斯帕航道（the Gaspar Passage），在我们到达北岛的前一天已经驶抵北岛。我们与般克斯（Banks）船长结伴而行的目的是以为他的经验能有助于我们航行，所以我们没有驶经之前我们赴广州航线上的邦加海峡（the Straits of Banca）。在我们与他结伴而行的时间里，我们经常被迫缩帆，让我们受了不小的苦行，当到达北岛时，才知道他与我们一样在那片海域是一名生手，这是他首次前往中国的航程；1 月 11 日从雕门岛(Pulo Timon )① 起锚起航时，因为一个锚的丢失也使我们无法自我安慰，在这个场合他也丧失了一个锚。

在抛锚停泊的时候，我和船长及斯威弗特先生登上"克勒克将军号"，和般克斯船长以及来自广州的一名荷兰大班班塞姆（Benthem）先生一起用餐。荷兰驻外商务代表有一个惯例，每年度派遣一名大班回到荷兰，向理事会报告他们事务的状况，并带回理事会的指示。瑞典人和丹麦人派出大班协助他们驻广州的商务代表处理事务，并随商船返回。

晚餐之后，我们和般克斯船长和班塞姆先生一起登上了另一艘荷兰商船。这艘船叫"荷姆"（Hoom），由特仁斯（Terence）船长指挥，从巴达维亚开往荷兰。这位船长的妻子也在船上，他在巴达维亚与她结婚。她的服装奇异，和我以前见到的任何衣服式样都不同。她穿着一件长长的、宽松的印花布长袍，从脖子套进去一直拖到地板上，袖

---

① 位于马来半岛东南部。——译者注

子开得很大垂到手腕，用纽扣把袖口紧束在手腕上。这件长袍的里面是另一块印花布，作为衬裙和紧身围腰。我相信，除了一双拖鞋，这就是她所有的着装了。而且，她的脚上没有穿丝袜。她的头发上没有任何装饰物，用梳子把长发向上卷梳披在后面。喝完一杯葡萄酒之后，我们约定请船长和他的妻子翌日与我们聚餐，他陪伴我们上岸来到苏门答腊岛，我们找到一个方便获得木柴供应和补给淡水的地方。后来，我们再次登上"克勒克将军号"，见到英国商船"霍克号"的船长文顿（Rivington）也在船上，我们和他交流了一个晚上，10点钟的时候，回到我们的商船。

第二天，般克斯船长、班塞姆先生和另外一位来自他们船的绅士，特仁斯船长、特仁斯的妻子和他们船的医生，与来自葡萄牙商船的大班森豪斯·杰格（Senhores Jorge）以及邵瑞兹等人一起在我们船上聚餐。特仁斯夫人的穿着搭配和昨天一样，除了所穿衣服的印花布更漂亮之外，脚上还增添了丝袜和鞋子。她看上去30岁出头，言行举止从容大方、和蔼可亲，对我们的款待表示非常满意，尤其提到能在访问这片海域的第一艘美国船上用餐感到特别愉快。

晚餐结束以后，几位来自葡萄牙商船的绅士来探望我们，他们之中有一个人作为羁押犯返回里斯本。他的职业是绘画者，本来与一名教士结伴去中国，希望在北京度过他的一生。当他到达广州时，永远告别他的祖国和朋友们的念头在他的心里掀起波澜，使他拒绝往前再进一步。这个决定让广州的官员们窘迫不安、措手不及。官员们在他们上报给北京朝廷里的公文急报中已经提到有这名绘画者和教士。当通知这名绘画者必须说明他拒绝去北京的理由时，这名绘画者说，因为他从欧洲离开后，他的父亲死了，他接到自己母亲的几封信，他母亲在信中恳求他回家照顾她和她的儿女。那些官员说，这是一个合乎人道的理由，但是像这类事又不足以让朝廷作出裁决。据说那些官员大概是在他们的下一封公文急报里说他病了，然后又在后来的公文急报中向朝廷报告他已经死了，借此了结这件事。那位教士被授予中国主教身份，动身出发去北京，他必须在那里了此一生。永远没有希望再见到与他已经诀别的那些朋友们和故乡。——而那位绘画者，尽管是一名羁押犯，但依照我的看法，他会更加快乐，因为他将回到自己的家乡和朋友中间。

森豪斯·杰格告诉我们说，他作为乘客所乘坐的这艘船是 48 年前建造于巴西，已经有两年多的时间，没有使用过船上两台抽水机中的一台。在从欧洲出发之后的航行中，他们尝试用抽水机抽水，但是不能抽出水来；他评述说他始终不怀疑 48 年之后，这艘船还将是一艘安全可靠的船。

在完成了木柴补给并给船加满淡水之后，我们于 22 日驶离北岛，翌日在喀拉喀托岛（Krokatoa）① 抛锚泊船并在此逗留了两天。这里和北岛两地都有马来人的补给船，船上有水果、甘薯、家禽、海龟，有时还有水牛。从喀拉喀托岛离开，并在巽他海峡办好出港手续后我们继续前行，到 26 日中午的时候，我们已处在爪哇岬（Java Head）以东 10 里格远的方位。

从爪哇岬出发，我们向好望角继续航行。在 3 月 4 日的早上 9 点钟，我们发现有块陆地位于北偏东方位，距离我们船有 11 或 12 里格。11 点钟的时候，我们用 130 噚的测量绳也没有接触到海底。正午时分，经观测，我们船位于南纬 34°35′，由我推算的经度为伦敦（格林威治）以东 25°44′。从那里开始，我们努力使船靠岸行驶，在相当大部分的时间里我们沿海岸航行。在 9 日的下午 5 点钟，我们绕过海岬在桌湾抛锚泊船。向荷兰船长鸣炮 7 响致意，他也鸣炮 7 响回礼。我们见到这里停有许多船只，有荷兰、瑞典、丹麦、法国的船只，而且还有美国船。在我们开始泊船的时候，岸上有一位绅士来到我们船上，查问我们来自何处，去往

---

① 现写作 Krakatoa，当时是位于苏门答腊和爪哇两岛之间巽他海峡中的一个岛屿，但由于 1883 年该岛上的火山喷发，使原岛消失。——译者注

何处，全体船员的数量和身份状况，他一一书写记录下来，在给了船长一份港口规则和注意事项之后，他离开了我们船。瑞典商船的船长彼得·艾弗德松（Peter Aferdson）来拜访我们，同时，我们派小艇靠拢那艘美国船的船舷，小艇带回了英格索尔（Inger soll）船长和李维特（Leavitt）医生，当我们抛锚泊船的时候，他们正在岸上。这艘美国船名叫"大土耳其"（Grand Turk），从塞勒姆（Salem）①驶来，该船为塞勒姆当地的 E.H. 德拜（Derby）等业主所有。

我们与这些绅士们交流了整个晚上；翌日早上，我和格林船长、医生上岸租下一间房，我和他们寄宿在同一间房里。我们在当地一直逗留到星期天的晚上，一旦汲取满淡水并采办好必需的餐饮食品，我便上了船，第二天也就是 14 日下午 3 点，我们开始航行。

《安松的旅行》的作者说：

好望角位于气候温和的地带，很少会经历酷暑或严寒；当地的荷兰籍居民为数众多，在这里他们保持着天生的勤劳，贮备有巨量的品种齐全的水果和粮食等食物；如此丰富充足的物产或者是缘于一年四季变化不大的温和气候；或者是缘于这里独特的土壤所赐，而且与在别处能见到的和它们同样种类的食物相比，这里土壤产出的食物更加可口美味。总之，由于上述这些因素，还由于这里丰富优质的淡水，使这个殖民地成为闻名于世的能最好地向长距离航行之后的航海人提供任何恢复精力的条件的地方。

前面这些非常恰当的描述是毋庸置疑的，尽管根据我们当前的观察，自前面所描述的那个时期以来，这里很可能又有了巨大的改进。这个城市被设计布置成正方形，有宽阔的而又尺度适宜的街道。除了有两所分别属

---

① 美国马萨诸塞州东北部城市，濒临塞勒姆湾，1630 年设镇，1836 年设市。——译者注

## 黄埔锚地

　　黄埔锚地是外国商船到达广州的终点，也是返航的起点。清朝政府规定："凡载洋货入口之外商船，不得沿江湾泊，必须下锚于黄埔，并不得在别地秘密将商品贩卖。"

**桌山湾远眺**

　　好望角是 1869 年苏伊士运河开通之前欧洲商船前往亚洲的必经之处，桌山湾位于好望角的西北部，"中国皇后号"在返航纽约的途中曾在此停泊，山茂召等人曾乘兴攀登桌山，后因遇大雨败兴而归。

于信义会和加尔文派的教堂以外，这里还有殖民地首府的办公大楼、图书馆、医院以及其他公共建筑群，当地可能有大约 800 座住宅，大多显得漂亮雅致，此外，接近乡村的地方还坐落着绅士们的别墅和花园。荷兰东印度公司是这块土地的所有人，他们把土地出租给来此开拓的移民，约定必须以公道的价格供应所有的生活必需品；为了这个目的，他们建有公共的仓库，而且未经这家公司的许可不能从事商业贸易。这里的地方长官、检察官、财政人员和其他官员全部接受这家公司的指挥，这家公司的公园空间广阔，所有时间都对外开放。在星期天的时候，这里成为各种地位身份的人度假的胜地。在公园里可以见到许多种野生动物，尤其是有一只豪猪、一只野公猪，成群的狒狒、羚羊、山羊和野兔等等，也有鸵鸟、隼、鹰、孔雀、猫头鹰以及其他鸟类。蒐集于此的动物已不像从前那样品种繁多，现在这里缺了狮子、豹和斑马们以及诸如此类的野兽，尽管这些野兽的毛皮可以从任何一家制革工人的商店里大量购买到。

这些居民中的大部分人为荷兰东印度公司服务，他们通过给欧洲人的商船，以及给那些去印度途中为购买食物而在当地短暂停靠的商船提供补给，大大增加了收入。鉴于英国约翰·斯通总督（Governor John Stone）在战争期间巡视萨尔达尼亚海湾（Saldanha bay）① 时，曾在这里夺取了 5 艘荷兰人来往印度航线的大型商船这一教训，荷兰人增建了大量堡垒和要塞以保护这里的海湾。要塞里装备了足够数量的大炮以及各种军用器械，驻军由大约 1000 名荷兰人和同样数量的由荷兰共和国雇佣的瑞士部队组成。这些布局构成了铜墙铁壁，而且，当局把当地这些居民当作民兵全部编练成队，万一敌人入侵，他们将构成一股非常可观的力量。这些人接受如同总司令的地方长官支配，此人本身就是荷兰勤务部队的上校。我和格林船长上岸对他进行了礼节性的拜访。他能说法语和英语，看上去消息非常灵通，对美国像欧洲一样非常关心，他很有礼貌地向我们提出，在我们

① 南非开普省西南海岸的小海湾，为天然的避风港。——译者注

221

可能认为必要的任何问题上他都会提供帮助。

也许世界上没有一个地方会比这里让商船更容易获得淡水，这里有一个巨大的木制直码头，小艇能够驶入并汲取水这一宝贵的要素，水通过大桶从城里运送到这里，然后，通过把软管插入木桶的办法加水，不需要从小艇上搬起移动桶的位置。要么用他们自有的小艇，要么用荷兰东印度公司雇用的小艇就可以给船加水，这些被雇用的小艇一直处于准备就绪的待命状态。

这座城市背靠桌山（Table mountain）和其他高地。从桌山上眺望，视域广阔，邻近的区域、海湾和港口尽收眼底。为了满足好奇心，我和格林船长、李维特医生，在我们船到达的第二天，攀登了桌山。当我们开始出发时，天气十分晴朗，万里无云，但在不长的时间里突然云层密布，然后又再次晴空万里。经过三个半小时艰难困苦的行进之后，我们到达桌山的顶峰，对这番吃苦受累的结果，我们大失所望，山顶上仍然是云雾缭绕，雾变得更浓，天开始下雨，而且在我们返回途中，雨从头到尾，连续不断地倾注。恰巧在我们踏上这次短途游览旅程之后，送来了一份邀请我和格林船长与那位地方长官聚餐的请帖。船长去赴宴了，而我登山远足的遭遇使我丧失了赴宴的兴致。

好望角的女士们爱好穿着打扮，有良好的教养，容易与人谈得来，而且不无聊得让人厌烦。驻军与她们杂然相处，尤其是法国人和瑞士人，大大养成了她们这种性情。而且，她们中的绝大多数人能够通晓法语。在我们船到达的前几天，地方长官为庆祝奥伦治亲王（Prince of Orange）的生日，举行了一个交际舞会。有超过 80 位女士出席，完全是欧洲人的风范。这里的绅士们看起来不具有相同的优点，这是当地欧洲人中间普遍的评论。几乎没有一个在本地出生的欧洲人能一直保持足够的精气神。这种情况可以归为什么原因？或者这个评论在多大程度上是正确的？这很难确定。不过，这种现象似乎被一个钻研人类生命机能的著名的学者所证实，在《人类历史概论》（*Sketches of History of Man*）中，他说：

许多男人在其生性不适应的气候下，没有不退化的，这样的例子很多；而且据我所知，还没有一个在这样一种气候中，人们能保持他们最初活力的案例。几个欧洲人的殖民地在美洲的灼热地带持续存在超过两个世纪，而且甚至到目前为止，那样长的时间仍没有使他们熟悉适应这种气候，他们不能像当地原住民那样耐热，也不像从相同的炎热区域迁移来的黑人那样适应高温。他们在精神上或肉体上的活力远远比不上来自自己出生地的同乡。在南美洲卡塔赫纳（Carthagena）①的西班牙居民，在几个月内失去了他们的活力和肤色，他们的动作慢吞吞，他们的谈话用舌位放低的嗓子来发音，而且伴有过长而又频繁的间歇停顿。出生于巴达维亚的欧洲人的后裔早就退化了。他们中很少有人具有足以胜任行政管理机构中的一份工作的才能。没有一个机构坚持只要本土出生的人担任职务。一些葡萄牙人移居拓殖在刚果海岸（the seacoast of Congo）已经很长一段时间了，他们中稀有保持男子汉外貌的。

好望角区域肥沃丰产，而且由荷兰生产供应当地居民的产品可以换取所有外国运来的商品，使得这个殖民地成为富裕得无须为生计而操劳的世外桃源。英格索尔船长想通过卖掉糖酒、乳酪、食用盐、巧克力、圆锥形糖块、黄酒等等，以及变卖大量的西洋参使资金充裕，再加上自带的一些现金，投资买进武夷茶。但是，鉴于这些开往欧洲的商船不允许在途中卸货，他购买那些商品的预期落空了，于是他以每磅2/3枚西班牙银元的价格卖掉他的西洋参，西班牙银元比好望角银币超值20%。他打算停留一段时间，从印度商船上允许高级船员们进行的私人交易中购买一些上好的茶叶，然后驶向几内亚（Guinea）海岸，转让糖酒等等，换取象牙和金矿粉末，从那里不带走一个奴隶，继续前往西印度群岛，并购买糖和棉

---

① 现写作 Cartagena，为哥伦比亚玻利瓦尔省省会，位于哥伦比亚北部，濒临加勒比海，为该国重要港口。——译者注

花，最后带着这些东西返回塞勒姆。尽管此次航行的主要目的落空了，而且随之而来的是决定去几内亚海岸，但是，他决定不通过购买奴隶来挽回损失，这一点令我对这位船长肃然起敬，而且为他的船东赢得了同样的声誉。这位船长向我保证，宁愿因投资而损失掉所有雇佣资本，也不愿直接或间接地涉足这个无耻的臭名昭著的买卖。

港湾中除了美国的商船，还有 18 艘其他国家的商船，其中有法国的、丹麦的，以及挂着荷兰旗帜的商船，这艘挂着荷兰旗帜的船从巴达维亚驶来，在等待那些从中国返航的荷兰商船结伴驶回欧洲，其他的船都是来自印度海岸。在我们驶离好望角之前的一天，一艘来自英格兰的军用海岸炮艇用了 11 周的时间到达这里，将前往马德拉斯（Madars）。

所有人间的幸福是多么不确定啊！甚至于我们最喜欢说的最善良的愿景是多么易于破灭啊！由英格索尔船长带来的那张美国报纸让我获悉我的一位年龄最大的长辈去世了，破灭了我曾经抱有的令人愉快的希望，我曾经计划与那位可爱的亲属见面聊天，并想用一个为他所爱的孩子的友爱使他在垂暮之年高兴快慰。

3 月 14 日，我们驶离好望角继续向美国航行，我们船的木匠约翰·摩根（John Morgan）① 亡故，4 月 15 日正午时分，在北纬 5°2′，东经 27°23′的位置，他的遗体被海葬到大海的深处。除此之外没有发生任何特别的事情。直到 4 月 25 日拂晓，我们突然看见陆地，正是西印度群岛（the West Indies）中的圣巴泰勒米岛（St. Bartholomew）② ，在同一天的 10 点钟，我们用旗语与一艘从巴尔的摩（Baltimore）③ 开往圣尤斯特歇斯

---

① 本次航程中船上唯一死亡的人。——译者注
② 现写作 Saint Barthélemy，为加勒比海中小安的列斯群岛中的岛屿，位于向风群岛北端，和下文中圣马丁岛的北部地区一起组成法国瓜德罗普海外省的一个专区。——译者注
③ 美国马里兰州北部城市，是该州最大城市和经济中心，在帕塔普斯科河河口顶部，距切萨皮克湾 24 公里。——译者注

岛（St.Eustatia）① 的方帆双桅船"吕蓓卡号"（Rebecca）的船长约翰·卡森（John Carson）联络致意。正午时分，发现圣马丁（St.Martin）② 岛，位于我们船的西南偏西 1/2 角度的位置，距离我们船 6 里格。航海图上标明，这个岛位于北纬 18°5′，西经 62°30′，而我们当天观测的坐标是北纬 18°8′，我推算的经度是西经 52°49′。这可能是当天拂晓对发现陆地表示"突然"的原因，尤其是由于这个岛的出现让船上每个人都同样感到突然。昨天，船长刚刚问起我的经度测算数据，由于我推算的船位比船上其他每个人推算出的船的位置靠前，他对我向西偏到这个程度的推算结果表示诧异，并幽默地调侃我，说我推算靠前的原因是由于我归心似箭。我们困惑于怎样解释每个人的数据差异，尤其当我们都同样处于一个归心似箭的心情时，我们的估量为什么都是一致偏向西方。27 日，有一个发现帮助我们解释了这个疑难，我们气压计的指针正常情况下应该指在"14 秒"的刻度位置，却发现使用中的气压计的指针仅仅指在"12.5 秒"的刻度位置，而且气压计在正常情况下的数字显示应为"28"，可这只气压计却显示为"25"多一点点。

一个新的气压计的指针被校准到"14 秒"的刻度位置，并把我们的测程仪索的节系在 45 英尺的位置上。我们规划好我们船驶向纽约的航线，精神饱满地驶离圣马丁海域，5 月 10 日下午 6 点，我们看见内弗辛克（Neversink）。在那天的整个晚上，我们船的航行一会儿驶近海岸，一会儿驶离海岸，在第二天早上 9 点钟，有一个领航员到达，来到船上，正午时分，他带我们船在纽约的东河抛锚停泊，然后，我们用 13 响礼炮向

① 应为 St.Eustatius 之误，该岛为加勒比海中荷属安的列斯群岛向风群岛中的岛屿。1776 年 11 月 16 日，荷属圣尤斯特歇斯岛是全球第一个正式承认美国独立的外国政府。在美国独立战争期间，英国对北美殖民地进行经济封锁和贸易禁运，该岛通过走私贸易成为大陆军重要的作战必需品和生活物资的主要供应来源。——译者注

② 位于加勒比海中的岛屿，在小安的列斯群岛向风群岛的北端。目前，岛的南部由荷兰管辖，北部由法国统治，两部分之间没有关税壁垒。岛名由哥伦布命名，以纪念在圣马丁节发现此岛。——译者注

这座城市致意，并结束了我们的航程。

---

**注释一：**

《致法国领事的陈情书》

致驻中国广州管理法国事务的最友善的领事维埃劳德先生陛下。

先生，——

签署人，是在中国负责美国商业贸易的大班，敬请您许可我告知您海关方面已经信以为真的真正原因，由于潘启官的不实陈述，导致他们在抵达广州以后，人被当作英国人，船（指中国皇后号）被当作英国地方商船向海关监督报到。随之而来的是，他们被认为是不列颠的臣民。

我们目前申诉的动机是更正这些不实的陈述，并向中国人宣布我们是一个自主的、独立的，并且是主权国家的臣民，而且我们要求以美利坚合众国的名义，以美国的盟国法兰西和最友善的陛下您这位好朋友的名义，通过王室翻译高伯特先生使中国人知道，我们是美国人，美国是一个自主的、独立的主权国家，与不列颠没有关系，除了只向合众国当局效忠之外，没有义务向不列颠或者世界上任何其他强国臣服。因此，我们恳求中国人在上述意见上体谅我们，相应地授予我们通行证。

1784 年 11 月 30 日写于中国广州。

山茂召

托马斯·兰德尔

《回复》

致美利坚合众国商船的大班召先生和兰德尔先生。

先生们写于 1784 年 11 月 30 日的陈情书所提及的申诉内容是公道而且公正的，我已给国王的一等中文口译者高伯特先生下达命令，用心反映你们的意见，而且将向管理机构指出出现差错的原因，是一个名叫潘启官的担保人明知故犯地在海关监督的登记簿上，把你们船作为英国海外地方船只进行登记。然而美国，包括大不列颠、法兰西以及每一个与中国开展商业贸易的其他国家都与你们这个闻名于世的东方国家一样，被当作独立自主的主权国家。先生们，我会认真通报当你们船到达时，发生的注意告知这个小事故，向他们介绍美国与英国之间并非没有一点区别，以避免在这个国家中可能受到的困扰。或者是由于地理学知识的不足，以及与全球其他国家隔绝，造成所有国家在着手与中国在商业上建立往来时，每一个国家总有同样差错的新闻传出。

1784 年 12 月 1 日写于广州我们的大厦。

维埃劳德

鉴于我们是前所未有的第一艘从美国前往中国的船舶，5 月 19 日我写信[1]给外交部长，信中提及我们在这次远航中遇到的一些重要事件，即在巽他海峡我们遇到的法国人，我们在中国所受到的待遇和中国人的做事方法和习俗，以及在广州设有商馆的欧洲人对我们的态度反应和行为表现。外交部长把这封信提交给国会，那些尊贵的国会议员对此非常满意，指示外交部长通知我："国会对于美国公民首次努力建立与中国直接贸易的这个成功结局感到特别满意，向此次远航的承办者与指挥者致以深深的敬意。"

有关我们这艘船的装备事务已经终结。我的朋友帕克（Parker）先生破产后去了欧洲，我不得不与古维讷尔·莫里斯（Gouverneur Morris）先生以及托马斯·菲茨西蒙斯（Thomas Fitzsimmons）先生等人结清这次航程[2]的账目。古维诺尔·莫里斯

---

① 详见附录 A。
② 指"中国皇后号"首航广州。——译者注

**古维讷尔·莫里斯与罗伯特·莫里斯（右）的合影**

　　这两位莫里斯虽然没有亲戚关系，但却互为知己，也是生意场上的朋友。古维讷尔·莫里斯以执笔撰写美国宪法序言著称于世，曾负责联邦宪法大部分文本的审订。他曾写信给美国邦联国会主席查尔斯·汤姆森（Charles Thomson），支持"中国皇后号"首航中国，并帮助该船向邦联国会申请官方海上通行证。在罗伯特·莫里斯担任邦联国会财政总监时，他曾担任副手。

## 美国大陆海军"联盟号"护卫舰

　　罗伯特·莫里斯所购买的这艘"联盟号"护卫舰曾是美国独立战争后期仍在服役的两艘护卫舰之一，经改装后用于美中远洋贸易运输。

作为罗伯特·莫里斯（Robert Morris）先生的代理人，罗伯特·莫里斯拥有一半的贸易资产，托尼斯·菲茨西蒙斯作为丹尼尔·帕克公司（Daniel Parker & Co.）的委托执行人代理另一半贸易资产。由于这些绅士们估计要花很长时间才能把所有的货物①卖掉，所以先对可能的收益作了估算，对此我表示同意。通过这种清偿方式进行结算得出净利润 30727 元银币，本金 120000 元银币，利润率超过 25%。

我父亲和哥哥的去世促使我返回美国，我放弃了在中国经商的想法，承蒙我的好友诺克斯将军（General Knox）的委任，我担任美国陆军部首席秘书，他是该部门的负责人。该工作使我有充足的时间照料我的私事和处理父亲的遗产。这时，兰德尔（Randall）先生带着茶叶和我们联合账户中那笔第一次去中国赚的 50000 元银币存款，乘坐约翰·奥唐奈（John O'Donnell）先生指挥的"帕拉斯号"（Pallas）轮船从中国返回。在这笔投机买卖②中，我们在罗伯特·莫里斯先生所拥有的那一半货物中拥有利益。为了我们不必在行情不好的情况下出售茶叶，罗伯特·莫里斯为此应允向欧洲汇款，同意我们在广州签订的保证金的担保期限，不久以后，我们出售了罗伯特·莫里斯先生另一半的货物，当那位担保人向我和兰德尔提供清欠收据后，莫里斯先生向我们承兑了我们应得的收益。

莫里斯先生决定派出船只第二次前往中国，再一次提议我和兰德尔先生参与制定一个更为宏大的计划，包括我们在广州逗留几年的安排。但是，由于他借口认为我们的计划需要的费用太高，这件事就搁置下来了。后来，他雇佣了另外一个绅士，只负责航海。

接近 11 月底，艾萨克·西尔斯（Isaac Sears）先生和另外一个纽约的绅士制定了一份有关他们去广州的航海计划，这份计划决定由我和西尔斯先生主管此事。对于这个计划我表示赞同，但先决条件是我的朋友兰德尔

---

① 指"中国皇后号"运回美国的物品。——译者注

② 指"中国皇后号"首航广州的商业事务。——译者注

必须参加，并且须同意我们共同参与广州的这笔生意。如果万一在生意中有不同的意见，应按照少数服从多数的原则来处理。经过精心设计的"希望号"（Hope）商船已经按要求建造装备完毕，船舶的尺寸接近"中国皇后号"，由詹姆斯·马吉（James Magee）船长来指挥。为了能立即参与此次远航贸易，我从陆军部辞职，不久，我非常荣幸地被国会委任为美国驻广州领事，兰德尔先生被任命为副领事。相应的货物已经装船，我们于1786年2月4日从纽约起航，前往巴达维亚和广州。

在我们驶离沙沟半岛向佛得角（Cape de Verde）群岛航行的过程中，没有什么异常的事情发生。直到月末这一天，我们正在用餐，突然有人大喊：着火了！几分钟后，我们看见主一接桅上都是火，轮船于是立即停航。尽管我们尽力灭火，但是，当时的风刮得非常强劲，因此商船处于相当危险的状态，如此猛烈肆虐的火势迫使我们砍掉中桅，从而从根本上解除了我们的巨大焦虑。导致火灾的原因可能是主一接桅之帆的绳子在滑槽中的摩擦出现异常，致使中桅坠落击穿甲板，结果引起燃烧。甲板上的军火库中有一些装满火药的角制火药筒，着火后，由于重新捆扎置于船外，没有导致进一步的损害。

不过，这件事让我们变得非常警觉，许多天以后我们依旧保持警惕，这时发现有一艘船向我们驶来。在两船彼此接近时，我们怀疑它是一艘挂着英国国旗的海盗船，只是我们这一次没有礼貌地给他们回复我们此行的目的。他们刚驶近我们船的后尾波附近就转换成与我们船一致的航向，扬起所有帆追赶我们。这一天是3月4日，大约早上7点。我们的主桅两天前被疾风严重扭曲，正扬满风帆的船因此极其危险，令人不安。但是我们没有时间犹豫，我们在甲板上调整主帆抢风行驶全速前进，三四个小时以后，我们满意地发现我们把海盗船甩在了后面。第二天早上，海盗船距离我们8英里以外，此后我们全力用接合板加固几乎已经不牢固的桅杆，日落时，尽管海盗船还在视线中行驶，但到了晚上，它已不在我们的视野里。星期日中午，我们进行了定位观测，我们正航行在北纬21°52′，

经度为伦敦（格林威治）以西 22°到 23°之间。3 月 7 日，我们看到了
圣安东尼岛（the island of St.Anthony）（佛得角群岛中的一个岛屿），从这
里我们开始了新的一段航程，我们开始向南航行。4 月 17 日，与前一艘
海盗船类似的另一位"客人"再一次引起我们的恐慌。我们的航海日志这
样记载："下午 3 点，看见南偏东方向有一艘帆船在向北航行，下午 4 点，
它行驶到我们船的下风处掉过头来追赶我们，这是一艘斯鲁双桅纵帆船，
从它的机动性来看更像是一艘巡洋舰在追逐我们。下午 6 点，它航行的方
位在我们船以西 2 里格处。"第二天早上 6 点，我们在桅顶看不到任何船只。
17 日中午，通过观测，我们正航行在南纬 29° 48′，经度为伦敦（格林
威治）以西 15° 到 16°之间。

　　7 月 4 日，我们在巴达维亚锚地停泊。在我们看见陆地的前几天，我
们船的管家约翰·胡格斯（John Hoogs）先生去世。当天晚上，我和兰德
尔先生上岸，第二天早上船长和西尔斯先生也来到陆地，一起处理我们在
巴达维亚的生意。7 月 23 日我们起航前往广州。两天前，船长和西尔斯
先生患病发烧一直卧病在床。

　　巴达维亚城位于爪哇岛，城市很大，街道很宽，街道垂直交叉，房子
用砖块砌成，非常宽敞。位于市郊的乡村别墅是我所见过的最为雅致的场
所，而且这里的治安非常好。简而言之，整座城市看起来超过之前我看到
的任何描述，这是荷兰人实力和财富引人注目的例证。荷兰在印度殖民地
的这座首府的建设确实牺牲了上百万当地纯朴民众的生命，这些民众是我
们应该平等善待的上帝子民。"金钱会诅咒没有良心的人"。

　　在巴达维亚许多有益的社会制度中，有一个做法特别体现了对人的尊
重，这里建有许多孤儿院，在孤儿院负责人出席的每年度向总督及其政务
会宣誓效忠的仪式上，我曾经愉快地观看这些孤儿们行进的队伍。生活在
这些孤儿院的学生是来自好几个国家的孤儿，最引人注目并最常见的是荷
兰人、马来人、中国人、摩尔人、亚美尼亚人以及犹太人的孤儿。孤儿们
在这种场合穿着黑色的丝绸罩袍，共同宣传推广这最杰出的社会制度。孤

儿院为富有的孤儿管理遗产，并且主管他们的教育，对其他国家的孤儿也以同样方式予以监护。每一笔孤儿的财产在消费支出时都按照特定税率纳税，这些孤儿财产的盈余部分有助于孤儿院也能适当地照顾贫困孤儿，当然这些资金捐助完全是自愿的。

我们抵达巴达维亚之后拜访了总督，他允许我们在此贸易，并且在我们离开这里之前，用晚宴来款待我们。在巴达维亚逗留期间，我们参加了他们每月一次的音乐会，台上在表演，台下的绅士们和女士们打牌消遣。女士们虽然要穿着与他们所生活的气候条件完全相适应的服装，但是个个精心打扮、争奇斗艳。她们往往穿着长长的颜色鲜艳的印花棉布衬裙，用紧身背心代替紧身胸衣或紧身围腰，最时髦的穿着，通常是身披一件精致的、用平纹细布做的脖子和胸部没有完全遮住的非常低胸的宽松长外衣。长长的宽松的衣袖随意地挽至肘部，她们沿着每一只衣袖的袖口钉上8到10颗纽扣来装饰，富有的女性则全部钉上钻石作为装饰。她们精心护理的头发整洁得难以形容，不用发垫、薄纱、花边饰带或者其他发饰，而是采用一些镶有钻石的发夹把头发盘起，这样可以做出天真烂漫的活泼发型，这种极妙的发型是一种非常赏心悦目的优雅的贺拉斯风格。这个时尚的细节和她们的穿着一样独具特色。不论是在私人场所还是公共场合，女士们总是紧挨着丈夫坐，吃好饭离开饭桌时，每位女士都向她的丈夫屈膝行礼并给丈夫献上一个吻。晚餐以后，一部分女士会跳舞自娱，其他的女士则在咀嚼蒟酱之叶和槟榔以消磨时光，据说咀嚼蒟酱之叶和槟榔在热带地区非常有益于健康，并且能很好地保护牙齿和牙龈。蒟酱之叶和槟榔存放在金盒里，女士们在咀嚼完后，会把它们吐在一些女奴携带的镀金或者是银制的敞口罐子里。但愿这些槟榔的咀嚼能被限制在盥洗室里进行，因为，尽管它有治疗效果，而且如果用汁液浸染嘴部无疑能使嘴唇可爱悦人，但是一旦沉湎，上瘾发作，用其他任何方法也不能抵抗它的魔力。我曾经见过一些蒟酱之叶的专用小盒，至少要花费1000元银币购买。一位绅士在开玩笑中打翻了一位女士装蒟酱之叶和槟榔的专用小盒，我帮她捡

**巴达维亚城堡与海上锚地形势**

    巴达维亚位于爪哇岛西北海岸芝利翁河口，1619 年被荷兰人占领成为荷属东印度首府，始称巴达维亚，1949 年印度尼西亚独立时复称雅加达。

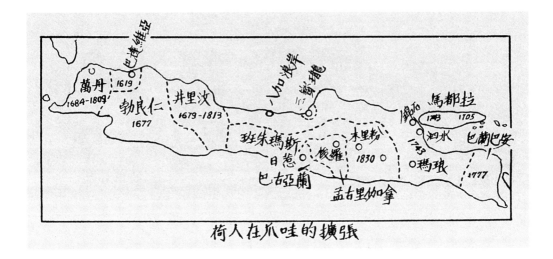

荷人在爪哇的擴張

## 巴达维亚和万丹在爪哇岛的位置

　　图中注明的年份是指荷兰人殖民爪哇岛的时间。直到 1949 年 12 月为止，荷属东印度一直是荷兰海外领地之一，范围包括：爪哇岛及其东面的小巽他群岛、苏门答腊岛和邻近岛屿、马六甲以及马都拉、婆罗洲（沙巴、沙捞越、文莱除外）、苏拉威西、桑义赫、塔劳群岛等地。万丹位于爪哇岛西北端，是爪哇苏丹王国故城，16 世纪至 18 世纪末是爪哇与欧洲进行香料贸易的最重要港口。

拾散落的蒟酱之叶和槟榔，为了感谢我的帮助，她给了我一副蒟酱之叶配槟榔来款待我。这位中年女士后来与我一起跳舞，双方彼此都感兴趣，但是她既不会说英语，也不会说法语，而我既不会说荷兰语也不会说马来语，我们只能用手势进行交流。

巴达维亚是荷兰人在印度的重要的商业贸易中心，是一座修筑了整齐的防御工事的城市。巴达维亚的行政管理机构的规模非常庞大，其中有文职人员和军职人员，市民们依靠现有的军事组织不仅对当地土著人的挑战无所畏惧，而且自认为完全可以击退任何一支试图向他们发动进攻的欧洲人的军队以保护自身安全。这里的居民有从欧洲来的荷兰人、在当地出生的荷兰人、葡萄牙人的后裔、亚美尼亚人、犹太人、摩尔人、马来人以及中国人，根据最新估算目前人数不少于 10 万。巴达维亚地势平坦，河道纵横，运河贯穿城市每一个角落。城市内的许多地方在一天生活中的大部分时间里不能离开水，因而这座城市被认为不益于健康。尽管城市如此，但是据说岛上腹地和印度任何地方一样是有益于健康的，因此大部分有钱人会在这些幽静的地方度过他们大部分时光。

巴达维亚政务管理委员会负责人史密斯（Smith）先生所拥有的一座被称作天然居的乡村别墅也许是世界上最迷人的，它距离巴达维亚 15 英里。他的女婿瑞恩斯特（Reynst）先生邀请我和兰德尔先生以及 3 位英国地方商船的船长到别墅度过了一天，瑞恩斯特先生和他的好几位熟人陪伴着我们。我们在别墅前下了马车，主人用小型铜制野战炮鸣放 12 响礼炮来欢迎我们，走进别墅我们发现最为精美的早餐正等着我们。我们面前的院子里有大量的各种禽鸟，有孔雀、冕鹤、漂亮的野雉以及其他印度特有的鸟类。在我们的右手边是一个广阔的庄园，有超过 200 头鹿在里面到处奔跑跳跃。我们专注于这些漂亮的鹿而无暇顾及其他动物。这时在我们座位前方有一大纵队肥大的牛闯进了我们的视野，当时这些肥牛正排成纵队向左行进像是全体接受检阅，这些肥牛的数量大约在1200 到 1300 头之间。除了这两种主要的经济动物之外，主人所拥有的有经济价值的动物还包括马、山羊、猪以及其他动物，这些动物的数量多得数不胜数。如果说我们在早餐时曾陶醉于眼前的景色，那么当我们后来走进果园时，我们兴奋的感觉与早餐时相比毫不逊色。果园的入口部分建在平地上，其他的部分则是在山坡上开辟出的连绵不断的梯田，果园的尽头是一条美丽的小河，河流穿过广阔的林间草地消失在视野里。除了在这个果园里可以看到不同层级的梯田中种有大量不同品种的水果、鲜花和蔬菜之外，这里还有大片种着胡椒、水稻和咖啡的田地。别墅里有藏书室、台球桌、拨弦古钢琴以及几件其他乐器。我们在宴会上看到的所有食物都让我们大喜过望。当把桌布移开，第一次祝酒时，主人用野战炮发射3响礼炮助兴，欢迎我们来到"天然居"。我们恳求热情周到的主人同意给我们第二次享有同样款待的幸运。在如此花样繁多的款待之后，大约在傍晚6点钟，在野战炮再次发射的12响礼炮声中，我们离开了这个令人心醉的地方。在返回巴达维亚途中，我们在我们的合作伙伴之一海密（Hemmy）先生家停留过访，晚上他和他的夫人陪我们饮茶消遣，一直到11点我们才返回宾馆。

我们在巴达维亚停留期间，司法委员会秘书拜农（Bynon）先生在他的乡间别墅，斯克尔伯格（Skelliberg）先生在城里，也都分别热情款待了我们。遗憾的是对外来人非常关照的港务官勒克拿（Le Clé）先生，由于严重的健康问题而没能给予我们任何这样友善的接待，为了在礼遇上表达对我们的尊重，他反复再三用最有礼貌的措词向我们致歉。

所有的外国人来到巴达维亚都必须住在政府创办的高大、宽敞而又讲究的宾馆里。虽然有一位先生为了有益于健康获准住在郊区，但是他必须每天付给宾馆1利克斯元（rix dollar）①。宾馆配备有四轮大马车，不管住在宾馆里的客人是否需要使用，每两个绅士必须花钱雇一辆宾馆的马车，规定每天的费用为3利克斯元，约请使用马车的时间是早上6点到晚

---

① 又译里兹银圆，昔日曾为荷兰、德国、丹麦等国所用的银币，1利克斯元等于3/4西班牙（Spanish dollar）。——译者注

### 巴达维亚的乡间景色

由于巴达维亚城中水网密布，加上地处热带，气候炎热，欧洲人从体质上来说难以适应这种湿热的气候，于是一些富裕的官商们就在巴达维亚附近地势比较高的丘陵山地开垦农场修建别墅，享受着奢侈另类的田园生活。

## 欧风洋溢的巴达维亚婚礼

　　在图中这座欧式大厅的顶部悬挂着华丽的吊灯，墙壁上装饰着镜框和画像，腰配长剑的新郎和新娘穿着欧洲时装，正一起向出席婚礼的嘉宾行礼，荷兰这个低地国家曾苦心经营这块东方的乐土，殖民者的生活方式完全是欧洲风范。

上 10 点。车夫知道城里的每一处房屋，你只需要告诉他地名，他即可把客人送达。当然，绅士们很少步行，傍晚时分或者清晨，如果有了兴致，他们会乘马车环游城郊一圈大约 6 英里的路程。宾馆通常分隔为两个区域，一个区域招待外国人，另一个区域招待本国人，特别是要给陆军和海军的军人提供住宿。宾馆里还有两张台球桌，但每张台球桌上的玩球者之间不会互相妨碍。总之，宾馆对其服务对象的每一项安排使外国人看起来都很便利，这里的社会组织机构，尤其是那些从欧洲来的荷兰人让人非常敬佩。

在众多为当地居民提供生活工作等便利的高大建筑中，有一座由私人出资的气象台，建在城外出资人自己的领地里，然而已经年久失修，不久也将会衰败。当我站在天文台的最高处极目远眺时，周围大自然美景让我感慨万分。在落日的余晖中，海岸线在无限地向前延伸，最终消失在壮丽的海天交汇之中。

我们在 7 月 23 日离开了巴达维亚，继续航行穿过加斯帕（Gaspar）航道，于 8 月 10 日抵达澳门的海上锚地，领航员从这里登上我们船开始引航，我们于 15 日抵达黄埔（Whampoa）。同一天，我和兰德尔先生前往广州，西尔斯先生和船长由于病得很厉害而留在船上。

我们在广州待了 3 天，因为必须要和西尔斯先生商量一下我们的生意安排，于是在联系上一家商馆之后回到船上。在与西尔斯先生商量好生意安排以后，我们又返回了广州，只是偶尔返回看望病中的西尔斯先生并且和他商议生意上的事情。不久，西尔斯先生和船长的身体逐渐康复，在西尔斯先生几乎完全康复的日子里，他和我们去了一趟广州，与我们在那家商馆待了 2 天。当他发现不适应广州的气候时，他又返回到船上。在船上，起初他身体日渐强健，但是在不久之后他又旧病复发，开始腹泻并伴随着发烧，在各种治疗都不起作用的情况下，疾病夺去了他的生命，他于 10 月 28 日去世，享年 57 岁。第二天，在我们的船离开黄埔之前，我们按照通常的葬礼仪式，把他的遗体埋葬在法国岛，并且在他的坟墓前立了一块墓碑，上面写着恰如其分的碑文，我们用一些措辞对他的为人进行评价：他是一位诚实有礼的绅士，一位令人愉快的熟人，同时又是一位热情的朋友。

由于在我以前的日记中已经对生活在广州的中国人当中存在的这些风土人情、行为习惯等情况的详情细节做过记录，在我第二次来到广州以后，没有注意到任何特别值得记录的情况，这里人的生活方式和风俗习惯与古老的米底人（Meades）①和波斯人的生活规律一样没有改变，所以，一些观察资料有时会继续补充在第一次访问广州的日记里，这篇第二次远航广州的日记主要限于记录对外贸易。

1785 年到 1786 年初，在广州的船舶情况如下：共有了 34 艘商船返航欧洲，其中：英国 18 艘，荷兰 4 艘，法国 1 艘，西班牙 4 艘，丹麦 3 艘，瑞典 4 艘。

另外，还有 1 艘葡萄牙商船从澳门前往欧洲，一位美籍英国人驾驶悬挂哈布斯堡帝国国旗的船只前往欧洲和美洲。此外，还有 10 艘英国地方商船返回印度。

目前这个季节截止到 1787 年 1 月 27 日的情况如下：

共有 45 艘商船前往欧洲，其中英国 29 艘，法国 1 艘，丹麦 2 艘，荷兰 5 艘，西班牙 2 艘，瑞典 1 艘，葡萄牙（从澳门出发）5 艘。美国商船有 5 艘分别是：来自纽约的"实验号"（Experiment）斯鲁普双桅帆船，船长是迪恩（Dean）；来自费城的"广州号"（Canton），船长是恰克斯通（Truxton）；来自纽约的"中国皇后号"（Empress of China），船长是格林（Green）；来自纽约的"希望号"（Hope），船长是马吉（Magee）；来自塞勒姆（Salem），途径毛里求斯岛（Isle of France）接着前往广州的"大土耳其号"（Grand Turk），船长是威斯特（West）。英国地方商船共有 23 艘，

---

① 现写作 Mede，印欧人种之一，与波斯人有血缘关系。定居于后来称为米底的高原地区。——译者注

来回的目的地都是印度海岸。

与当地有史以来任何一个单独的年份相比，这都是一个超乎寻常的数目，可以预期这必然将对贸易产生影响。除了武夷茶以外，每种茶叶的价格都比 1784 年至少上涨 25%，其他输出品的索价也成比例提高。

英国商船，不仅在数量上有所增加，而且在吨位上也大大增加了。这是由于为了制止迄今一直存在的与其他国家暗中交易的茶叶走私贸易，英国东印度公司在英国国会降低了茶叶税的同时，先发制人超过年度供应量来采购茶叶。人们普遍认为英国国会的这项法规对丹麦人、瑞典人以及法国人的茶叶贸易将造成相当大的影响。英国人的这种对于茶叶的特殊需求，迫使他们要从英国输出大量金条、银条。尤其是他们的信用贷款已经受到他们在印度的臣民以及中国人尽可能的抵制。去年，他们的商船非常依赖向本国运输茶叶，在目前这个航海贸易季节，他们已经获得由他们的直系商船所创造的不少于 70 万英镑的现金，总金额超过 300 万元银币。

那些非直系的英国地方商船不时开行利润丰厚的前往巴达维亚的航程，它们把广州的平纹细布和所有种类的棉质布匹、品种多样的丝绸制品以及大量的硝石运到巴达维亚，在返回时，前往广州的商船装运胡椒和锡锭，而其他商船则把巴达维亚的糖运到马拉巴尔海岸（Malabar Coast）①，以此来抵消来回可观的运费。

至于法国人，法国虽然没有在最近的战争结束以后建立起东印度公司，但是几次尝试与中国进行贸易。在 1783 到 1784 年间，法国人就提出了这一设想，但是直到去年，他们在广州这里还是只有一艘商船。英国人的实验结果大概极大的诱使法国人成立新公司，今年他们已经雇佣了 8 艘船，其中 6 艘商船前往印度，2 艘商船前往中国，最后一艘前往印度

---

① 位于印度西海岸南部地段，大致在果阿以南，东侧为西高止山，有时也指印度半岛整个西岸。——译者注

的商船在本季节末绕过好望角，料想是前往本地治里（Pondicherry）①。他们前往中国的商船主要依靠从欧洲带去的银币以购回船货，而他们前往印度的商船则是把补给品和商品运输到毛里求斯岛和留尼旺岛以及在孟加拉和印度海岸的殖民地。他们回程所运的船货包括胡椒、咖啡、药材、硝石和布匹，例如平纹细布、白棉布、擦光印花棉布，以及各种用蚕丝和棉花制成的产品。法国人并没有对他们的亚洲贸易抱有非常高的期望，一些明智的法国人很快意识到贸易不是他们的强项，至于谈到他们公司目前的情况，他们会毫不犹豫地表示："能走多久就维持多长时间吧。"

西班牙人在使用私有船只经营贸易之后，在马尼拉（Manila）成立了公司，据说注册资金达800万元银币。他们在广州的2艘船不久将要返回马尼拉，抵达马尼拉以后将对船载货物处理配置，一部分留着供应当地市场，一部分则途经阿卡普尔科（Acapulco）②运往西班牙在美洲的殖民地，剩余部分用其他船只运往欧洲。西班牙人与中国的贸易主要必须依靠银币来进行贸易。

葡萄牙人仅仅保留着对其以前成果的庇护，从事国家贸易所使用的船只为澳门和在印度的葡萄牙殖民地的个人所拥有，据观察，葡萄牙与欧洲的贸易也是由私人来经营，由于现在几乎没有出自该国在印度殖民地的物产能用于与中国的贸易，葡萄牙人不得不极度依赖由中国人提供的贷款来购买他们运回本国的货物。几乎没有一艘葡萄牙商船能够从欧洲带来足够的资金，如果不能设法获得印度分公司的欧洲职员的帮助，寄希望于逃避雇主的监管用总公司的财产进行担保，是无法获得这些贷款的，因此，葡萄牙与中国的贸易毋庸置疑将会失败。

从1783年以来，由印度与澳门一些私人所有的小船被装备用于勘察

---

① 印度半岛濒临孟加拉湾的港口城市现为印度本地治里中央直辖区与本地治里县的县城。濒临孟加拉湾，1674年成为法国殖民地。——译者注
② 墨西哥南部濒临太平洋的港口城市。——译者注

### 在广州卖毛皮的小贩

　　从 1783 年以来，由印度与澳门一些私人所有的小船被装备用于勘察加以及美洲西北海岸的毛皮贸易，大大降低了欧洲运到广州的毛皮价格。图为在广州街头叫卖毛皮的小贩。

## 画有外国商馆的碗

约翰·格林船长于 1786 年 2 月从纽约出发，指挥"中国皇后号"第二次远航广州，并于次年 5 月回到美国。图为他在广州所购买的四只"画有外国商馆的碗"，在碗侧面的图案中，在英国和荷兰国旗之间，画有美国国旗。特别值得一提的是：华盛顿得知"中国皇后号"将第二次前往广州的消息后，曾写信给蒂尔曼，请他代购一批中国货，并随信开列了一张华盛顿夫人需要采购的中国货清单，包括"白色大磁盘、白色小瓷碗和最好的本色南京布、薄棉布以及丝绸和茶叶"等，显示出华盛顿及其夫人对中国产品的喜爱。

加（Kamchatka）①以及美洲西北海岸的毛皮贸易，这项贸易的成功符合这些冒险家的预期，大大降低了欧洲运到广州的毛皮价格。

在大致介绍了其他国家与中国的贸易方式的概况之后，也许可以适当地对我们自己的状况提出一些建议。

美国居民离不开茶，茶叶的消费量必然伴随着我们国家人口的增长而增加，因此，当美国人得知欧洲绝大部分国家不得不用预先准备好的现钱购买这种农产品时，一定会对祖国能够以宽厚的条件向他们供应茶叶而感到满意，要不然，在相当大的程度上，美国的山川和森林的物产是无法换取这些第一流的奢侈品的。美国独具的这种优势在这个例子上是引人注目的，美国以自己的方式已经开始与中国进行贸易，并且目前还在进行中，已经让欧洲人非常警觉。欧洲人已经获悉，第一年，美国只来了一艘船"中国皇后号"，所使用的贸易资源构成中只有 1/5 是预先准备的现金，却以公平合理的价格采办了与欧洲人所购买的同类的商品货物，而欧洲人在购买这些商品时，像已经观察到的那样，主要使用银币付款。他们在广州再次看到的"中国皇后号"商船是通过她的第二次航行再次到达中国，除这艘船以外还来了 4 艘美国船。而且欧洲人有非常足够的理由相信，他们见到的这些商船是靠自己国家的物产去换取这些商品的，尽管在美国商船的贸易资源构成中，银币只占一个非常小的比例，但是欧洲人预料美国所有商船返回时会装满富有价值的贵重货物，美国取得如此贸易优势条件源于她的西洋参。

至于谈到中国对于美国西洋参的需求，西洋参也许可能被描述为对中国民众有益，就像她的黄金、白银宝藏对一切人类有益那样，这是世人非常大的误解。直到美国国旗出现在这个地区以前，人们普遍认为每年 40 到 50 担西洋参足以满足这里的年度消费需求。事实证明完全不是如此，1784 年，第一艘美国商船就装载超过 440 担西洋参来到这里，这与在相

①  位于亚欧大陆东北部介于鄂霍次克海与白令海之间。——译者注

同季节从欧洲运送来的西洋参数量无法匹敌，其中绝大部分西洋参必定是此前美国公民先运到欧洲的。在目前这个季节已经出售超过 1800 担西洋参，其中一半来自美国商船。尽管从 1784 年以来西洋参的销售量在不断增长，但其销路没有因进口数量大增而受到根本影响，这大概是因为这里一直有充足的市场需求从而能确保西洋参的价格平稳。

在关于西洋参的思考方面，相关探究调查似乎必然会出现，是否能提供比目前状况更有益于西洋参生长的土地？这种农产品的栽培可行到什么程度？用什么方法可以最有利于帮助西洋参生长？而且，如果将西洋参作为美国的利益所在，应先期阻止用除美国人之外任何人的货船直接对中国出口西洋参，这也许是一些不值得国家关注的问题。

美国除了可以通过用她的西洋参与中国进行直接贸易以取得优势之外，也可以从开辟迂回航线中获得其他方面的利益。这样做是可行的，不会浪费时间。正如我在前文已经陈述过的，我们的商船曾在荷属东印度的首府巴达维亚停泊，在那里我们受到了善意的接纳。美国出产的铁和松脂等物产在当地非常畅销，除此之外，我们所出售的商品即使不是我们自己的直接产品，也可以从与其他国家的交易中得到它们。利润有时可能产生在从巴达维亚运输到广州的商品身上。无疑，类似的优势将产生于美国人经过马拉巴尔海岸（Malabar Coast）和科罗曼德尔海岸（Coromandel Coast）①，再穿过马六甲海峡，到中国的迂回航线途中。

从总体上看，美国能够在有利的条件下从事与中国的贸易，对每一个美国人来说，这一定是一个非常令人欣慰的值得考虑的事情，尽管在许多方面没有优势，然而到目前为止，在所有情况下，我们与任何其他人所拥有的那些地位和权益是同等的。

在这第二次赴广州的航程中，我们受到中国人和欧洲人的欢迎，如果

---

① 印度泰米尔纳德邦东部开阔的沿海平原。东临孟加拉湾，西至东高止山脉，南至高韦里河三角洲，北至乌特卡尔平原。——译者注

从非常严格的意义上来说，我们应该说是受到除去英国人之外的欧洲人的欢迎。中国人对我们贸易量的增加感到高兴，那些欧洲人跟我和兰德尔先生都是老熟人的交情，都表现得非常礼貌和友好。我相信美国其他商船上的绅士们对所受到的接待会感到同样满意。与所有其他国家的行为相比，英国人的行为是个例外，个中原因不易断定。英国人从澳门前来广州，通常是我们先去拜访他们，他们再随后回访我们。所有其他国家都是按照惯常的礼仪举办宴会和晚餐来款待我们[①]，并接受我们用同样的方式对他们的款待，唯独英国人省略了这种礼节，不仅是针对我们个人，而是针对所有美国人。即使这样也无法阻止或中断我们和英国熟人之间一直存在的交往，每当我们在第三方主办的社交场合相遇都会对此抱怨。这些都是真实的，在目前这个季节英国东印度公司董事会在给大班们的指示中，命令他们采取一切措施尽全力阻止大不列颠的臣民以各种形式帮助和促进美国人的贸易。即使这些禁令只是董事们的打算，或者只是他们的雇员们的解释，但是与之前他们对待美国人的礼遇相联系，不可否认这些英国人的行为是极其狭隘粗鄙的小人做法。

至于说到其他事情，在 1784 年 11 月不幸的炮手事件以前没有其他特别的事件发生。[②] 这个不幸的炮手事件发生后，暂停了通常情况下中国人与外国人的良好沟通，而且这一事件，完全废除了所有船只在任何情况下在黄埔鸣炮行礼的惯例。

我们的朋友西尔斯先生的去世，打乱了我们在中国的商业活动计划，他的儿子和兰德尔先生一起返回了美国。在兰德尔先生返回中国之前的这个间歇，我将前往孟加拉和科罗曼德尔海岸考察，一直到今年的航海季节结束再回到中国，然后明年前往孟买和马拉巴尔海岸考察。

1787 年 1 月 25 日，完成了我们船在广州的生意，27 日从黄埔起航，

---

① 见本章后注释一。

② 见本章后注释二。

# 帝国的相遇

2月1日抵达澳门，我和兰德尔先生上岸。当晚兰德尔先生回到了船上，第二天早上，领航员引领我们的商船驶离澳门，踏上返回美国的行程。

为了顺应由外交部长向我转达的有关国会委托我担任美国驻广州领事的指令，我写了一封信让兰德尔转交给外交部长，信中有一些有关各国外商与中国人进行贸易的最重要的具体情况，此前叙述的内容也被插入信中，还包括有关我们自己国家与中国人进行贸易的建议。①

3月14日。有关我考察孟加拉的旅行计划似乎是命运的安排，令我失望的挫折对我来说，到底是我的幸福还是厄运，只有时间才能断定。在本航海季节结束的时候，广州只有唯一一艘轮船前往孟加拉，但在时间上不能迁就我。为此，我向一位美国商人马休士·约翰内斯（Mattheus Johannes）先生提出请求，在他自己拥有的从澳门开往马德拉斯（Madras）的商船上预订了一个床位，从马德拉斯应该很容易前往加尔各答（Calcutta）。2月1日我抵达澳门，轮船在4天前已经做好航海准备。但是，第二天杜福特（Dufort）船长告诉我，有一艘他过去指挥过的轮船定于本月15日直航加尔各答，我可以乘那艘船旅行。于是我放弃了9日乘坐马休士先生的轮船取道马德拉斯的想法。在等候航行的间歇，"恒河号"（the Ganges）轮船从广州出发于3日抵达澳门，船上的几名乘客以行程时间被延迟的借口要求船长拒绝我登船。几个欧洲人说地方商船拒绝一位有身份的绅士搭乘是前所未闻的事情，但也许是因为我不是欧洲人，他们无法为我破例。船东J.麦金泰尔（J. McIntyre）先生满怀歉意地告诉我，在我要求上船时他正好生病，因此我才会被拒绝登船，为此他万分抱歉。不过，如果麦金泰尔先生不道歉的话，我是无论如何不会再次请求搭乘这艘定于7日起航的"波特尔浩号"（Botelho）商船。虽然形势似乎预示着"波特尔浩号"商船将不会按预定的时间准时起航，不过，忍耐是我现在唯一的补救办法，尽管这一美德并不能让我少一点烦恼。在

--------

① 详见附录 B。

再三拖延一个星期又几天以后，终于在最后一天宣布航程调整，定于本月 3 日开往马尼拉，为了实施新的航程，他们第二天开始卸下原本运往孟加拉的货物。

这个挫折让我痛心，但我没有别的选择，我必须在澳门逗留，因为错失了整个航海季节，我沮丧懊恼不已，没有一单生意可做，其次也没有娱乐可玩，我的花费要比我原计划去孟加拉的费用超出很多，但我必须尽力耐心地等待事情的进展，随遇而安。

7 月。我在澳门居留了将近 6 个月，这段时间给我提供了一个获得更多有关这个殖民地事务见闻的良机，否则是难以有机会了解到的。关于澳门的位置和管理机构的状况与之前所记录的选摘自《安松的旅行》的有关叙述没有本质的不同。澳门的行政置于总督和参议院的管理之下，地方行政长官和民事法官是各自独立的，代理主教管理教会事务。他们全部是在果阿 (Goa)[①] 被任命。在澳门周围的高处和海边最重要的地方建有要塞和炮台，这些军事设施对于任何方面都可能是有用的。虽然这里不缺乏耀武扬威，但当总督到户外散步时却从来少不了一小队印度兵进行保护，他的太太外出散步也是相同的阵势。这里的军事组织的构成包括来自果阿的由150 名印度兵组成的正规部队，以及由当地人参加的民兵组织，部分民兵穿着与印度兵类似的衣服，他们协助承担这里的守备任务。

此外，估计这里的居民更多地直接臣服于葡萄牙当局，尽管中国人在澳门有非常大的数量，但他们一直保持着这种独立状态，由中国官员自主管理，并拥有中国人自己的海关。

总督的薪金是每年 1200 银两，还不足以支付他的日常生活开销，虽然他可以从贸易中获得很大的利益，但也无助于弥补他生活费用的不足。鸦片对于中国人来说是绝对的禁运品，无论在什么情况下都不能合法地运

---

[①] 位于印度西海岸，于 1510 年被葡萄牙侵占，是印度果阿、达曼——第乌中央直辖区的一部分，濒临阿拉伯海。——译者注

进中国的港口。但是这个禁令不涵盖隶属于葡萄牙的澳门，澳门总督最关注从孟加拉运到澳门的鸦片情况，虽然参与运输的有葡萄牙货船，然而相当大部分的鸦片是由英国货船运来的。这些运送鸦片的英国货船常常是由于未能运抵广州而来到这里的，在澳门通常能极其安全地进行走私，他们把鸦片存放在澳门的一些葡萄牙人的船上，待价而沽，以便在市场行情上涨时不至于错失良机。在这些走私的实例中，澳门总督要么是作为生意伙伴参与其中，要么就是从中获得可观的贿赂。据说在 1784 年到 1785 年期间，他从这些鸦片中获得的报酬至少达到 4 万元银币。这没有什么好惊奇的，当时平均每箱鸦片估价 350 元银币，一年估计有超过 2000 箱的鸦片走私进中国。从那以后，尽管鸦片的输入在增加，然而澳门总督从中获得的额外收入却大大减少了。与以前澳门总督参与走私做法不同的是，英国投机商人现在用一艘船经常往来于澳门附近的许多岛屿之间，这些岛屿有大量安全的港湾，这艘船作为一个鸦片寄存处为大量的鸦片寄存提供服务，当那些运送鸦片的轮船要返回孟加拉时，就把手头剩余的鸦片存放到这艘船上。买鸦片的中国人就到这艘船上付钱买鸦片，除此之外，每箱鸦片他们还要付 20 元银币对官员进行贿赂，这些官员一直在他们自己的小船上以足够近的距离为鸦片交易提供警戒。

葡萄牙人声称对于冰仔（Typa）拥有管辖权，除了中国船只，拒绝其他所有国家船只随意停靠，这显然是特别的不同寻常。冰仔是一个安全的港湾，由几个岛组成，从这里可以通向澳门。可是这里不在澳门各个要塞的管辖范围内，而且也没有设定任何一门炮来针对着这里的每一个角落。尽管这样，那些在开放锚地停泊的商船有时也会面临极大的危险，因为如果一艘船偶然发生危险，即使为天气原因所迫而进入冰仔港湾，那么，只要船长擅自弃船上岸，就会被逮捕和监禁，要么被关在名叫特龙科（tronco）的普通监狱，要么关在葡萄牙人的要塞里。在我逗留期间，这样的事例就发生在一位英国地方商船的船长身上，由于作出重大的让步，这位船长在被关押了 8 天后才重获自由。葡萄牙人的这一要求显得非常特别，以至于其他国家在印度的欧洲人都要服从他们的执法，特别是在那些欧洲商船常去的、容易对欧洲商船进行报复的每一个港口。

体现葡萄牙人侵害权利的类似例子是关于住房方面，欧洲人对他们表现出更多的屈服。他们的这些房屋在租给欧洲人时通常都附带着卑劣苛刻的条款，尽管房屋的租赁期限有许多年，但业主要求房屋须保持原状，一旦出现损坏承租人须立即花钱将房屋维修好，否则将增加租金。除非在业主得知目前的承租人将离开澳门前往广州，或者在承租人将被迫寻找其他房屋的情况下，业主才会转而遵从承租人。瑞典人的房子在澳门是最好的，房子装修花费了他们公司 8000 元银币以上。总督，更确切地说是总督夫人，爱上了这所房子，瑞典人在各方面都对自己不利的情况下被迫同意与总督的房子交换，至于总督的房子价值还不到瑞典人仅仅是在房屋装修方面所花费用的一半。作为欧洲商人个人在住房方面也深受其害，葡萄牙人甚至都不按礼节去征求居住者同意。要么是趁房屋的承租人不在家时，强占房屋，像上个季节霍尔（Hall，英国商馆的大班）先生的遭遇；要么是房屋承租人接到搬离的命令后，拒绝搬走，而被破门而入，就像几周前皮切（Peach，英国商馆的大班）先生所遇到的情况。因为必须给预期将从果阿来澳门上任的行政长官准备提供住房，葡萄牙人命令皮切先生搬家。对这个命令他拒绝遵从，主要是因为他已经支付了当年的房租。于是，他锁上门决心继续住下去。但是，这样做对他没有任何好处，在随后的一天早上，他的房门被强行砸开，他在床上被逮捕并且被押至特龙科的地牢中。在被关了 5 天以后才从地牢中释放，这时他的房子已经准备好给那位即将到任的地方行政长官入住了。

在占领皮切先生的住房与地方行政长官到达之间的间歇里，澳门当局收到那位地方行政长官的一封信，信中说他以前在澳门生活过，希望尽可能安排他住在当年在澳门生活时住的房子里。可是这所房子现在是都兹（Dozy）夫妇在居住，在荷兰人搬到广州的公司寓所居住以后，他们夫妇才得到荷兰人留下的全部恩赐，住进这所房子里。这位地方行政长官表示他不赞成像对待皮切先生那样，采取暴力手段，并且宣称在房子没有被葡萄牙人收回之前他会住在他现在居住的房屋，而不会强行住进都兹太太的房屋，他的意思是他不会为了自己的利益而给任何一位欧洲人带来不便。我参加了这位地方行政长官的就职仪式，他在我离开澳门的前两天抵达，他是欧洲出生的葡萄牙人，看上去大约50岁年纪，能够讲纯正的法语，优雅而睿智。

在澳门，葡萄牙人与外国人之间关于房子的争执，是由于外国人在澳门不被允许拥有任何不动产而引起的。要不然，这些外国人可以买地为自己建房来代替租房。这些葡萄牙人与外国人在澳门的纠纷不仅仅局限于阳宅方面，如果一名异教徒死在澳门，他不能获准葬在这座天主教的城市里，在他遗体能够被运回他那遥远的故乡以前，办理丧事的人必须和拥有城外所有土地的中国人协商安葬事宜。

如果从澳门的教堂数量来判断当地的居民中笃信耶稣的人数，毋庸置疑，到目前为止，可以估算出极高的大概人数，除了这13座教堂之外，这里还有许多明尼克教派的修道院，以及圣方济各会的男修道士，和另外一些修女，在男修道士和修女之外，还有大量的宗教神职人员。这些宗教建筑和诸如参议院、法院、监狱以及医院这些公共建筑一样，用砖或石头建成，具有漂亮的建筑风格。私人住宅通常高大宽敞，外墙一般是刷上白色涂料或者石灰。

据观察，那些已经在广州设立办事机构的欧洲人，往往在两个航海季节之间的间歇前来澳门进行贸易，这时各国欧洲人会从澳门的葡萄牙人那里租赁设备良好的上等房屋居住。澳门有一处还算不错的市场，里面卖鱼、家禽、猪肉以及中国人种植的大量而丰富的蔬菜。当几个国家的有身份的绅士们都聚集在澳门，这里的社交圈一定不会差。他们各自的房屋里都有台球桌，许多人都拥有游艇，并且一周举办两次公共音乐会。除了上述这些消遣娱乐以外，通常每周六晚上会在丹麦商馆头领博赫尔森（Vogelsang）先生的房子里设立法老牌戏赌场，在其他时间的晚上，虽然有时也偶尔会在荷兰商馆头领的寓所开赌。澳门通常缺乏可作为公司集体宿舍的房屋，一些英国人和荷兰人会为自己租房居住，对于他们被允许支配用于租房的租金额度，他们所在的公司有各自的规定。这样一来会形成不少社交圈子，有助于增进和睦融洽的伙伴关系，他们为了维护延续良好的人脉关系，总是不得不选择住在一起，比邻而居。

我在澳门居住期间，各国欧洲人对我的所有关照都如我所愿。从荷兰商馆的头领海明森（Hemmingson）先生到荷兰公司宿舍的其他绅士们，我与他们相处得非常自然率性，每当我参加他们的聚餐都感到心情愉快、无拘无束。我也一直期待对我同样友好的瑞典人对我单独的邀请。我与丹麦人经常来往，尤其是和他们商馆的头领博赫尔森先生，我曾经前往他的住处，他和夫人住在一处单独的房屋中。我与法国商馆大班戴斯茂林斯（Desmoulins）先生以及其他法国绅士建立了友好的关系。特别是与勃艮第（Bourgogne）先生交情深厚，他是哈布斯堡帝国商馆新任的第二长官，对我非常友善。荷兰商馆的都兹夫妇从荷兰公司的宿舍搬出来单独居住，荷兰的本山姆（Benthem）先生和波尔斯（Boers）先生，也单独租房居住，他们也都特别关心我，我分别受到他们各自给予的无条件的礼遇。

我们的友伴发现，如果有赫普沃丝（Hepworth）夫人和她的妹妹麦克坤（McQuin）小姐陪同，会给人增添特别的乐趣。赫普沃丝夫人的丈夫是一艘英国东印度公司商船的船长，在船长从广州返回澳门之前，她们一直留在这里。她们要一直逗留到3月下旬，在她们逗留期间，在各个国家商馆对她们的招待中总是都包含有晚上的舞会，在这些场合永远都不会有超过包括拉·加文奈特夫人（Madame la Governante，时任澳门总督的夫人，总督夫人非常时尚，众所周知，夫人阁下是一家之主，有时也是政府内阁的"主人"）和德·索萨夫人（Madame de Souza，这位女士来自毛里求斯岛，具有法国血统，她嫁给了一位出生于欧洲的葡萄牙人）等人在内的6位女士聚集。

我们对于拉佩鲁兹（la Pérouse）伯爵前来拜访同样感到非常荣幸，

他偕同他的那两艘"最友善陛下"（Most Christian Majesty）的轮船在环球航行的途中停靠在这里。此外，在伯爵的轮船驶离几天以后，大约是在2月中旬，有两艘法国军舰抵达这里。接着闯过虎门（Boca Tigris），中国人发现他们不是商人，之前他们在澳门报到时也被发现不是商人，直到他们的领航员上船引导军舰驶往广州以前，军舰上几乎看不到人和枪炮。这两艘军舰的目标是什么？在开往虎门上游时，他们没有按照军舰的惯例航行，也没有泄露任何意图。在这两艘军舰返回时，其中一艘由卡斯特里斯（Castries）子爵指挥的军舰在澳门锚地停留了10天，在此期间他和舰上的军官们偶尔会上岸来。

4月初，当英国的绅士们抵达以后，我按照惯常的礼节拜访了他们，这也是例行回访。英国商馆头领布朗（Browne）先生要宴请我，我婉言谢绝了，并请求他谅解。几天以后在荷兰人的住处，他再次提出要宴请我，并且用手拍了拍我的肩膀，用非常亲密的方式补充道："不只是明天，这一时期每周日都是我们款待朋友的固定时间。"在这个场合我还是用类似上次的方式谢绝了。由于他确信我不会接受他的任何邀请，这次以后我也就没有受到他另外的邀请。尽管我们经常一周在其他地方见两三次面，但一直保持友好的关系，到目前为止，他从未再邀请我，我也不用为了拒绝而找各种理由。然而即使这样也不能阻碍他此后在我因为身体微恙而卧病在床的三周里，两次来探望我，并且阻拦我对他礼节性回访。布朗先生在这些英国人中以善解人意而著称，我对于我和他之间形成的尴尬处境颇为遗憾，主要是因为去年我发现他怠慢在广州的美国人，尽管他不是有意想造成这样的结果，完全是由于心不在焉，但是因为这件事情，他成为尽人皆知的话柄。不管怎样，我已经下定决心并打算坚决固守我的决定，在布朗先生担任英国商馆头领期间我绝不接受英国人的宴请，除非他为他过往的怠慢行为道歉。这一决定并不妨碍我接受单独居住的邻居卡明斯（Cumings）先生（英国商馆的第二长官）的宴请，也没有阻止他接受我的宴请，以及我们之间再三反复地相互宴请。也同样不影响我与弗里曼

(Freeman) 先生密切往来，尽管他住在英国公司宿舍里，他和他的同事在我举办的晚宴上频频向我示好，我还用晚宴来对我所受到的每个家庭给予的许多礼遇表示感激。

除了公司雇员，个体商人们有时也会在这个时期住在澳门，考克斯(Cox) 先生是其中之一。他是一位英国绅士（他的父亲建有著名的博物馆），他主要经营批发各种钟表和珠宝，并且绝大部分商品由承销人带往广州销售，另外，他还涉足两艘英国地方商船在孟加拉的贸易活动。另一个是意大利个体商人帕沃里尼（Pavolini）先生，主要经营珊瑚、珍珠以及其他类似贵重商品。

除了与总督一家以及马休士·约翰内斯（Mattheus Johannes）先生、德·索萨夫人交往之外，居住在澳门的欧洲人与当地葡萄牙人之间没有任何交往。不过军人和少数重要市民有时也会出席音乐会。按照惯例，在这个季节里在澳门的各国人士要宴请葡萄牙驻澳门的一些"官员阁下们"一次或更多次，对此，顺便提一下，这些"官员阁下们"从不回请。有位"夫人阁下"叫多纳·玛丽亚（Dona Maria），是一位在欧洲出生的葡萄牙人，明智而机灵，在她心情好的时候非常随和容易相处。她的丈夫是一位"官员阁下"，看起来不到 40 岁，出生在果阿，就广博的见识而言应在他夫人之下。一般人可能不了解这位在印度出生的葡萄牙人[1]，如果让我来对这位"官员阁下"进行描述，可以这样表达，与其说他确实头脑简单，倒不如说他是一个喜欢讽刺挖苦的气量狭窄的人。但这就是事实，在瑞典人举办的宴会上，他询问坐在他和我之间的一位英国绅士说，英国和美国的战争是不是还没有结束！此后不久，传来了荷兰动乱的消息，这位阁下从频频传来的关于荷兰这个国家和亲王的传闻中获知了一些详情细节，他曾非常严肃地要求了解国王在这次动乱中参加了哪一方！一位重要的参议员在另外一个场合谈论美国独立革命话题时泄露了一个这位阁下同样缺乏了解

---

① Indian-Portuguese, 又译葡属印度人。——译者注

的情况，那就是美国独立战争时期，英国人在输掉美国的过程中损失巨大。对此我们的这位"官员阁下"这样回答："啊，也许吧，但是英国人取得了槟榔屿①！"当统治者如此这般时，大部分的民众又会怎样？这里的欧洲居民异口同声地宣扬他们闲散的生活观到尽人皆知的地步，其结果就是贫穷而极其迷信。

澳门居民普遍都具有这种特征，或许也有一些例外，但是为数不会很多，如果我们认识到把他们称为葡萄牙人是不恰当的，那么对他们的这些特征就不会感到特别奇怪，他们是混血人种，不仅与中国人混合，而且几乎与印度各地不同人种都有混合，并且他们之中还有不到3%的居民曾经生活在好望角的西部地区。澳门行政机构的成员几乎普遍出生在印度，从一个人的外貌上可以看出，澳门行政机构中的成员并不是个个血统纯正。虽然普遍说的语言是所谓的葡萄牙语，但实质上是一种混杂了马来语和汉语的杂烩语言，以至于第一次从里斯本来的人难以理解——他的祖国语言反而没有给他带来一点优势。

澳门有许多非常优美的地方，其中有一处太值得饱览而不能忽略忘却的风景胜地，位于半岛西岸的高地上，在这里可以俯瞰城市、港口、锚地以及附近的岛屿。这里建有一幢雅致的别墅和一个附属的非常广阔的园林，景色令人陶醉得简直就像到了人间天堂。这个地方通常是被欧洲人租用，目前这里是英国商馆兰斯（Lance）先生和费兹修（Fitzhugh）先生的住处，他们为此花费了相当大的一笔开销，在某种意义上这是在向他们的审美品位致敬。这里的景致如此绝佳迷人，并因此获得了园艺房屋或者花园别墅的美誉。这里的日常维护费用不菲，这是澳门的权贵为何没有选择拥有它的原因。花园中还有一处使其闻名遐迩的细节，在一处由两块岩石形成的天然石拱上，在其巨大体量的顶部的三分之一处，刻有曾因写出有关卢西

①　现写作 Pulau Pinang，或 Pinang，现为西马来西亚的一个州，范围包括马来半岛西北岸外的槟榔屿和大陆上的韦尔莱斯利省。槟榔屿岛扼马六甲海峡，地理位置十分重要。在本书中指槟榔屿。——译者注

### 澳门俯瞰

　　澳门是 18 世纪及之前葡萄牙人在世界各地所建殖民地的标本、炮台、城墙、教堂、女修道院、邮局、政务厅以及宽敞坚固的私人住宅和花园别墅应有尽有。当时的清政府不允许外国妇女在广州登陆，因此许多外国人的家眷选择在澳门居住，1830 年 11 月，曾有几名英国和美国的妇女从澳门来广州参观外国商馆，为了迫使她们立即离开广州，清朝政府官员两度以停止通商相威胁。

## 虎门炮台

    虎门炮台位于珠江下游入海口附近，是广州水上门户，距离广州城约 40 英里，战略位置非常重要，清朝政府规定外国军舰兵船必须停泊在珠江口外，不得进入虎门。

塔尼亚（Lusian）① 诗篇而永垂不朽的著名诗人卡蒙斯（Camoens）的名字，以及他的同乡，那位喜爱冒险并且第一个绕行好望角发现前往印度航线的著名航海家的名字。

7月28日，来自纽约的双桅帆船(brigantine)"哥伦比亚号"(Columbia)抵达这里，"哥伦比亚号"载货量140吨，船主是所罗门·邦克（Solomon Bunker）。该船的大班海登（Hayden）先生和他的朋友哥顿（Gorton）先生渴望能马上前往广州，我们约定住在一起，于是第二天晚上我乘坐"哥伦比亚号"离开澳门，并且于31日抵达广州，住在事先预订的近期刚开设的哈布斯堡帝国商馆雷恩（Lane）先生的公寓里。

12月20日。1786年中国人的主食大米严重不足以至于引起遍及广州区域一带全面的恐慌，由于上一个季节罕见的旱灾缩减了两季庄稼作物的产量，极度地加剧了米荒。到目前为止，大米这个商品已经卖到每担3元银币，是不久以前价格的8倍，高昂的价格导致不幸的延伸，不仅遍及广州一带还扩展到邻近的省份。地方行政官在本季节伊始，通过每天向穷人分发大米，力图减轻他们的疾苦。1787年7月30日，在米仓开门分发大米的时候，由于人群非常拥挤，22名贫穷的妇人因此被踩踏致死。在同一天，若干这些不幸的人在返回他们在河对岸的聚居地时，暴风掀翻了小艇，船上的乘客中有17人溺毙。在所有的日子里，甚至在最富裕的丰收季节，外国人的人性不断地被清朝乞丐的数量震惊，他们中有男子，有妇女和孩子，时常出入于商馆前的码头，他们这些人有着可以想象得到的令人恶心的外表。清朝地方行政长官因为容忍这些情况存在理应受到谴责，即使在目前这个令人痛苦的季节，只要他们尽其职责作出一点小小的努力，就能够防止乞丐们每天上演这些极端令人厌恶的场景。这种情况不是缺米导致的，也不仅仅是因为米的价格高；因此，向这些不幸的难民提供大米等食物的做法很快终止；接着，在持续6周的时间里，由于寒冷黑

---

① Lusitian 的缩写，葡萄牙的古称。——译者注

夜的到来，早上见到一个或更多的人死在码头上已习以为常。在清朝，当地全部的一般性事务的管理可能自然归属广州当局统筹执行。过分关注穷人，或者相反，对他们不闻不问，都是极端有缺陷的管理行为。这也不是与盛行的清朝统治杰出优秀的论点相矛盾的唯一例子。目前这个帝国的许多区域发生了大规模的严重骚乱，发生在福摩萨岛（Formosa）① 及邻近区域的造反起义预示着性质极其严重的后果。战争在那些区域猖獗汹涌已经超过 12 个月了，结局至今尚难预料。政府施加的压制迫使那些区域的居民处于绝望的状态，不仅在那些发生暴乱的地方，也包括邻近的省份地区，这种状态对农业和商业贸易的影响是极其有害的。

尽管英国商船的船只数量没有超过去年，然而，从他们船的较大的体积来看，其船舶总装载量大大地增加了。尽管商船普遍都是超载的，但雇他们的船须根据船舶吨位支付租金是英国的惯例。超额量被称作盈余的吨位数，约定按额定吨位租金的一半计算收费。因此，虽然那艘"诺丁汉号"（Nottingham）商船运载了 1106 吨货物，而实际其额定吨位只能承受 760 吨货物。超载量与通常额定运载吨位数的比率，估计在 20% 到 25% 之间。如果货物确实在船的运输过程中发生任何损失，船主无论如何必须予以赔偿。

在英国商船的名单中包括 2 艘小于普通体积的商船，这些船来自美洲西北海岸，它们在那里收购毛皮。为了鼓励这个贸易，英国东印度公司同意这些商船在广州支付他们测量的费用（对另外那些商船他们也是采用同样的管理办法），然后，在把货物运回英格兰后，再核定征收盈余吨位的运费。另外 4 艘商船料想来自位于新荷兰（New Holland）② 东南部海岸的植物学湾（Botany Bay）③，他们把不列颠的男囚犯和女囚犯从英国押运到

---

① 台湾的旧称。——译者注

② 1644 年，荷兰航海家艾贝尔·塔斯曼受荷属东印度公司的委派寻找"南方大陆"，到达澳大利亚西海岸中部的威廉斯河一带，不久，人们用"新荷兰"来泛指整个澳大利亚所在的大陆。——译者注

③ 澳大利亚新南威尔士州小海湾，现在沿岸为悉尼郊区。——译者注

植物学湾服刑，试图构建一个新的殖民地，不过，由于内阁随后的一个命令，为了保护和帮助创建这个殖民地，决定让他们在当地停留一年，作出这个决定的理由是期盼这里能够及时成为一个重要殖民地。尤其是当他们被提醒强大的罗马也有相似的发展壮大历程。

根据明智的观察家的见解，英国似乎不仅志在对欧洲茶叶贸易的垄断权，而是指望独占全球这个区域的商业贸易，该国政府近期创办了两家公司分别面向东方和西方；它们对孟加拉和该国属地的新计划是，禁止在印度的英国臣民违反禁令把他们自有的商船卖给外国人，总而言之，英国全部的经营管理措施强有力地支持了对该国动机的怀疑。它的这个目的，可以确信绝不是无聊的和微不足道的小把戏。现在已作为英国伟大的梦想受到该国的重视。由于这个梦想被当前的公众舆论迅速传遍所有角落，英国东印度公司认识到采纳这个战略最为恰当。这个战略与荷兰有着非常密切的利害关系，荷兰将在多大程度上遭受这个行动方式的损害，几年之后必然会见到分晓。英国在槟榔屿的殖民地，使英国能够控制从印度半岛（the peninsula of India）到马来亚（Malaya）和苏门答腊（Sumatra）岛的所有航行，使荷兰人相当不安。而位于新荷兰东南部海岸的植物学湾的英国殖民地则加剧了荷兰人的忧虑和担心，英国的这种做法很可能也会遭到来自瑞典和丹麦，包括来自英国恒常的敌人——法国的反对，因为它们无疑感到在这些贸易上也有自己的利益。也许这些国家的商业贸易联盟为了共同的利益，不会采取与最近战争期间武装中立的不同做法，可能会采纳像抑制和废除英国这些过分要求的更有效的措施和手段。

自从 1784 年以来，广州的贸易日趋损害欧洲人的利益，中国商人通过集体采购进口物品，几乎只需支付基本的成本，而出口物品价格的上涨幅度却出乎意料。根据最公道稳妥的平均计算结果，每种茶叶的价格除武夷茶单列之外，上涨了 40%！这个价格仍然不是其最高价位。面对茶叶的巨大需求，那些中国人甚至几乎不知道应该要价多少，虽然这种疯狂的购买热潮可能不仅只会持续到下一个年度，不过茶叶价格上涨一倍的可能性不大。

关于我们国家在这个区域的商业贸易迄今还处于其幼年期，虽然到目前为止还未得到国家足够的重视和考虑，但尤其是今年，却继续遭到英国极度地提防。

关于西洋参这个商品，这个季节的销售情况证实了我的关于美国可以从西洋参的销售中获得巨大利益的见解。其价格从每担 130 至 200 元银币不等，现在西洋参价格坚挺；尽管在最后一批商船离开之前，它的价格还可能每担上涨 20 到 30 元银币。

12 月 31 日，1787 年就这样度过了，我的失望之事是已经提及的，没有能够去孟加拉。不过结果也许应算作是幸运的。如果在此前的那段时间里我去了孟加拉，我可能会再次乘坐唯一的那艘船途经恒河返回广州，可是这艘船从加尔各答出发后却在这条河上沉没了，超过 60 个人横死在水中。

来自美国的小型商船，虽然在其他方面不是很有利，但是提供给我一个把一点点小小的财产运回家乡的机会，我打算从中国人那里获得贷款作为部分资金，在波士顿或临近地区建造巨轮，为此，我想在下一个季节结束的时候乘船回美国，我的目标是在 1790 年乘坐造好的巨轮回到广州。通过这个机会，我写了一封公函给外交部长。①

这里正好只有这艘商船来自美国，虽然这似乎是做投机买卖的一个好机会，不过机会只会提供给那些承诺能提供和我希望一致的预定收入的人。有一位绅士有一艘荷载在 500 到 600 吨之间的商船要转让，其转让条件没有超出常情，特别之处在于他希望美国人分期付款，该船的大班赞成我购买这条船，但同时要求我买下这条船之后把他的货品运回美国。尽管各项谈判都进行得令人满意，同时我又对保证运输船上的货物提出附加条件，但在经过 9 天谈判协商后，才发现这个销售意向是不能实施的，因为

---

① 详见附录 C。

这艘船已经在孟加拉注册登记，如果这艘船卖给外国人，没有办法恰到好处地规避罚款等惩罚。

禁止这些船舶销售的法令是上一年制定颁布的，由于我和兰德尔先生曾于 1784 年派遣过一艘属于在印度的英国臣民的船去美国，结果，这艘船不允许在好望角以西的海域航行。因此，所有的船主现在被迫在它们那里注册，并提交总金额两倍于船和货物总价值的保证金，英国政府规定他们不能把船销售给任何类别的外国人，除非由政府正式认可或处于类似的情况之下，否则甚至向英国臣民销售船舶也是禁止的。虽然某些经济压力促使这艘船的所有者想方设法规避这些限制，但是，他努力的结果证明是徒劳无功的。

这个方案的流产促使我继续实施我原先去孟加拉的计划，既然我甘心接受这个方案的流产，因此，我几乎没有为这次挫折感到遗憾。一艘由大陆海军"联盟号"护工舰改装而成的荷载 1000 吨的商船，从费城出发于 23 日驶抵澳门，29 日在黄埔停泊。这艘船于 6 月 20 日离开特拉华角 (the Capes of Delaware)，从美国东部驶来，绕过新荷兰和新几内亚，途中一直没有停泊，直到该船驶抵澳门锚地。这艘船为罗伯特·莫里斯独自所有，由托马斯·瑞德 (Thomas Reid) 船长指挥，有一名大班乔治·哈里森 (George Harrison) 先生押船护送，并给瑞典商馆的第二长官查默斯 (Chalmers) 先生带了一封信，于是，自然没有与我发生任何关系的必要 (该船装载了超过 250 担西洋参)。假如我完全凭主观臆断，认为这里没有市场竞争，从而做起我的投机买卖，那么这艘船的到达将推演出一个令人伤心的意外不幸。

正如教皇所说："凡是事物，都是恰当的。"我一定要努力记住他的见解。因此，我将乘坐麦金泰尔 (McIntyre) 先生的船踏上赴孟加拉的行程。我希望这将是一艘安全的船，麦金泰尔是之前提到在加尔各答 (Calcutta) 附近河流沉没的那艘船的船东之一，因为几乎不可能在紧跟着的这个季节凑巧再使他们的另一艘船沉没。

# 帝国的相遇

1788 年 1 月 16 日，完成了我告别前的拜访，我将在明天早上乘船去加尔各答——即使没有国家注意到英国人在北美洲的这部分土地已经让给了美国人，我之前的有关陈述也不会是不合礼仪的，到目前为止，在我和英国人之间，通常的拜访礼仪客套已经被彼此遵守奉行。我们和以前一样时常和他们在其他国家人举办的宴会，以及丹麦人的音乐会上相遇。今年，英国人在每个星期三晚上，在自己的商馆里也举办了公共音乐会。但是，基于我已经提及的那些理由，我婉谢前去出席，这个理由在我们之间不会造成误会，也不会由于我个人的理由造成任何不满。他们中间有许多值得尊敬的人物，我乐意把其中一些人物看作是我的朋友。在诉说了许多这些有关英国的事情之后，如果忽略描述我对所经受的由其他国家商馆头领和绅士们给予的招待和礼遇的心满意足，我将会产生一种极其忘恩负义的内疚，他们对我的言行举止态度在各方面始终表现出恰如其分的礼貌和教养，而且在许多事例上体现出真正的友爱。

---

**注释一：**

葡萄牙人款待我们的详情细节令人难以忘却，餐后甜点非常精美，在毗连我们准备用餐房间的几张桌子上，装饰着几件用纸制成的艺术品，在镀金的纸上绘有城堡、宝塔以及其他中国建筑，每件艺术品中关着一些小鸟，在我们首先为自由干杯的一瞬间，这些艺术纸笼的门开启，"小俘虏"们获得了自由，从我们身边飞向四面八方，似乎想通过给予小鸟们自由来让我们享有幸福的喜悦。——原著注释

**注释二：**

这个可怜的家伙随后在 1 月 8 日被清朝官员处决，这一定会让每一位拥有仁慈之心的人感到痛苦。——原著注释

# 访问孟加拉

　　我准备在 1787 年与 1788 年贸易季节之间的间歇安排去孟加拉（Bengal）访问，在 1 月 17 日星期四上午，我离开广州，一直远行至黄埔，按我原计划是在二沙登上罗伯特·马丁·福尔（Captain Robert Martin Fowle）船长的"阿格伊尔号"（Argyle）轮船。可是天色已晚，我的旅伴霍斯利（Horsley）先生（一位英国绅士），认为最好在"霍克号"（Hawke）船上过夜，该船是由他的朋友彭内尔船长（Captain Pennell）统领的。由于船长和大副都在广州，在船上我们受到二副埃利斯（Ellis）先生和随船医生的款待。18 日早餐过后，我们继续前往二沙，在正午抵达上了船，在船上我们遇见了几位乘客：德米特里斯先生（希腊商人），格雷戈瑞先生（亚美尼亚人），还有琼斯先生，他以前是贝尔维迪尔（Belvidere）[①] 的海军军官学校学员。20 日上午，我在澳门上岸，在礼节性拜访了总督及其

---

① 美国伊利诺伊州北部城市，濒临基什沃基河，1852 年设市。——译者注

# 帝国的相遇

夫人之后，我去探望马休士·约翰内斯（Mattheus Johannes）先生和博赫尔森（Vogelsang）先生。都兹（Dozy）夫人几天前已经乘船去荷兰。在与塞比尔（Sebire）先生和杜福特（Dufort）先生共进晚餐以后，晚上，我和另外两位绅士贝恩先生和惠特利先生一起回到船上，他们以前都是贝尔维迪尔的海军军官学校的学员①，前者担任三副，后者作为乘客。大副是霍布斯（Hobbs）先生，二副是科尔（Kier）先生。23 日，我们从位于澳门附近岛屿之间的英吉利小海湾（English Cove）起航。自 21 日以来，福尔船长一直在这个海湾把鸦片交付到吉尔菲林（Gilfilling）船长的斯鲁双桅纵帆船上。

2 月 5 日，星期二，我们抵达马六甲（Malacca）②，看到一艘荷兰战舰，还有两艘护卫舰（frigates），船上均降半旗为前一天去世的舰长（commodore）志哀。我和船长以及霍斯利先生于 5 点钟一同上岸，投宿于列菲先生开的小旅馆。当晚，舰长下葬。第二天，我拜访了港务官，但是由于身体不适，加上天气炎热，我只好谢绝了他给我引见总督的提议，并在傍晚回到了船上。

12 日，星期二，我们到达了槟榔屿（Pulo Pinang）。第二天早晨，我上了岸，并拜见了总督弗兰西斯·莱特（Francis Light）先生，还有担任英国东印度公司轮船"无畏号"的指挥官格拉斯船长（Captain Glass）、孟买海军的皮克特舰长（Captain Pickett），后者邀请我和他的朋友霍斯利先生一起住到他家，我欣然接受。当天我们与总督共进晚餐，16 日我们再次与总督共进晚餐，见面时,总督给我和霍斯利先生每人赠送了一支龙血藤手杖。在此前一天，海军中尉格雷（Gray）先生，不过这次是赴任炮兵中尉偕夫人，作为埃尔莫尔船长（Captain Elmore）指挥的"企业号"（Enterprise）轮船的乘客从加尔各答抵达。我们跟他们一起和总督，还有

---

① 见本章后注释一。
② 现为西马来西亚马六甲州首府和主要港口，濒临马六甲河河口，约建于 1400 年，1511年沦为葡萄牙殖民地，1641 年被荷兰占据。——译者注

别的一些绅士们在格拉斯船长家用餐，格拉斯船长也是一名炮兵中尉和军队指挥官。在 17 日星期天早上，我们上了船，继续航行。

槟榔屿，如今被英国人叫作威尔士王子岛（Prince of Wales Island），早在 1786 年被他们占有。小岛长度在 12 到 13 英里之间，平均宽度大约 5 英里，并且拥有一处优越而且安全的港口。该岛由吉打国苏丹（国王）（the King of Queda）① 赠予莱特先生，作为一名英国地方商船的船长，莱特先生多年来一直从事马来亚的贸易，与苏丹陛下非常熟悉，因为马来亚的王子们是他们自己领地的主要商人。小岛临近马六甲海峡西入口，位置非常优越，所以在与马来人进行锡、胡椒、甘蔗和藤制品等贸易中备受孟加拉行政当局的关注。孟加拉行政当局委任莱特先生担任总督，并从孟买派出一支百人印度兵支队，连同"无畏号"轮船由格拉斯船长和瑞本中尉统领为其提供保护。这个定居点相当繁华，除了一些马来人之外，不把驻军计算在内，有近 2000 名华人在此居住。居民们住房舒适，街道平直规整。总督和僚属们所住的要塞是一座宽阔而结实的棱堡，周围工事拱卫，部队就驻扎在距离适宜的建在平地的营房里。马来人被鼓励带自己的商品来此贸易，在这里他们可以卖出最高的价格，可以确保得到银币、鸦片或他们必需的其他日用品，而不会招致任何风险。该政策已经对在马六甲地区与这些马来人进行贸易的荷兰人造成很大影响，使得这些荷兰人很可能在短期内就会被挤出贸易活动。这个定居点看起来是一个极其和谐的小社会，加上格雷中尉夫人的到来，无疑使这种氛围更加惬意。除了之前提到的几位绅士，这里还有总督的助理皮古（Pigou）先生、赫顿医生、丹尼斯顿先生、法夸尔先生、随船医生詹姆斯先生、中尉德拉蒙德先生，以及曾担任英国地方商船船长的私营贸易商司各特先生，人们一般都称其为"马来佬司各特"（Malay Scott）。虽然每个人都可以自由从事这个行当，但是，

---

① Queda 现写作 Kedah，曾为马来半岛的吉打国的名称，该国大致位于马来半岛西北部马来西亚吉打州的位置，濒临安达曼海。——译者注

不管怎样，司各特一直持有当地最大的商业贸易份额，据说这位绅士是总督的商贸伙伴。锡、胡椒还有其他商品在此汇集，大多卖给驶往广州的欧洲商船或是英国地方商船，除非有些货主宁愿自行输出。

孟加拉之旅没有发生什么值得大书特书的事情，只是在3月14日中午，作为船东之一的亚当·特恩布尔（Adam Turnbull）先生在河上迎接了我们，当晚我和船长随同特恩布尔先生一起上岸去往其距加尔各答7英里的家里，第二天他又继续陪同我们一起乘船去城里。

带着由弗里曼（Freeman）先生提供的写给他的朋友科尼尔斯（Conyers）先生以及他的代理人科尔文（Colvin）先生的介绍信，我当晚拜会了两人中的前一位，而且正如我所愿，科尼尔斯先生邀请我住到他家里，我接受邀请并于17日到了那里。帕金先生也给了我一些写给他的朋友安东尼·兰伯特先生（Anthony Lambert）和托马斯·梅尔斯先生（Thomas Myers）的信件，兰伯特先生提出让我住在他家里，并且极力劝说我接受他的邀请，向我力陈住在科尼尔斯先生家肯定不方便，因为科尼尔斯家离城里还有3英里的路程。当时我只好婉言谢绝，但是答应一旦我从打算访问的胡格利河上游的外国人定居点返回，我将顺便住在他家。科尼尔斯先生非常礼貌地接受了这一妥善安排。

尤其是在英国殖民地首府加尔各答，由英国东印度公司建立的机构名闻遐迩，如果仅由一个短期访客对当地的风土人情进行详细的描述，恐怕难以让人感到妙趣横生。关于孟加拉及其属地，现由获准成立的行政机构进行妥善管理，这个区域富饶多产，资源丰富，商业繁荣，当地人生活安逸显得很幸福。英国东印度公司的职员和其他作为自由贸易者被允许住在加尔各答的欧洲人，也许享有比世界上任何其他商人都优越的生活。不论公私建筑，包括郊外的乡村别墅，甚至亡者的纪念馆，都显示出富裕和豪华的痕迹，如果一个人不是亲眼所见，而是把这个定居点看作是30年前的模样，是无法对其现状作出充分想象的。仅以威廉堡为例，一座正规军的防御工事，需要驻军1万人，加上大炮和各种装备，花了东印度公司高

### 英国东印度公司的货栈和要塞

　　英国东印度公司成立之初是垄断性的贸易团体，后来参与政治活动，从 18 世纪初至 19 世纪中，成为英帝国主义在印度的代理人，1757 年该公司获得孟加拉的控制权。印度殖民地对英帝国至关重要，正如英国柯曾勋爵在 1900 年所言，我们失去所有的领地后仍然能够生存下去，但如果失去印度，我们的太阳就会陨落。

## 纸醉金迷的加尔各答

　　这是一幅展示加尔各答繁荣的商业景象的图片，画面中的英国人穿着上好的欧洲时装，在加尔各答的泰勒商业中心，有的在逛街，有的在挑选瓷器，画面正中是一名穿着红色军装背后手拿帽子的军人。商业中心的屋顶上装饰着华丽的吊灯。

达 300 万英镑。它拥有一个超级兵工厂，一座配制各种装备的实验室，以及一个规模巨大的黄铜大炮和迫击炮的铸造车间。任何时候试图挑战该要塞的实力是不妥当的，因为恒河的航行非常复杂和危险，没有任何一支海军的军事行动能保证成功，而且这个区域的各方势力已被非常彻底地征服，因此，任何时候受到来自陆路的攻击是不可能的。该工程的规划和实施都是在人们依然对恐怖的"黑洞"(Black Hole)[1] 大败记忆犹新的时候进行的。然而公司财富的增加非常迅速，公司的实力因此增强，使如今的居民似乎颇感惊奇，先辈的恐惧居然诱使他们想象出一项如此浩大且耗费巨资的工程，对他们的防卫和安全毕竟永远是必要的。尽管威廉堡需要持续极好的维修，但它对保持原住民心里存在的对他们主人巨大实力的畏惧有用。近年来，对印度在管理上有了一些改变，选派了王室军官担任孟加拉总督，还有一些王室军官担任了包括在英属印度其他管辖区的类似职位，这种改革非常有助于导致制度上的全面变化。人们普遍认为，一俟英国东印度公司目前的特许状到期，政府将在司法、军事和财政等诸多方面得到王室授权，公司会将此前所获得的总收入的盈余回国进行投资。公司在孟加拉 (Bengal)[2]，比哈尔 (Bihar)[3] 和奥里萨邦 (Orissa)[4] 的总收益，据估计在 4000 万卢比(rupee)，一卢比等于英镑 2 先令，总计高达 400 万英镑。料想国王政府在总体上应该不会与大多数欧洲居民难以相处，普遍认为这种制度的改变会让本土的君主感到非常高兴，他必定宁愿从属于一个强大

---

① 又写作 Black Hole of Calcutta，原是指一间长 5.5 米，宽 4.5 米，有两个小窗户的斗室，用作东印度公司对轻微犯罪者的拘留所，1756 年 6 月 20 日，孟加拉的纳瓦布西拉吉—乌德—乌拉攻占加尔各答，由东印度公司参事约翰·霍威尔率领的驻军投降之后被关押在这间斗室，结果造成多人死亡，史称黑洞。——译者注

② 古名孟加，是印度次大陆东北部的一个历史地区，1757 年至 1764 年，英国侵占孟加拉，作为其向全印度扩张的基地。——译者注

③ 印度东北部的一个邦，北接尼泊尔，东界西孟加拉，南临奥里萨邦，西与北方邦和中央邦接壤，1765 年在英国统治下并入孟加拉邦，矿业资源丰富。——译者注

④ 印度东部的一个邦，矿业资源丰富，位于印度半岛东岸，濒临孟加拉湾。——译者注

的国家，让国王做他的头领，也不愿被一家贸易公司授予权力。

　　自由商人从英国东印度公司每年向中国汇款购买运往欧洲的茶叶贸易中获利巨丰。东印度公司在广州公开销售鸦片，购货商按照即时汇率将相应金额安全汇到该公司在广州设立的金库之后，就会获得一定的信用额度。在类似的交易中有时也会收取白银。这些银子加上一部分的鸦片被用于从马来人手中以及在巴达维亚购买锡和胡椒，东印度公司用这种方式既在广州获利丰厚，同时也为剩余的鸦片找到了一个巨大的市场。

　　在加尔各答，社会阶层的等级界限似乎显得稍微强烈了一点。东印度公司的雇员和重要商人位于第一等；位于第二等的，常常是那些具有可敬的品格被称为欧洲店主的人，他们在所从事的贸易额中持有的股份总额从 20 万到 50 万卢比不等，不过他们和前者仍然不能相提并论，也不让他们出席集会或音乐会。除了这些娱乐活动，和其他地方一样，当地还有一家剧院，其入场门票对外销售。剧院里的演员大多是欧洲人定居点的绅士，他们也出演女性角色。盈余的钱在支付剧院的费用之后，应用于慈善目的。偶尔还会有焰火表演，以营造情趣和富丽堂皇的氛围。正餐时间安排在下午 3 点，餐毕离席之后的娱乐活动通常是乘坐马车兜风，一圈下来大约五六英里。 这里会定期举行比赛，旱季时在远处只能见到赛场上弥漫着巨大的尘雾，就算一个人走近完全笼罩在极其浓厚的尘雾里的赛场，也不能够辨识出其中的单个物体。兜风回来之后，绅士们和女士们都换上晚装，女士们只有在 8 点到 9 点半之间才接待客人，10 点晚餐。这是一个审慎的规范，因为到了印度以后，女人们很快会失去欧洲人特有的红润的、光鲜的肤色和神采。不过，这种损失转而由一种温柔而纤弱的特质所弥补，似乎赋予她们更多的娇柔的女人味，当然也更具情趣。恕我不揣冒昧，她们的容貌被烛光以及极其匀称合身的、通常用最上等的薄纱做成的纯色的裙子衬托得更加美丽。说真的，就某种程度来讲，加尔各答的女人在对她们身体的爱护方面，应该被奉为女性的典范，世界上任何其他地方的女人都难以超越她们，而且也许很少能与之比肩。一天之中，她们很

### 眉飞色舞的孟加拉夜宴

　　在异国他乡生活的欧洲人由于远离家乡和亲人，娱乐活动十分缺乏，于是宴会成了兼顾商业事务和友情维系的交际方式，公事私事都可以成为举办宴会的理由，通常的说法是"宴会既满足了客人野兽般的食欲，同时又满足了太太们喜欢交际的癖好"，否则在孟加拉单调乏味的生活以及潮湿沉闷的气候会让这些欧洲太太们因过于无聊而昏厥。

## 闺阆中的秋千时光

　　在印度，不仅土著君王可以豢养许多专门侍奉自己的女人，一些达官贵人也有相同的生活方式，他们一般建有不同规模的带有花园的宅邸，女人们分别住在庭院内的房间里，与世隔绝，除其男主人之外，其他男人即使是男主人的亲朋好友也不能进入宅邸。这些女人整天在院落中生活，荡秋千是她们的娱乐活动之一。

少有人洗澡少于 2 次，有些人在最热的季节，在 24 小时内洗澡多达 3 次。在洗澡这一点上，绅士们也不逊色，因为他们的内衣都是棉质的，一天之内换 3 次衣服也毫不鲜见。

对加尔各答社会的这些描写，我不能不加以评述。总的来讲，没有几座城市可以在对待异乡人的好客和殷勤方面胜过它，在这里，一个绅士只要提供介绍信件，一定会受到被介绍人提供的最热忱的接待。从我与兰伯特先生相识的最初那一刻起，包括同住前后，他对我的关照从未懈怠。他利用每一次机会将我介绍给他最好的朋友，并尽可能地使我的社交圈不断扩大。当我再次回忆起我们对钱伯斯（Chambers）夫人和她的丈夫首席大法官罗伯特爵士（Sir Robert）的初次拜访，以及后来在这位贵妇人和"护花使者"所设宴会中受到的大方而文雅的招待，我感到非常愉快。这位贵妇人是位迷人的女士，年龄大约三十三四岁，虽然已经待在这里有 14 年，还养育了 8 个孩子，却依然是花容月貌。在这位贵妇人的招待宴上，我结识了她的表哥威尔顿先生，一位举止优雅的绅士，从他那里我再三受到礼貌而殷勤的关照。我还受到了艾迪生先生和他夫人的一次愉快接待。他是第五十二团① 艾迪生上尉（Captain Addison）的儿子，上尉倒在了邦克山上，而上尉的一个兄弟则在美国后来的某一场战役中身受致命重伤。因为兰伯特先生和这一家庭一直保持着亲密友谊，我们经常去拜访他们，艾迪生先生没有一次不是为我们筹办了友善的宴会。在距离市中心 6 英里的拉斯普格里（Raspugly），约翰逊先生两次在他的乡村别墅款待了我。一般来说很少有人敢承认比他更见多识广，因为长期受雇于本土朝廷的君主，所以他深谙印度政治及权谋。他自己的生活即有点类似于一个本土君主的风格，尤其是在对待他的女人们方面，他为她们置有多套固定的房间和一座独立的花园。她们依照闺阃或闺房中同居者的生活方式度日，从没有人见过她们，甚至是她们主人的那些最亲密的"熟人"——我没有使用"朋

---

① 指美国大陆军部队。——译者注

友"一词，因为在这位先生的性格中有一个特性，他认为"友谊"只能作为一个名称。他声称对许多人抱以敬重，而他本人也受到普遍的尊重，不过在貌似尚不足 40 岁的人生中，他对人类的了解要么太好要么太糟。

我除了持有给兰伯特先生和梅尔斯先生的介绍信之外，我还被皮切（Peach）先生赐予了一封给他弟弟的信。尽管皮切先生的弟弟及其夫人住到了城里，但是皮切先生的妹妹和她的丈夫凯弗里先生礼貌地接待了我，在离开当地的前几天，我们一起聚了餐。考克斯（Cox）先生为我写了一封给军事总代表鲁滨孙上尉（Captain Robinson）的信，让他关照我的日常生活。特恩布尔（Turnbull）先生是一位自由商人，同时也是"阿格伊尔号"（Argyle）轮船的大船东，他不仅礼貌地接待了我，还用极为友善的方式提供有益的建议。这位先生早年居住在新泽西，在那里他学习了两三年的法律，他有一个哥哥住在长岛（Long Island），曾经是宾夕法尼亚州的一名炮兵中尉。如果他的熟人确信他在家，总会在周日的时候，在特恩布尔先生家举办派对，他和妻子的殷勤款待让他的熟人们相信自己是受欢迎的。居住在这个定居点的人中几乎没有人比特恩布尔先生更加深得大家喜爱了，虽然他提供酒菜款待，付出友谊，但是容易看出这不仅仅与他的职业有关。在我居住在科尼尔斯先生家期间，我和科尼尔斯先生以及他的邻居威廉姆斯、琼斯（Jones），还有麦金托什先生，一起度过了非常惬意的时光。他们虽然都是值得尊敬的人，不过，却不属于第一等阶层；尽管如此，很多的军人和东印度公司的文职人员来拜访他们。琼斯先生已辞去炮兵中尉的职务，试图在贸易领域发迹。这一类的例子并不罕见。同属于"贝恩和科尔文商行"的自由商人弗里曼先生写信给他的代理人科尔文先生，让他关照我的日常生活，此外，还提出根据我可能的需要，商行可以借钱给我以及提供信用贷款。

除了前面提到的那些绅士们，我在加尔各答还遇到一位在波士顿的老熟人，我的朋友本杰明·乔伊（Benjamin Joy）。他从英国来到这里做私人投机买卖。我们经常聚在一起，对往事的回忆给我们的聚会带来非常多的快乐。与他居住在一起的乔治·斯科特先生（George Scott），是一位年轻的绅士，也来自波士顿，曾在 1786 年带着去印度找工作的目的，跟随我和兰德尔先生一起离开纽约，后来，在巴达维亚我们都认为他接受福勒船长（Captain Fowler）的建议是可取的，他欣然接受，并因此担任该船的事务长前往加尔各答。只是后来由于船主破产，这艘船也被卖掉，这一变故使得斯科特先生猝不及防地去职。在这段境遇中，他结识了这艘船上的一位乘客柯顿先生，经其推荐获得一个在会计主任办公室的职位，给他提供了体面生活的费用。

在如此特意讲述完这些在加尔各答所结识的熟人之后，我不能忽略我所受到的来自英国殖民地的总督康华里伯爵（Earl Cornwallis）①的款待。这位贵族虽然在令人生厌的困难事务上开始着手兴利除弊以及削减以前机构的经费开支，尽管切实遵守执行他的雇主的命令，但是他不仅受到所有居民而且还包括东印度公司文职人员和军职人员的特别喜爱。他的行为如此无可指摘，正如莎士比亚（Shakespeare）剧中对邓肯（Duncan）的描述那样："在他显贵的公职上，他如此清廉"。比照前任总督所犯的贪污侵吞公款的罪行，他理所当然成为所有人尊重的偶像。总督的接见会在每星期二和星期五的上午举行，时间是从 9 点到 11 点，周二接见欧洲人和其他国家的外国人，周五接见本土人。在我到达后的第二个星期二上午，我陪同兰伯特先生出席接见会，兰伯特先生把我介绍给陆军军需兵司令兼军需局局长科克雷尔上校（Colonel Cockerell），上校将我引见给总督。伯爵大人举止从容地接待了我，礼貌而且绅士，在讲完此种场合例行的辞令之后，继续按他的程序接见其余的客人。总督的公共宴会安排在每周二，在 4 月 8 日，我也获得与他共进晚餐的荣幸。在宴会前和宴会中，总督一如当初接见会时显示的贵族风范，对我殷勤而又礼貌，不仅让我本人备

---

① 曾在美国独立战争中担任英军统帅，1780 年 10 月 5 日向美法联军投降，1786 年 2 月 23 日至 1793 年 8 月 13 日任印度总督。——译者注

感愉悦，也让同样受邀的兰伯特先生和他的朋友罗斯（Ross）先生甚为满意。在我动身去参观外国人定居点之前，一张上周二总督写的明信片寄到。在这些场合，伯爵大人通常穿着他的将军制服，佩戴相应勋位的徽章、星章和勋章。

3月31日，星期一下午，我和科尼尔斯先生出发前往钦苏拉（Chinsura）①的荷兰人定居点，该定居点溯河流而上约30英里，我们乘坐一艘宽敞的十二桨平底船，于第二天凌晨2点到达。与此同时，科尼尔斯先生的仆人带着他那辆单马拉的轻便马车，由陆路相随而至。在酒菜馆用完早餐以后，我们去拜访卡尔·布卢姆先生等人，我手上有一封兰伯特先生所写的介绍信，经由他转交给了总督缇辛（Tistingh）先生。那天晚上我们和总督一起聚餐，一边啜饮，一边交流。在晚餐的桌布撤掉后，总督收到一份专差急送的文件，内容是说最近在荷兰发生的争端已经得以友好的调停解决。赢得奥伦治亲王赞赏的调停事项使这个荷兰人定居点的那些绅士们极其生气，在这个定居点除了缇辛先生以外，都是激进的共和政体的拥护者。在宴会上，我又见到了1786年在巴达维亚结识的范·霍根多普（Van Hogendorp）先生与他的夫人，还有1784年在广州结识的克拉普（Crapp）先生，我和他们重续前缘。下午我陪同科尼尔斯先生前去拜会霍根多普夫人，并且有幸共饮下午茶。第二天早上我和科尼尔斯先生徒步去了胡格利（Hoogly）②和班德尔（Bandel），回来后在范·霍根多普先生府上用餐。霍根多普夫人的钢琴演奏技艺精湛，在餐前的半小时里非常友善地为我们表演助兴。范·霍根多普先生和夫人不拘礼节地带我们去参观他们的住宅，到了晚上我们与范·豪格维茨男爵及夫人啜饮闲聊消磨时光。我和科尼尔斯先生与夫人们玩"惠斯特"（Whist）牌戏，两位夫人的礼貌举止令人非常

---

① 印度西孟加拉邦胡格利县城镇。位于胡格利河西岸，1653年，荷兰人在此建立商馆。——译者注

② 印度西孟加拉邦胡格利县城镇，位于胡格利河西岸，历史上曾先后为葡萄牙、英国的据点。——译者注

### 班德尔附近的胡格利河风景

　　胡格利河是恒河南部的一条支流，注入孟加拉海湾，在加尔各答西北部的胡格利河上游，荷兰、法国、丹麦等国家曾建立定居点和贸易站，山茂召在乘船访问沿河欧洲人定居点的途中曾在钦苏拉逗留，并徒步去了班德尔。

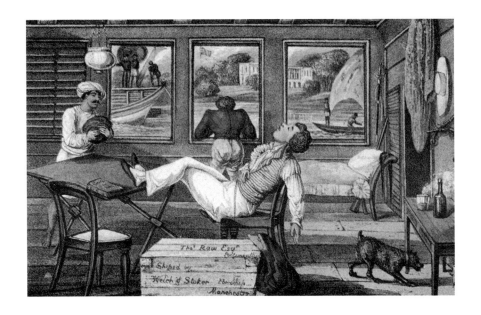

## 平底船上的旅途

　　这种平底船主要用于内河航运，有船帆和划桨，前部设有厨房和供厨师、仆人和船夫居住的房间，后部设有朝向船尾阳台的房间，中部是宽敞又舒适的客厅兼起居室，可以在此读书写字或凭窗眺望河上的风景。

愉快，男爵夫人是一位肤色浅黑型的美人，有一双令人心醉的眼睛。

在钦苏拉的境遇是令人愉快的，那些花园漂亮宜人，房子整洁宽敞。总督住在要塞，防御工事现在基本已经全部拆除，只允许在河岸上留下供鸣放礼炮使用的一组炮，还有一支 60 人的印度兵驻军，或者更确切地说是卫兵。荷兰东印度公司在这些区域的事务大幅下降。他们既没有钞票也没有信用贷款。去年他们就没有船只到达这里，今年也一样没有指望。

4 月 3 日 1 点左右，我们登上了我们的平底船继续航行，一觉醒来已经六七点了，发现船已经靠泊在金德讷格尔（Chandernagore）[①]。尽管我有一封由在广州的法国商馆头领蒙蒂尼（Montigny）先生写给丹格鲁克斯（Dangereux）先生的介绍信，但这位当地的前任总督丹格鲁克斯先生已经回到欧洲，他的继任者、现任总督住在 5 英里外的格赫提（Ghurhutty），于是，我们拜会了司令官费瑞蒙（Frimon）上尉，他手下有几名印度兵担任守卫，和钦苏拉的荷兰人一样。他居住的平房建在一处已变成废墟的堡垒的设防地区上，这处堡垒在 1757 年被英国攻占，后来被摧毁夷平。在我们参观的过程中，谈论的话题开始转向了关于荷兰国内争端的调停，费瑞蒙先生坦承，拥护共和政体当事人完全有理由对他们的法国朋友不满。他说："我们尽我们所能做了所有能做的事情，但是当我们发现普鲁士（Prussia）和英国决定玩真的要支持奥伦治亲王，而且我们与普鲁士及英国之间的战争将不可避免时，如果我们能够坚持得更久一些，我们可能会受到那些欣然放弃他们事业目标的拥护共和政体者的感激。"因为找不出说服自己要在金德讷格尔逗留一段时间的理由，我们中午就离开了，我们在平底船上吃了饭，随后在日落时分抵达塞兰布尔（Serampore）[②]的丹麦人定居点。在这里我们找到了我们的车，仆人误解了他的主人的指令没有去钦苏拉，而是一直待在这里。在酒菜馆吃了晚饭以后，我们回到船上，

---

① 印度西孟加拉邦胡格利县城市。位于胡格利河西岸，为加尔各答城市联合体的一部分，印度独立前为法国殖民地。——译者注

② 1755 年丹麦人在此建立商馆。——译者注

每天晚上宿在船上是我们定下的规矩。

第二天早晨，我们拜访了丹麦东印度公司商馆的头领斯卡维尼斯（Scavenius）先生，我把一封兰伯特先生的介绍信递给他。这位先生带我们去见皇家总督勒菲弗（Lefevre）先生，他在军队中担任上校，年龄大约35岁。总督夫人身体不太舒服，我们没能如愿见到她；但商馆的第二长官沃尔登（Wouldern）先生把我们介绍给了他的太太，我们一道在斯卡维尼斯先生家吃饭。国王的代理人克瑞斯汀（Kristing）先生和戈辛（Gothing）先生邀请我们第二天过去，但我们定好了回加尔各答的时间，所以不得不婉言谢绝了。下午我和科尼尔斯先生坐上轻便马车到邻近乡间兜风观光。当晚我们与同享午宴的那些人一起边喝边聊共度良宵。沃尔登夫人是一位白皙的美女，相貌出众，肤色醉人，犹如百合与玫瑰巧妙的融合。她已经25岁了，但是没有孩子，仍保持着18岁的清纯，她的举止从容大方，而且显得非常和蔼可亲和天真有趣。尽管她在这个定居点已经生活了两年，但她竟然既没有去过钦苏拉，也没有去过金德讷格尔，甚至也没有去过加尔各答，当她说起这些情况的时候，我特别惊讶。她的丈夫看起来是一个很好的人，如果说他们在一起不幸福，肯定是搞错了。4年前他曾从塞兰布尔到广州谋生，是为了能在当地的商馆得到一个职位；但是当他在欧洲与这位女士成婚以后，他觉得放弃到广州谋生的计划是恰当的，不应与他的新娘两地分居，因此他带她来到这个定居点。他的决定显然在一定程度上证明了他的品位和良好的理性，因为，就像约里克（Yorick）说的，"一个男人就该带着这样一位尤物周游世界"。我们恋恋不舍地告别了这样一群非常好的伙伴，于午夜时分回到了我们的平底船上。

像胡格利河两岸的其他定居点一样，塞兰布尔位置优越。丹麦人有两艘东印度公司船舶每年从欧洲驶往德伦格巴尔（Tranquebar）①，其中一艘从

---

① 位于印度半岛东南部的泰米尔纳德邦，地处高韦里河入海口，濒临孟加拉湾，1620年丹麦人在此建立商馆。——译者注

那里再被派遣到塞兰布尔，8 月份到达，收回公司投资所产出的收益。驻扎在这里的军队比在钦苏拉或金德讷格尔的驻军更受尊重，虽然他们在实力方面并没有很大的优势。驻军是无足轻重的，而且河岸上的那些火炮仅供鸣放礼炮之用而已。

这 3 个外国人的定居点颇有点像圣经中提到的避难城市，譬如加尔各答的那些绅士，出于躲避债权人的纠缠，觉得经常换换地方是必要的。他们在这里逗留整整一周，逍遥法外，不受烦扰，到了星期天，那些人可以有恃无恐地从塞兰布尔重返加尔各答。在此要是我不说说有关缇辛（Titsingh）先生的一件轶事，就显得我对他的礼遇简直是以怨报德了，这件轶事对一个男人来说是无上的荣耀。布鲁艾尔（Bruere）先生是一位在加尔各答经营着一家大型商行的商人，在某一次亏了一大笔钱以后，因为欠着当地那些绅士的债务，无法去塞兰布尔；他认为有必要写信给缇辛先生，想知道是否可以安全地去钦苏拉。缇辛先生的回信有以下要旨：除了担心布鲁艾尔先生自寻烦恼之外，他不能拒绝布鲁艾尔先生基于任何其他原则的请求，他因此向布鲁艾尔先生保证，如果造成布鲁艾尔如此恐惧的所有原因仅仅是由于欠自己的债务，那么他宁愿放弃自己所有的索赔。并且希望布鲁艾尔先生尽可能相信自己，甚至于可以住到他的家里，直到布鲁艾尔先生的事务得到妥善处理，且能够让他安全回到加尔各答。布鲁艾尔先生接受了邀请，而缇辛先生并没有到此为止。在布鲁艾尔先生第一次给债权人支付还款的时候，缇辛先生宣布不拿应支付给自己的那笔 1.5 万新卢比（1 个新卢比等于英镑的 2 先令 6 便士）的还款，以及利息；反而将这笔钱用于支持布鲁艾尔先生的小儿子，这个年轻人是在其父亲生意失败前不久刚刚被送到欧洲去接受教育的。百说不如一干，事实胜于雄辩。

星期六，在酒菜馆吃完早餐后，我们从塞兰布尔渡过河来到对面名叫巴拉克浦（Barrakpur）的英国军队驻地，从那里我们换乘轻便马车，由陆路继续行进 14 英里，在中午抵达加尔各答，同一时间，我们的船也顺流而下。两边的乡野富饶而宜人，一路上映入眼帘的优雅别致的乡村别墅使景色生机勃勃，形成连绵不断的花园景致。我们一路所经过的许多村庄的那些乡民，看起来都享受着富裕和满足的乐趣。

近来，加尔各答的社会状况有了很大改善，现在来到印度的绅士们觉得随心所欲地在此度过余生也非难事，尤其是拖家带口来的家庭，或者与当地人联姻的那些人。这里的生活开销不菲，即使是一名单身汉，也得花掉两三成的财产，才能重新过上在欧洲时的安逸生活。至于已婚的人士，除非他们享有非常赚钱的职位或者在生意上成果丰硕，否则很难指望这样一种安逸生活。① 简言之，绝大多数加尔各答的现有居民把印度当成是他们自己的家园，而且来自英国的移民数量迅速增加，其中女性崭露头角。几乎每一艘到达本区域的船上都搭载了三四个单身女性乘客，她们要么由已婚的兄弟、姑姨、姐妹，要么由同辈亲属来接待并资助。一些爱说笑打趣的人评论说："市场上女人这种日用品已经进货过多出现积压"。尽管没有去检验这种粗俗的言论的根据究竟有多真实，我只想说，我曾见到一张列有 72 位未婚女性的名单，均一贯声誉良好，年龄在 18 到 25 岁，应当承认她们既不缺外表的妩媚，也不乏内心的素养，唯一缺少的一个东西就是金钱。不幸的是，和在世界上其他地方一样，金钱在印度现在已经成为婚姻这杯酒中不可或缺的配料。这种形势将促使许多偏爱误称为柏拉图式情感的浪子对构成人生首要幸福的婚姻丧失信心。

在加尔各答的公共机构中有两家银行，一家是印度万通银行，另一家是孟加拉银行。兰伯特先生就是前者的副总裁兼总经理。还有一家孤儿会，康华里伯爵（Earl Cornwallis）就是孤儿会的会长，6 位备受尊敬的居民担任干事。至于宗教集会，这里并不缺乏。在印度，人数众多的葡萄牙人有几所教堂，美国人有一所，英国人也终于有了一所，如果英国人的这座教堂能算作已经建好了的话。这是一所圣公会教堂，是用认捐款建造的。因为这位总督大人是一名虔诚的教徒，起码军人们以他作为仿效的榜

① 见本章后注释二。

### 孟加拉乡村风情

　　这是一幅反映印度乡村生活的写实作品，画面正中的男子正挑着担子试图保持平衡，而画面右下角的男子则在收拾他的牛车，几只或跑或卧的羊是乡民所饲养的经济动物，也是他们主要的肉食来源。

## 加尔各答的水岸风光

　　加尔各答位于印度半岛东北部恒河支流胡格利河河畔，南距孟加拉湾河口 120 公里，1690 年英国东印度公司在此建立贸易点，1772 年成为英属印度首府（1912 年迁往德里）。现为印度最大城市和主要港口。

样参加神圣的礼拜。然而，私人企业星期天也不歇业，因为当地众多的土著和华人并不特别关注礼拜天。

我在加尔各答一直逗留到 4 月 23 日，那天晚上我和我的好朋友兰伯特先生、他的哥哥以及罗斯先生告别，正打算登船。但是不久有强烈的西北风凶猛来临逼近轮船，我因此接受了特恩布尔先生晚宴的邀请，并且兰伯特先生也赏光作陪。我寄宿在我的朋友乔伊（Joy）和斯科特的住宅里，第二天早晨，在麦坎先生宅邸我和麦坎先生以及贝尼泽特先生一起吃过早饭后，我们一起登船起航。这两位绅士属于东印度公司的文职人员，他们将去马德拉斯 (Madras)① 疗养。麦坎先生是加尔各答港口的海关关长，就在我们要离开的前几天，经兰伯特先生介绍，我们相识。当时他邀请我吃饭，我愉快地接受了。

我除了受到兰伯特先生一直给予的关照，他还向我提供了正在筹建的保险公司印制好的条款和保险费率，以及最近由他自己管理的一家保险公司的条款抄本，连同汤鼎氏（Tontine）养老金法或称幸存人员保险协会的条款，该协会至今还在。根据该机构一些计划的统计资料，可以联想到当地享有的一些医疗保健举措。该协会成立于 1783 年 3 月 1 日，在持续 5 年的时间里，会员达到了 50 人。自那以后，会员已增至 103 人，而且直到我获得这一资料的 1788 年 4 月 20 号为止，尚无一例死亡。除了这些材料，兰伯特先生还给我提供了一些华生医生的医药论文，这是一部小型的 4 卷本珍贵著作。我无以回报，只赠送给他一幅围攻约克敦的美国版画，还有一些赞成和反对辛辛那提协会的小册子。兰伯特先生赏脸笑纳了。很自然，离开兰伯特先生留给我很大的遗憾，但同时也给我留下了他的珍贵友谊的生动印记。他接受了我的祝福，但是我的心里久久不能平静，我痴心妄想希望总有一天能够在美国或者欧洲再次见到他。

---

① 印度第四大城市，泰米尔纳德邦首府，1639 年，英国东印度公司开始在此建立城堡和贸易点，位于印度东海岸，地处孟加拉湾科罗曼德尔海岸低平地带。——译者注

## 帝国的相遇

我们驶离加尔各答是在印度洋季风期的晚些时候，引航员直到 5 月 7 日才离开。我利用引航员返回加尔各答的机会，给兰伯特先生和乔伊先生捎了信。6 月 4 日，我们在卡尔尼科巴（The Car Nicobar）[①] 群岛停泊，5 日下午登岸，次日继续航行。在此我很高兴地遇见了亚当斯船长（Captain Adams），我和他是去年在广州认识的。他打算在勃固（Pegu）[②] 建造一艘轮船，我们同一天离开卡尔尼科巴群岛。一艘法国的小型轮船也停在卡尔尼科巴群岛，该船拟从勃固驶向印度海岸，但是因为不能抗击季风，已经停泊在那儿一个月了，可能还要被迫再停泊更长的时间。这个岛的贸易货物都是椰子，当地人把椰子卖给英国地方商船，然后运往勃固，在那里他们总是能够采办满满一船柚木木料。据说柚木是世界上最为上乘的造船木材，因为用此材料建成的船只已经服役长达 60 年之久，直到现在还在行驶着。除了它的强度结实，柚木独具的优点还在于它的纹理中浸透着一种油性物质，能够有效地防止螺栓和铁钉生锈。因此，柚木在加尔各答、孟买以及半岛两岸的其他定居点甚是畅销。

如果说自然状态就是一种幸福状态的话，卡尔尼科巴群岛的居民似乎是世界上最幸福的民族。椰子和山药构成他们的主食，此外，他们还食用猪、家禽和丰富的鱼类。他们的猪是用椰子喂肥的，所提供的猪肉是我品尝过的最优质的肉，美味独特，堪称一绝。当地的男人不穿衣服，除非在腰部缠着的一根小带子能被称为衣服，带子的一端紧贴着两腿之间拉过，在身后束起。女人们穿着短裙，用一小块棉布把她们的乳房全部裹围起来。他们的小屋是圆形的，用许多木桩支撑起来，所有木桩的尽头集中在一点形成一个尖顶。依照地势走向和承载状况，一打或 20 个这样的房子簇拥在一起安营扎寨，沿着海岸有好几处这样的居住区。如果说他们也

---

① 位于孟加拉湾，现为印度安达曼—尼科巴中央直辖区的县域和岛群的一部分，卡尔尼科巴为县城。——译者注

② 指下缅甸勃固省省会，在勃固河畔设有港口，位于仰光东北 76 公里处，曾是孟王朝的首都。——译者注

有政府的话，是那种家长式的。虽然几乎地处热带之中，但由于受到清凉海风的洗礼，这里空气经常都是凉爽宜人的。在攀爬椰子树这一方面，恐怕没人比他们这儿的男人更敏捷了。他们把脚伸进一个绳子圈或用坚韧的枝条做成的环里，以防止两只脚分开时伸展太远，然后用两只脚紧夹住树干，尽力向高处伸出手臂抱住树干，每一次手脚并用向上攀爬的距离相当于一个人身高的长度。据我观察，我毫不怀疑在他们中的一个爬上一棵树最高点的同时，另一个人以正常的步幅也不过只能在地面上走出同样长度的距离。此外，也没有人比这个岛上的居民更温和了。他们似乎拥有许多人类仁慈的乳汁，虽然他们经常看到欧洲人，有时也蒙受欧洲人的掠夺，但到目前为止，他们依旧是不习惯于热情融入更加文明状态的局外人。与其他民族既对立又共存的例子在该群岛居民中间反复出现，更加令人惊奇的是在该岛偏北几度的安达曼群岛（Andaman Island）[①] 的居民是食人者。

离开卡尔尼科巴群岛后，我们在向南距离赤道不到一度的范围内航行，直到 7 月 1 日，我们的船无法顶着风浪抵达位于北纬 13 度至 14 度之间的布利格德（Pulicat）[②]。尽管马德拉斯（Madras）就在视野之内，但直到 3 日下午我们才在马德拉斯的锚地停泊。我和福尔船长，连同麦坎先生和贝尼泽特先生在当天晚上一起登岸。这两位绅士住在他们的朋友家，我和船长住在小旅馆，我一直住到 7 月 14 日晚上，才登上驶往广州的轮船。

如果要专门描述马德拉斯的话，将会是对已经陈述的有关孟加拉情况的相当大部分的重复；然而不包括以下情况，即就贸易而言，前者无疑处于下降趋势，而后者所有种类的贸易都很昌盛而且以惊人的速度快速增长。不仅仅是马德拉斯，而且据我所知，孟买和印度海岸的其他英国殖民

---

① 位于孟加拉湾，属印度。——译者注
② 印度半岛东岸港口城市。——译者注

地，以及苏门答腊岛上的明古鲁 (Bencoolen)①，都不能够自足，而是要靠孟加拉的收入盈余来供养维持。但从军事方面来看，孟买和马德拉斯对英国东印度公司都是非常重要的，因为前者有一个安全的港口，即便是最大型的船只都可以进行在此改装和修理，而后者控制着科罗曼德尔海岸 (Coromandel Coast)②，并保障卡纳蒂克 (Carnatic)③ 的安全。马德拉斯的防御设施非常完备，驻军因为使得在印度那些海岸的英国殖民地绝对安全，因而备受尊敬。

马德拉斯分成两个区；一个叫圣乔治堡 (Fort St.George)，政府官员和英国居民居住在那里，虽然他们当中的大部分人也有乡间宅第；另一个被称为黑镇，是当地土著的住所，还有葡萄牙人和其他的外来人口。圣乔治堡的房子大而宽敞，是欧洲的建筑风格；而那些没有壁垒的房子更多是计划建成乡间宅第。马德拉斯附近的乡村面貌是令人愉快的，比加尔各答的更丰富多彩；许多优雅的乡间宅第为景色增添了姿彩，使得午后的骑乘之旅特别愉快。尽管它的位置更偏向于南方，马德拉斯并不像加尔各答或广州那样酷热，傍晚和夜间的空气因刮起由陆地吹向海洋的陆风而变得凉爽；接着又是海风的吹拂，海风固定在早上大约 10 点钟吹来，显然像如约而至的"医生"。

一般看来，就对外来者的礼遇而言，孟加拉和马德拉斯之间有诸多差异；孟加拉的绅士们因此谨防给朋友出具去拜会马德拉斯绅士的介绍信。不过，兰伯特先生给了我一封写给他的客户阿莫斯和波顿的未封口的信，他们俩都是那里的商人，他们对我坦率又友好的行为让我无法产生哪怕一丝的抱怨，我特别愉快地接受了他们还有阿莫斯夫人的好意。除了这些绅

---

① 现写作 Bengkulu，位于印度尼西亚苏门答腊岛西南部，是明古鲁省省会，为印度洋港口，17 世纪英国在此建有贸易站。——译者注
② 指印度泰米尔纳德邦东部开阔的沿海平原，位于印度半岛东南部，东临孟加拉湾。——译者注
③ 大致相当于今天印度卡纳塔克邦的位置，1761 年，英国人控制该地区。——译者注

士们，还有一位当地的商人豪尔先生，也是福尔船长的熟人，对我特别关照，我和他及豪尔夫人很开心地共进了两次晚餐。我在那里还遇到戴维斯先生和格雷斯先生，两位先生每年都去中国，我们在广州就已经熟悉，还和前者吃过两次饭，和他们的朋友杨先生吃过一次饭。

至于马德拉斯的那些显贵们，当地上流社会某人的彬彬有礼妨碍了我与他们的任何交往。在我从广州出发前，乔治·史密斯先生交给我一封已封口的信件，是给他的朋友乔西亚·杜·普雷·坡切尔先生的，他说此人会很乐意把我照顾得无微不至。到达当天的早晨，我把这封信寄达信封上的地址，大约两小时后，坡切尔先生来拜访我。他以很正式的态度感谢我带给他这封信，但是既没有告诉我他住在哪里，也没有暗示想和我交往的愿望，更没有提出他的招待或礼遇。那种通常是陌生人之间在这种场合进行的谈话持续了几分钟以后，坡切尔先生走了；鉴于充分考虑了他的这些言行举止，如果我没有猜错的话，他是不想在他的家里接待我，于是我把他的来访仅仅看作是付给那封信的邮资，不必再因为他而给自己增添烦恼了。坡切尔先生是一个商人，一个有产者，据说是一位上流社会彬彬有礼的人，但在礼貌这一点上，我却不敢苟同。他是英国东印度公司里唯一一位我给过介绍信的职员，但至少从所谓良好教养标准所要求的礼仪来看，由于他的怠慢，也因为没有人给我引见，我既未能拜访总督，也没有见到当地行政管理机构的任何其他成员，坦率地说我觉得只身去参加接见会肯定不合适。阿莫斯和波顿都是乐于助人的人，但是我相信他们在那个系统涉足不多；当我刚结识我在孟加拉一位朋友的哥哥特恩布尔医生（Doctor Turnbull）时，我就向他提起这件事情，他指责了坡切尔先生的行为，并一心想把我介绍给他的朋友科比特和博伊德相识，还说他的朋友一定会为有机会把我引见给总督而感到高兴，并将尽他们所能让我在马德拉斯过得合意舒心。尽管我感受到了特恩布尔医生在这一点上的关心，但是觉得这样利用其好意不太恰当，于是，他十分体谅地接受了我的托辞。

在此地所遇见的其他人中，我和奥唐奈船长（Captain O'Donnell）属于重续前缘。1784 年在广州，我和兰德尔先生曾包租他的船的部分舱位运货去美国，兰德尔先生随行。到美国后不久，奥唐奈船长在巴尔的摩（Baltimore）结婚，现在到印度来处理他的事务。7 月 8 号他离开马德拉斯去孟加拉，打算 12 月再返回马德拉斯，然后起航去美国。在他出发之前，我为他写了一封给我在美国的朋友诺克斯将军的介绍信。

虽然"阿格伊尔号"离开加尔各答的时候，计划是去德伦格巴尔、本地治里（Pondicherry）①、马德拉斯和维沙卡帕特南（Vizagapatam）②，在最后一站维沙卡帕特南装载稻米，然后继续前往中国。但是因为季节太晚，不允许我继续前往马德拉斯以南的地方，而且这艘船仍然需要好久才能完成它的航程，预计要到 11 月初才可能到达广州。在这种情形下，7 月 7 日我向约翰·鲁滨逊船长（Captain John Robinson）申请搭乘由他指挥的"克莱夫号"（Clive）商船前往广州。尽管满载着棉花，而且事先已预定有两位乘客（达维斯先生和特恩布尔医生，后者病得很重），他还是同意接纳我上船。我曾接到由斯卡维尼斯先生写给德伦格巴尔的地方长官以及他另外一个朋友的两封封了口的信件，我把这些信件连同我自己写给那位地方长官的一封信装在同一信封里，于本月 6 号邮寄给德伦格巴尔的地方长官；同一天，我给斯卡维尼斯先生和兰伯特先生分别写了一封信，有请"康沃利斯号"（Cornwallis）斯鲁双桅纵帆船的船长埃德（Captain Ede）转寄。由蒙蒂尼先生写给他在本地治里的朋友的那封信，以及另一封写给金德讷格尔前任地方长官的信，都是未封口的，内容仅涉及我本人，我要把这些信带回给那位绅士，并表达谢意。9 日，福尔船长登船驶往本地治里，来自纽约的方帆双桅船（brig）"爱莲号"（Eleonora）的船长梅特卡夫（Captain Metcalf）先前手下的高级船员汤普森先生和罗伯茨先生随同

---

① 位于印度半岛濒临孟加拉湾的港口城市，1673 年法国在当地设立商馆。——译者注

② 位于印度半岛濒临印度洋孟加拉湾的港口城市。——译者注

福尔船长出行。这些绅士由于和梅特卡夫船长有些分歧，早已离开了他们以前驾驶的船，而且从加尔各答搭乘"阿格伊尔号"出发的时候，亚当·特恩布尔先生赠送了船费给他们。他们希望经由广州到美国，因为他们的行为举止无可指摘，我答应让他们两中的一个搭乘我回美国打算乘坐的船，由他们自己来商定。11日，我写了一封信给我在波士顿的朋友塞缪尔·帕克曼（Samuel Parkman），表示想要乘坐一艘属于波士顿口岸的由罗伯茨船长（Captain Roberts）指挥的船只，当时这艘船去了北方地区，预计从马德拉斯返航美国，这艘船的回程时间会在10月份的某一天。12日，我给在加尔各答的朋友本杰明·乔伊写了一封信，然后把信交给了几天后要去那里的摩根船长（Captain Maughan）。13日是星期天，我去教堂做礼拜。14日，我和鲁滨逊船长以及船东考克斯先生一起吃饭，地点是在他们的朋友图灵（Turing）先生的乡村宅第，图灵先生此前希望他们带我一道过去，随后以其一贯的绅士礼仪真诚礼貌并殷勤热情地款待了我。无论如何，我不能忽略提及，虽然他也是英国东印度公司的一位雇员，尽管他声称感谢我接受他不拘礼节的邀请的原因，是因为只是在那天上午他才从考克斯先生那里得知我在马德拉斯，然而这位绅士的行为举止和坡切尔先生的做法完全相背，当他询问我喜欢马德拉斯的哪些方面时，我的同伴们告诉他我不如意的遭遇。一同进餐的还有其他几位绅士，他们都不留情面地非常严厉地谴责了坡切尔先生的行为，我认为是公正的。当天晚上，我和鲁滨逊船长还有达维斯先生登上了船（特恩布尔医生在上午就上了船），第二天早上4点，船起航了。

当思索在印度的那些欧洲人所建立的组织机构的发展与现状时，非常令人欣喜地发现人权还是受到了统治者相当的重视。巴达维亚的孤儿学校和加尔各答的孤儿会都已受到了关注。在马德拉斯还有一所女性避难所，这家避难所的建立应归功于总督兼总司令（the governor and commander-in-chief）阿奇保·甘贝尔爵士（Sir Archibald Campbell）的妻子甘贝尔夫人。阿奇保爵士是这家避难所的所长，管理层的前4位成员是副所长，其他管理成员包括 8 位最受尊敬的公司军职人员、文职人员和办公室职员以及主管人员。甘贝尔夫人（也被称为"女守护神"）和该定居点的 12 位最尊贵的女士是女董事。这些组织机构的名称充分表明他们公共机构的仁爱理念一定会产生非常巨大的效益，不仅将有助于眼前的目标，而且将有利于整个社会。

至于印度的土著，可以注意到，他们如今惯常实践的苦行足以鼓励他们为了自身宗教信仰，去忍受难以形容的折磨。据说为了苦修，一名印度教的信徒有时会匍匐爬行整个恒河的长度，沿着河经过从源头到河口的所有蜿蜒的道路；有的苦行者会张开臂膀，发誓永远不再收起臂膀并保持这一虔诚的姿势直至死去；而第三种苦行者紧锁双手，忍受着每一个钉子从一个手背穿透到另一个手背的痛苦，他们用那种方式使钉牢的双手永远无法分开。我还没有见多识广到见过以上任何一种苦修的实例，但我却曾亲眼目睹了一件似乎可能也同样让人不可思议的事。在他们的主要宗教节日来临之前，宗教信徒们总是要集会鞭打自愿者，他们坚定地认为承受痛苦是光荣的。有些人手提一支铁矛，穿透舌头、脸颊或身体的其他部位，让铁矛刺穿并停留在身体某部位的状态一直持续数日，与此同时，其他的一些人心甘情愿忍受铁矛在身体里旋转的痛苦折磨。在加尔各答，我现场观看了这些奇观中的这样一幕。竖起一根柱子，在柱子顶端装上铁制转轴，再把一根长杆对角穿过转轴，使长杆的一端靠近地面，另一端翘起大约七八十度，从长杆翘起这一端的上面垂下一条带有巨大钩子的链条，在同胞们的欢呼喝彩声中，钩子被用力穿进信徒背上的肉体里，接着，刹那间那人被悬吊到长杆所能升到的最高位置，与此同时，一些合作者紧紧握住长杆低垂的一端，有目的地慢跑起来，让那个被悬吊的人以极快的速度盘旋飞翔。在那人飞翔的过程中，这名快乐飞翔的"受害者"取下他的头巾，故意摊开，得意洋洋地在正拍手喝彩的同胞的头上挥舞，在此期间，还不时向欢呼的人群撒播他事先精心准备的鲜花。做完这一切之后，他把头巾整理好，重新扎在头上，然后人被放到地面上，取下钩子。我一共

## 空中飞人翱翔图

　　这种荡吊钩秋千是供奉湿婆（毁灭之神）的忏悔仪式，司仪用金属钩子插入献祭者后背的肉体中，然后吊起在空中盘旋。据说，这些献祭者们在行动之前预先服用了大量的鸦片和大麻，以令其亢奋产生幻觉，从而失去对疼痛的知觉。

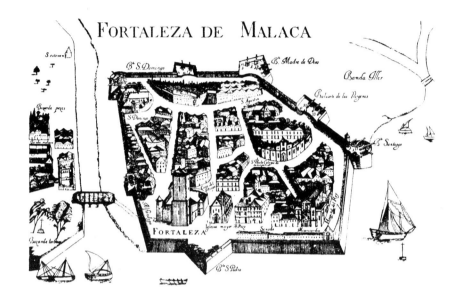

## 17世纪的马六甲城池

　　马六甲濒临马六甲海峡，森林稀少，沿岸有宁宜、克桑和马六甲河流经，曾建有马六甲苏丹国，1511年被葡萄牙人占领，1641年被荷兰人攻占，1824年沦为英国殖民地。现为马来西亚马六甲州首府和主要港口。图为葡萄牙人占领时期的马六甲城池。

目击了 4 个人完成了这项"运动",其中有个人被悬吊超过 7 分钟。我带着好奇心去检查其中两名"受害者"在被悬吊和被放落地时的细节,我确信在这一"运动"过程中没有欺诈。

印度杂耍艺人非常古灵精怪,能用惊人的机巧表演多种技艺。为了在表演蛇的过程中完全不受蛇的伤害,他们中有些人能够驯服最恶毒的蛇。我曾见到过一个人将一条 12 尺长的蛇缠绕在他裸露的身体上,先让蛇头探到他的嘴前,然后,他对蛇头吹气并吐唾沫,没有一丝畏惧。然而那条蛇对所受到的待遇却怒火暴涨,迅速地喷吐着蛇信,嘶嘶作响。

7 月 27 日,星期天,我们的船在距离吉打(Queda)① 不远的海上停泊,派遣事务长和二副上了岸。然而因为在这里没有买到锡块,第二天我们又接着航行,于周二晚上停泊在槟榔屿。到了周三,鲁滨逊船长和特恩布尔医生的至交格利菲斯(Griffiths)先生以及他的合伙人格雷(Gray)先生来船上用餐。之前在去孟加拉的途中路过这里时我曾见过格雷先生。他们坚决主张我和达维斯先生,与鲁滨逊船长及特恩布尔医生一起住到他们家去。我们欣然接受了他们的友好邀请,在他们那儿一直待到了下周二。我们兴奋地注意到这个定居点在短短 6 个月的时间里所取得的进展,居民人数大幅增加,贸易额也持续增长。格利菲斯先生和格雷先生在这里做了一大笔交易,似乎钱赚得很痛快。他们所拥有的岛上最豪华的房屋,始建于格利菲斯刚到的时候,他们喜欢在家里招待客人,并且以让客人愉快为乐。当我们在他们家做客时,这些绅士们和格雷太太对我们非常礼貌,他们的关心使我们感到非常幸福、获益良多。尤其是我和达维斯对他们来说是陌生人,但他们依然给我们带来欢乐和亲情,他们将永远被我们铭记。迪克松舰长(Captain Dixon)接替了皮克特舰长曾担任的孟买海军分遣舰队指挥官的职位,有 3 艘东印度公司用于往返航行的机动船归他指挥。总

---

① 现写作 Kedah,位于马来半岛西北部海岸,吉打港现名为瓜拉吉打。——译者注

督莱特先生像往常一样殷勤地款待了我，他新增的僚属法拉利先生和霍金斯先生来自广州，他俩不是英国商馆的职员。根据最新的规定，非英国商馆职员的英国人禁止留在广州或者澳门。从加尔各答经巴达维亚来的一位叫霍普的先生在我们离岛的前一天抵达，准备在这里经商。他和埃尔默先生都说起两艘美国商船，以及巴里船长（Captain Barry）和恰克斯通船长（Captain Truxton），这两艘船都将穿越邦加（Banca）海峡前往广州。8月5日，我们与朋友们告别，而特恩布尔医生出于对身体健康的考虑留了下来。

8月17日我们在马六甲的锚地停泊。下午，我和达维斯先生以及鲁滨逊船长上了岸，到小旅馆投宿。当晚，我们参加了一位荷兰东印度公司用于往返航行的机动船船长和一名在当地出生的葡萄牙姑娘的婚礼，在婚礼上我们都玩得很尽兴。第二天，我们去拜访了总督，次日上午我们回到船上，继续我们的航行。

马六甲的海峡以及邻近海岸所构成的商业贸易中心已风光不再，现在的马六甲已萎缩成一个仅供休憩的场所。伴随着遍及整个印度的英国东印度公司业务全面开拓的厄运笼罩，这里的商业贸易几年来日渐惨淡，英国最近在槟榔屿建立的贸易机构给马六甲的商业贸易实体致命的一击。

马六甲的妇女多数是在本地出生，她们的服装和巴达维亚的妇女颇为相似，然而两地妇女的言行举止却大相径庭。马六甲的妇女极其庸俗，喜好肆无忌惮地嬉闹。舞会上，她们绝大部分时间都在喝大量的啤酒、葡萄酒和杜松子酒，并咀嚼蒟酱之叶和槟榔，得空了吃点热的夜宵，然后接着回到舞池中间，一般不到凌晨三四点是不会离开舞厅的。她们的行为举止表现出的放荡不羁到如此程度，以至于在她们男性同伴的心中摒弃了任何对女人的体贴和尊重，我几乎想向她们讲讲妇道礼仪。在上文刚才提到的婚礼当中，虽然不乏上流社会的贵妇名媛们出席，但从印度开往广州的商船船长专用的娼妓却没有被拒之门外（这些尤物暂留在马六甲，直到船长们从广州返回印度时，再把她们带上）。相反，她们寄宿在当地受人尊敬的大户人家中，陪伴家中的女主人。在那场婚礼后的第二天上午，当我拜访当地两位上流社会的女士时，就见到这些尤物中的一个，她是葡属印度人（Indian-Portuguese）和马来人的混血儿，她们整日相伴如胶似漆，让我特别惊讶。

9月8日这天是星期一，我们下午5点停泊在澳门锚地，我和二副还有达维斯先生一起上了岸。那些荷兰人和瑞典人都已经去了广州，我拜访了一位法国人，并和几位丹麦人一起在博赫尔森（Vogelsang）先生家里共进晚餐；后来寄宿在弗里曼先生家中，第二天回到船上用餐。在澳门我收到一封纽约商人P. N. 史密斯先生的来信，信件落款的时间还是去年的11月24日，里面还附有一封我的朋友兼合伙人兰德尔先生写于11月21日的信。我们的领航员11日晚上才来到船上。在15日下午2点，我们在黄埔抛锚停泊，第二天我和鲁滨逊船长、达维斯先生出发前往广州。

我的孟加拉之旅就这样结束了，回顾这许多令人愉快的经历我感到非常高兴；在旅途中让我无法忘怀的是与福尔船长、鲁滨逊船长，以及船上的高级船员，还包括和我的旅伴们之间建立了可贵的美好友谊。当然大家更清楚彼此都满意也是不可能的。乘坐地方商船旅行经常会伴随一些尴尬，因为按照惯例，船长是不允许收受金钱的，虽然他们也不拒绝价值相当的礼品。不过，我在准备搭乘福尔船长的商船以前，就曾向他说明，我在广州先支付去孟加拉的200元银币船费。同样，在离开加尔各答之前，我也付了400新卢比给福尔船长让他再把我带回广州。但在马德拉斯，我和鲁滨逊船长无法达成协议。他说能帮我忙他很开心，在整个航程中他的行为举止也充分证明了这一点。幸运的是，我有一个上等的行李箱和轻便的炊具，是我上个季节花了164元银币买的，我把它作为我对他表示感激和敬重的纪念品，鲁滨逊船长赏脸收下了。

**注释一：**

因为不经主管层的准许，没有人可以搭乘公司船只出行并且留在印度，那些难以获得许可的冒险家们便以海军军官学校学员的身份登船，而后在船只到达时离船，在航海日志上，这些人被记录为"已逃跑"。——原著注释

**注释二：**

关于开销，佣人的工资占很大部分。没有佣人愿意干分外的事情，一个负责割草喂马的佣人不会去为马清洁或者备鞍，而负责备鞍的佣人也不会去喂马，每匹马都要两个佣人伺候。此外，佣人们受其宗教限制，很多日常家务都不能做。一个为你洗脚的佣人因为身份地位的原因不能帮助摆放或收拾餐桌上的盛放肉食或者羹汤的盘碟。这就必然要雇佣不同的佣人。兰伯特先生家里仅有他本人、哥哥，还有他的合伙人罗斯先生。他们有 7 匹马，1 辆驿递马车、1 辆四轮敞篷马车和 1 辆轻便马车，每辆马车都配有轿子或座椅。他们必须供养的佣人多达 97 人。我说"必须供养"是因为在列举他们的名字和工种的时候，找不到一个吃闲饭的人。——原著注释

当我抵达广州找到了 3 艘来自美国的商船，我高兴极了！来自费城的"亚洲号"（Asia）商船以及"广州号"（Canton）商船的船长分别是巴里（Barry）和恰克斯通（Truxton），来自纽约的"珍妮号"（Jenny）商船的船长是汤普森（Thompson）。"珍妮号"商船带了封信给我，信中告知还有两艘商船预期抵达。其中"华盛顿将军号"（General Washinton）已从罗德岛出发，"杰伊号"（Jay）和新的"希望号"（Hope）商船已从纽约出发，其中"希望号"由我的朋友兼生意伙伴兰德尔担任船长负责指挥。从上述两地出发的这些船离开美国的时间都在 12 月份，将先前往马德拉群岛（Madeira）①、经印度海岸到达中国，10 月 28 日，"华盛顿将军号"从马德拉斯抵达黄埔。兰德尔船长从马德拉群岛托"华盛顿将军号"带来的信件提到，他在那里遭遇了生意的耽搁，并提出了太多的理由希望我能理解

———————

① 大西洋中葡萄牙所属群岛，位于摩洛哥西部，距离摩洛哥海岸 400 哩。——译者注

他错失这个航海贸易季节的原因。除了这些商船以外，还有一艘已装备完毕，并配备了一只可充当交通艇的单桅小帆船的商船从波士顿出发，计划绕道合恩角（Cape Horn）① 前往美洲西北海岸进行皮货交易，并由此地继续前往中国，最后经由好望角（Cape of Good Hope）返回美国。非常遗憾，上述我提到的这些船没有一艘抵达广州。据说有一艘作为母船交通艇的英国小船从美洲西北海岸抵达这里，由于这只小艇的母船在南纬 57 度航行时，遭受严重的暴风雪袭击，导致小艇与母船分离。在所有这些商船之外，还有一艘来自纽约的名叫"爱莲号"（Eleonora）的方帆双桅船，按照惯例最晚应该在 6 月前完成到达广州的航行，而不是在错过航海贸易季节之后，满载皮货直接来中国。梅特卡夫船长（Captain Metcalf）驾驶"爱莲号"先去了科罗曼德尔海岸（Coromandel Coast）和孟加拉，由孟加拉去了巴达维亚，在目前这个航海季节的早些时候，他从巴达维亚出发然后抵达他的最后一站，停泊在澳门附近的岛屿之间。他停留在这里，是想找到机会通过其他船只将他的皮货运到广州卖给比尔（Beale）先生②，直到 12 月份的某个时候，一帮盗贼强行登上了他的船。这群人是清朝的盗贼，平时生活在这些岛屿之间，这群岛屿也因此被称为盗贼群岛（Ladrone Islands）③。不过，在他能够击退这些盗贼之前，他的两名高级船员被杀，因为他从未向他祖国的领事也就是我，申请保护，因此，中国人和葡萄牙人都不会给他提供保护，我也无法获知他的任何打算。

1789 年 1 月 20 日，船舶清单如下：从广州出发的外国商船共有 36 艘，其中英国商船 21 艘（这些船只中有 3 艘是来自植物学湾的载重 250 到 400 吨的小船，另一艘是来自美洲西北海岸需要预付运费 250 便士的载重 120 吨的小船。其余都是载重不小于 800 吨的大船，有一些荷载达到 1000

---

① 位于南美洲智利最南端的一个小岛上。——译者注
② 见本章后注释一。
③ 现称为马里亚纳群岛（Mariana Islands）。——译者注

### 俄罗斯毛皮商人收购海獭皮的情景

　　美国探险家约翰·莱雅德 (John Ledyard)，曾于 1776 年参加了英国探险家詹姆斯·库克船长（James Cook）的第三次航海远行，到过好望角和广州以及美洲大陆西北海岸阿留申群岛（Aleutians）中的乌纳拉斯卡岛 (Unalaska Island)，亲眼见到俄罗斯毛皮商人在收购毛皮，发现上好的海獭皮只需要 6 便士就可以买到，如在广州，这样的毛皮可以卖出 100 元银币，而广州的茶叶和丝绸十分便宜。

### 生活在北美洲西北海岸的海獭

　　探险家约翰·莱雅德于 1783 年 5 月到纽约、费城和波士顿等地，推销他的先派船收购毛皮再运至中国换茶丝计划，费城的罗伯特·莫里斯是最早接受该计划的人，但由于项目的资金投入存在缺口，船只又没能按原计划找到三艘，以及航海季节和到达广州最佳贸易季节等多种因素影响，结果放弃了该计划，改用西洋参作为"中国皇后号"首航中国的主要贸易货物。

吨，其中有 2 艘船达到 1160 吨。此外有 4 艘 800 吨或 800 吨以上的大船，
预期从孟买和马德拉斯出发，按照东部航线航行），瑞典商船 2 艘，丹麦
商船 2 艘，法国商船 2 艘，荷兰商船 4 艘，西班牙商船 2 艘，美国商船 4
艘；从澳门出发的葡萄牙商船 7 艘，上述商船中途径好望角的共有 43 艘；
往返印度的英国地方商船共有 24 艘；只在澳门附近航行的英国商船 5 艘
（其中有 1 艘小船，2 艘斯鲁双桅纵帆船，1 艘方帆双桅船和 1 艘单桅帆船），
只在澳门附近航行的美国方帆双桅船"爱莲号" 1 艘。英国商船数量没有
上一个航海季节那么多，到目前为止只有 4 艘船如期抵达，但是，据估计
船舶总吨位与上一个航海季节相比将不会减少太多。

发生在福摩萨和邻近地区的战争已经结束，大面积的水稻已经连续两
年持续减产，这些情况对目前这个季节的贸易产生了有利的影响。茶叶比
去年同时期产量更大，品质较好的茶叶价格降了 15% 到 20%。然而，这
种降价其实是错觉，因为中国人发现高级茶叶的需求每年都在增加，便
在某种程度上掺杂次等茶叶导致茶叶的品级下降，大致降低到在 1783 年
和 1784 年被称为特二级茶叶的品质。茶叶在西方世界的消费量增长惊人，
1784 年英国及其附属地区的茶叶消费量估计为 1400 万磅，其中只有不到
1/2 是他们自己的商船供给的。自从那个时期转换茶叶税以来，这个税收
政策的调整使英国人饮茶的消费支出减少到微不足道的水平。在 1786 年
的 3 月、5 月、6 月、9 月、12 月，在英国东印度公司独家销售的净重超
过 1560 万磅的各类茶叶中，超过总量 1/3 的是普通的武夷红茶，总价值
超过 230 万英镑。如果将 1784 年至 1785 年航海季节与 1787 年至 1788 年
航海季节的船只使用情况进行比较，可以发现增长是惊人的。在英国东印
度公司的账目上，在 1787 年至 1788 年，仅由英国商船从中国输出的各种
茶叶的数量，总计为 161303 担，相当于净重 21507066 磅，其他公司的船
舶数量没有实质性的变动。

可以预期，由于英国的船舶使用量的增加，丹麦人和瑞典人将会遭受
贸易量大大减少的损失。然而这些国家仍然没有认识到那些事实真相有任

何的不妥，特别是去年，他们的大部分高级茶叶向俄罗斯消费者卖出了好价钱。

荷兰人在最近的三四年里，由于未能从欧洲发送充足的银币，使他们在这种非常不利的条件下显得很吃力。荷兰东印度公司极端依赖通过该公司的金库从印度向欧洲的汇款，这样就迫使他们的大班在公司开汇票给中国商人，由中国商人按照 20% 到 25% 的贴现率兑现。这种被称为汇兑的交易，由于不会给荷兰东印度公司的利益带来太大的损害而作为证券交易的一种被采用。

英国人已经使用荷兰人用过的这种汇兑模式，尽管最近两年，他们从英国汇出输入中国的银币每年达到 70 万英镑，而从孟加拉汇款也不得不采取这种权宜之计。以前，英国的臣民从印度向欧洲所有的汇款都要通过英国东印度公司的金库，1 元银币就其本质上的价值来看，仅可以兑换 4 先令 6 便士，如果换成为期 365 天的凭票即付的票据，英镑与银币之间的汇率已从 1 元银币兑换 4 先令 9 便士，逐渐上升到可以兑换 5 先令 6 便士，在目前这个航海季节汇率为 1 元银币兑换 5 先令 4 便士，英镑下跌极大地有助于银币流入丹麦和瑞典东印度公司的金库，丹麦人和瑞典人于是按照 1 元银币兑换 5 先令 6 便士的汇率，从伦敦把银币换成为期 8 个月的凭票即付的票据。因此，当某个商人在买卖货品时支付货款的途径有两个选择，要么在这些国家现场直接付款，要么等待机会汇兑。中国商人永远不愿意在签订棉花或其他货物契约时放弃现金，但他们乐于接受买方使用有某种贴现的汇兑付款，这些贴现无疑对于卖方有益，若不是接受买方使用汇兑，中国商人不可能在赚钱的基础上又赚了一笔。中国人精于计算，通过对高级茶叶每担上涨 1 到 2 两银子，来充分抵消自己接受汇兑付款的让利，最终，这成了各国公司的负担。在兑现汇票的交易中，英国汇兑的贴现率大约为 10%。但是，中国商人经常在兑付现金时获得 20% 的贴现。英国东印度公司因这种模式的证券交易而吃亏，大大加重了公司的不幸，致使这家公司在广州的现任雇员大多反对这种交易模式，不只是暗示而是直接表示反对这种大金额的不公正的货币交易。的确，这事因此变得众所周知。几个英国商馆的雇员在这个航海季节乘船去了英国，这是心照不宣的惯例，这些人可能由于这次的自发行为而辞职，以避免被解雇。日益增长的英国与广州之间的巨额贸易，是他们所有亚洲商业贸易中最赚钱的生意，这使得英国的绅士们认为，公司应该考虑对目前的经营方式作出一些重大的变革。

法国人和西班牙人不缺钱，前者在这个航海季节仅单独一艘船的资金盈余就超过价值 20 万元的银币，人们终于恍然大悟是索列（Sully）① 或者尼克尔（Necker）② 决策中的财政金融原理才导致了现在这个格局。

1789 年 1 月 23 日，现在是撇开其他国家商业贸易不谈，只对自己国家的商业贸易进行观察评论的时刻。

"亚洲号"商船于去年 7 月 7 日抵达，本月 7 日起航，该船的大班乔纳森·米夫林（Jonathan Mifflin）先生和约翰·弗雷泽（John Frazier）先生写信给瑞典商馆的头领查默斯（Chalmers）先生，由查默斯先生给他们介绍了中国商人浩官（Houqua）。浩官向他们承诺，如果他们把西洋参委托给自己销售，可以卖到每担 120 元银币。于是，"亚洲号"商船的大班与浩官签订协议，并支付给他一些委托费用，具体多少钱，我不清楚。不过，当我不久回到广州以后，弗雷泽先生告诉我，他曾经把所运来的所有西洋参向老同官（Old Chowqua）报价，每担开价 70 元银币，而且需用 4 万元银币现金支付。对此老同官拒绝接受，并且没有任何商量的余地，石琼官（Shykinkoa）也不愿意接手这批货。当英国绅士们从澳门回到广州，我的同胞带给皮古先生一封写自英格兰的介绍信。这封信是后来让"珍妮号"带到广州的。我的同胞告诉皮古先生，他们已经把西洋参委托给浩官销售。皮古先生回答说，他们的这种做法等同于把财物扔进海里。我从皮

---

① 法国政治家（1560—1641）。——译者注
② 法国财政家及政治家（1732—1804）。——译者注

古和弗雷泽、米夫林那里听到了同样的细节详情。皮古先生的公正评论不久得到证实。浩官协议购买价格是每担 120 元银币，但是这些西洋参又被海关监督按每担 60 元银币征了税，如果浩官按每担 100 元银币（当时中国的市场价格）卖出，每担至少亏损 80 元银币。于是浩官拖延履行他的协议，在公行中一直缺席，见不到人，他抽吸鸦片，并于 12 月 24 日潜逃，随即被宣布破产，他的财产也被查封。下面是我 12 月 27 日的笔记，记录的是这一事件的结局。

昨天上午，米夫林先生拜访了我，根据他详述的与浩官的有关情况，我作了一些谈话笔录，在他通报了由于与浩官发生商业关系而遭受的不幸之后，他声称在不到 12 天以前，查默斯先生曾通知他，让他把他的全部委托费用向浩官支付。当我表示对此事感到惊讶之后，他再三重复之前所说，并补充说此事发生在浩官潜逃前的 7 到 8 天。他接着说，虽然浩官欠他们 6000 元银币债务，但是他们依然掌控着局势，因为去年为了安全起见，他们曾委托"联盟号"（Alliance）商船的大班哈里森（Harrison）先生，根据浩官销售货物的回款进度，分 3 次用现金向浩官支付相关委托的总费用；并由石琼官对做成这笔生意进行了担保，如果双方按预期履行完协议，米夫林等人可以立即离开。米夫林先生请求我尽快批准同意他预先把一些钱放在我们的商馆里，作为石琼官的担保费用，因为石琼官不愿意被人认为，他收到的担保费是从米夫林的商馆获取的有关浩官生意的收益。这些大班们后来根据海关监督的命令从公行接收了米夫林的那批西洋参，但同时有义务遵从海关监督的命令，放弃已通过哈里森支付给他们的现金。为了浩官的债权人的利益，我出具了以下证明书——"1789 年 1月 7 日，在茂官（Monqua）的办公场所，我证明米夫林和弗雷泽分别向茂官和哈里森提供 18605 元银币和 1310 元银币，总金额共计 19915 元银币。浩官当面同意改变协议，而且宣布他不再向那些绅士和他们的雇主提出任何要求。"——美利坚合众国领事山茂召曾与"亚洲号"商船一同航行的"广州号"商船在经停巴达维亚之后，于 8 月 10 日抵达广州，弗雷泽先生和该船的船长之前曾来过广州。该船的大班威尔考克斯（Wilcox）先生和麦考尔（McCall）先生以每担 80 元银币的价格把西洋参卖给了宜官（Equa）和黎先生（Lysingsang）。他们支付了多少钱，或者他们收到多少货物，我一无所知。因为我的规矩是不询问别人任何有关生意的事情。

我要补充说明的是，米夫林先生和弗雷泽先生以及威尔考克斯先生和麦考尔先生都对我表示，受过皮古先生的介入和帮助之恩惠，如果没有这些介入和帮助，他们声称不知何时他们的船只才可以离开。

"珍妮号"商船于 8 月 29 日抵达，没有带一名大班，现在准备起航。船长和医生考德威尔（Caldwell）先生，把本该由大班处理的事务委托给英国商馆的帕金（Parkin）和史密斯（Smith），并为他们带来了来自林奇堡（Lynchburg）[①] 和斯托顿（Stoughton）[②] 的汇款，因为在"广州号"商船的上次航程中，黎先生（通常人们称他为黑医生）提供给"广州号"的茶叶已经办理了船货抵押借款。帕金和史密斯不希望公开扮作大班，他们说服船长和医生，让他们在公开场合为自己正名，宣布他俩不是大班。并承诺会通过他们的建议来帮助船长和医生。他们的建议是多么有益，当"珍妮号"返回美国后，林奇堡和斯托顿两地的市场反应将是最好的评判。船长和医生超过 6 万英镑的西洋参由黎先生经手，按每担 70 元银币的价格销售，总共卖得 3 万元银币。黎先生不是公行里的商人，他借用宜官（Equa）的戳记做生意。当然，宜官作为担保人会向海关担保黎先生照章纳税，黎先生曾经出现过暂时的财政困难，但他不走歪门邪道，赢得诚信的声誉，最终，正像考德威尔医生所说，"事实胜于雄辩"，在他们整个交

---

① 现为美国弗吉尼亚州中部城市，位于兰岭山脉山脚下的詹姆斯河畔。1852 年建市。——译者注

② 美国马萨诸塞州东部城镇，在波士顿都市区南部，1713 年创建，1726 年设建制。——译者注

易过程中，黎先生把他们的西洋参卖出了令他们满意的价钱。

唐尼森（Donnison）船长驾驶的"华盛顿将军号"（General Washington）商船于 10 月 28 日抵达，现在正准备起航。我和该船大班塞缪尔·沃德（Samuel Ward）先生等人在美国就彼此认识，我们为能在广州重逢而感到非常高兴，我们商定当我独自一人闲着有空时，我们就一起四处走走。他的西洋参虽然品质不好，而且当他们船抵达时，市场已经供大于求，但还是以每担 65 元银币的价格卖掉了。一共 140 担西洋参，卖得价值 1.3 万元的银币，他用这些钱按照市场价从茂官那里收购了最好的武夷红茶。这艘船的资金不足以采办适宜的返程货物来装满船舱。于是，我便和沃德先生签订合同，用我和兰德尔先生的货物装满剩余货舱。由于"杰伊号"（Jay）商船没能按照通常存在的可能性，挽回已经耽误的时间后来居上，如期抵达广州，我现在（12 月）必须采取这种租用别人船舱的办法把货物运回美国。而且我去年在美国定造了一艘供我调配的船舶在明年夏季要安排追加绝对必要的投资。因此，不管"杰伊号"出于什么原因没能如期抵达广州，实际上已对造船所急需追加的信用贷款造成十分不利的影响。于是，我决定与沃德先生一起后天乘船回美国，把这些必要的信息告诉兰德尔先生。

下列是目前这一航海季节西洋参市场销售的大概清单："亚洲号"，400 担；"广州号"，300 担；"珍妮号"，450 担；"华盛顿将军号"，140 担；英国东印度公司商船"塔尔博特号"（Talbot），200 担。共计：1490 担。鉴于"塔尔博特号"商船的船长能够从英格兰购买整船的西洋参运到中国从事投机买卖，这将给我们预留下一个巨大的想象空间，如果算上英国东印度公司的其他商船以及其他国家的那些船只所运到广州市场的西洋参，我们国家每年还可以再增加 500 担，也可以说是增加 510 担西洋参的输出，并直接由美国商船向中国出口。今年输入中国的西洋参总计有 2000 担，只比 1786 年输入的数量多出 200 担，至于是什么原因导致西洋参的价格下降，我不敢妄加评论。因为在我从加尔各答返回广州之前，"亚洲号"、

## 广州药材商店

　　"中国皇后号"首航中国所运的主要货物——30 吨西洋参在美国大陆收购的价格是每磅在 3 先令到 5 先令之间，最高没有超过 5 先令，如果运到广州能按当时国际市场的理想价格 5.55 英镑／磅出售，不含运输等费用有至少 23 倍的毛利。

N° 1333

[ 1333 ]

PANAX QUINQUEFOLIA. FIVE-LEAVED
PANAX OR GINSENG.
✴✴✴✴✴✴✴✴✴✴✴✴✴✴✴
*Class and Order.*
POLYGAMIA DIŒCIA. (PENTANDRIA DIGYNIA *Perſoon*).
*Generic Character.*
*Cal.* 5-dentatus. *Cor.* 5-petala. *Bacca* infera, cordata, 2-ſperma.
*Cal.* in flore maſculo integer.

*Specific Character and Synonyms.*

PANAX *quinquefolia*; foliis ternis: foliolis quinis petiolatis,
    pedunculo petiolis breviore, radice fuſiformi.
PANAX *quinquefolium*; foliis ternis quinatis. *Sp. Pl.* 1512.
    *Reich.* 4. *p.* 362. *Kalm. it.* 3. *p.* 334. *Blackw. t.* 513.
    *Regn. Bot. Zorn ic.* 155. *Woodv. Med. Bot.* 270. *t.* 99.
    *Gron. Fl. Virg.* 35. *ed. al.* 162. *Mart. Mill. Dict.*
PANAX *quinquefolium*; caule herbaceo, foliis ternis, foliolis
    quinis ovalibus acuminatis petiolatis. *Michaux Fl.*
    *Bor.-Amer.* 2. *p.* 256. *Perſoon Syn.* 1. *p.* 298.
GINSENG. *Jartoux, Lettres edifiantes et curieuſes,* v. 10. p.
    172. *Philoſoph. Tranſ.* v. 28. *p.* 237. t. 5.
AURELIANA canadenſis, *Laſiteau Ginſ.* p. 87. c. tab. *Cateſb.*
    *Carol. app. t.* 16. *Breyn. Prod. pl.* 2. p. 35. t. ad. p. 52.
ARALIASTRUM, Quinquefolii folio; majus, Ninzin vocatum
    D. Sarrazin. *Vaill. ſerm.* 43.
ARALIASTRUM foliis ternis quinquepartitis, Ginseng ſ.
    Ninſen officinarum. *Trew Ehret. t.* 6. *f.* 1.

GINSENG has been a famous remedy among the Chineſe
from time immemorial; it is underſtood however to be
found only in Chineſe Tartary. In the year 1709 Father
JARTOUX, a miſſionary at Peking, was ſent by the Emperor
of China to make a map of that country. Whilſt engaged in
this buſineſs he fell in with an army of Tartars who were em-
ployed in collecting this highly valued root for the emperor;
which gave him an opportunity of deſcribing and making a
drawing of the plant, and tranſmitting the ſame to Paris, in a
letter to the procurator-general of the miſſions of India and
China; a tranſlation of which was publiſhed in the 28th vol.
of the Philoſophical Tranſactions.

JARTOUX ſays that the Ginſeng is found between the thirty-
ninth and forty-ſeventh degree north latitude, where there is
a long tract of mountains covered with wood. It grows on
the declivities of the mountains, on the banks of the torrents,
and

## 西洋参的药用价值

    1811 年，在伦敦出版的由约翰·西姆斯主编的《柯蒂斯植物学
杂志》对西洋参的药用价值进行了介绍并配有插图。1829 年 2 月来
到中国广州的美国传教士裨治文主编的《中国丛报》报道说：当美国
人第一次将西洋参卖到中国时，利润率高达 500% 到 600%。

"广州号"、"珍妮号"等排名前列的商船的销售合同已经全部议定，毫无疑问，来自我们国家的商船从未在它们所携带的资源中有非常大比例的现金。如果美国人认为饮茶是必不可少的消费，那么他们应该乐意赞成用最适当的手段以最优惠的条件获得茶叶。近一个世纪的经历让欧洲人深信，通过国有公司和大型船舶与中国进行贸易是最有效的。美国对欧洲人的先例效仿到什么程度才适合来管控自己的西洋参出口，必定最终取决于自己的经验。

每年从中国向英国放贷人支付红利的 3 名中国商人在 1774 年至 1779 年之间相继破产，这的确是一件非常特别的要紧事，因为与这些中国商人发生借贷关系的其他外国放贷人没有一个得到任何救济。我不厌其烦地仔细阅读了所有报道过这件事的报纸，获得了关于这一事件的消息，从中搜集了以下详情细节。

约翰·克莱顿（John Crichton）先生作为个体商人和代理商人从 1768 年到 1774 年居住在广州。在此期间，以 20% 的利息贷出 3 笔大额房屋交易资金。放贷契约包括本金和利息，每年利滚利，最终形成一笔巨额资金。料想他所滋生的财富中有 2/3 是由这些中国商人在掌控。克莱顿先生 1774 年离开广州前往欧洲，离开了曾经生活了 17 年的亚洲。他抵达英国后，没能定期收到来自中国的汇款，正相反，汇款时间非常的不确定。4 年放贷期满，他认为为此必须要返回中国。在马德拉斯，他找到了一些债权人和其他债权人的代理人，他们一起制订了一个送他去中国的方案，让克莱顿先生作为他们的联合代理人，尽力从广州政府获得对他们所蒙受损失的赔偿，因为那 3 笔房屋交易资金的亏空，其中明显带有许多诈骗的迹象。他们因此与克莱顿先生联名向海关监督，也就是广州海关负责人写了一封请愿书，要求拟订新的合同，并提出把最初的每年 20% 的利息调低到 12%，恳求从那时起每年能偿还利息和 1/12 的本金，直到清偿所有债务。除了这封给海关监督的请愿书，克莱顿先生还写信给潘启官个人和另外一个潘启官所在公行的召集人，陈述他的冤情，介绍他的追债目标，以及如果充当他的追债委托人将得到的回报，并恳求潘启官等人的帮助。

海军少将爱德华·弗农爵士（Sir Edward Vernon）当时是驻扎在印度的英国皇家舰队的指挥官，也收到了克莱顿的申请，克莱顿先生遭受了这些中国商人破产带来的巨大损失，他寻求并获得中国法庭作出公平处理的私人申请受到中国法律和惯例的限制。爱德华爵士作为国王陛下的代表，理应要为他所效忠的国王的臣民向中国政府索要赔偿。爱德华爵士欣然同意克莱登先生和代理人们的意见，答应派遣潘顿（Panton）舰长指挥"海马号"（Sea-Horse）护卫舰前往广州提出正式要求。这些代理人向这位海军少将保证，将从所索得的赔偿总金额中拿出1/10赠与爱德华爵士，以作为对他所提供的这些有益帮助的回报。他们之间的通信往来起始于克莱顿先生给爱德华爵士的信，他们与马德拉斯的总督及政务委员会之间的通信也因此开始。他们彼此之间的这些信件往来，按照下列顺序，显示了直到潘顿舰长和克莱顿先生乘"海马号"去广州之前他们这伙人的办事进程。

7月8日，克莱顿先生写信给爱德华·弗农爵士，附寄了前面提到的那些信件，供爱德华爵士明察，并请求爵士命令"海马号"护卫舰舰长亲自向广州海关监督递交请愿书。12日，克莱顿先生写信给律师们，这些律师不论是欧洲的还是印度的，都谋求被指定为克莱顿的代理人去索回被中国人掌控的资金。在信中，克莱顿向律师表明的意图，与7月8日克莱顿先生单独写给爱德华爵士的信中所提的声索是一样的，克莱顿先生也把同样的诉求通过信件向马德拉斯的总督和政务会作了报告，以祈求他们的帮助，同时向各方陈述的向中国人索取的权益包括"合计超过100万英镑"的具体要求。20日，爱德华·弗农爵士写信给马德拉斯总督及政务委员会，说明他已答应前面所述克莱顿先生的恳求并请求他们的帮助，以便指挥驻广州的商馆大班为护卫舰舰长在履行职责时提供所有的帮助。爱德华爵士向广州总督提出的书面要求将由潘顿舰长亲自递交给广州总督。①21

---

① 见本章后注释二。

日，克莱顿先生写信给爱德华·弗农爵士，请求任命自己为国王代表潘顿舰长的秘书。24 日，马德拉斯的总督及其政务委员会写信给爱德华·弗农爵士，在关于由潘顿舰长向广州总督递交书面要求一事上，建议潘顿舰长接受大班们的意见听从大班们的指挥，为此请爱德华爵士向那些绅士们提供前面提到的书面要求的复制品。26 日，爱德华爵士的回信说，他一定会命令潘顿舰长亲自向广州总督呈递他的书面要求，不能降低作为国王代表的官方身份和地位，而且不能把他的那份书面要求的复制品传递给驻广州的大班们。不过潘顿舰长将受命与他们合作，既为英国东印度公司的全体利益提供服务，又为国王陛下的臣民提出的有关请求申冤。在爱德华爵士到达之前，克莱顿先生曾致信马德拉斯总督及其政务委员会，阐明他的上述主张，并向马德拉斯总督提供并附带了一份他写给广州海关监督的请愿书的复制品，不过在他向马德拉斯总督提交了这些材料之后，马德拉斯总督没有对有关这个主张的情况进行询问调查。当爱德华爵士到达后，为了自己和国王陛下其他臣民的利益，他向国王陛下的代表爱德华爵士请求帮助，落实他的主张，他希望总督和政务委员会能原谅他的所作所为。他还通知马德拉斯总督和政务会说，爱德华·弗农爵士已经答应派遣"海马号"护卫舰和作为国王代表的潘顿舰长，尽力使自己的冤情得以伸张。最后，他希望马德拉斯总督和政务会不要因为他的上述活动而生气。 29 日，马德拉斯的总督及其政务委员会写信给爱德华爵士，不赞成说是因为在广州的贸易缺乏应有的保护而派一艘国王的武装船只前往广州，而应阐明是东印度公司过去的一些事务导致如此必要的措施。"他们的行动应该获得国王陛下的大臣命令的批准。"31 日，爱德华爵士写信答复马德拉斯总督及政务委员会说，当他第一次写信给他们寻求建议和帮助时，他原以为他们会像在处理其他事务时的惯例那样要求与他见面会谈。不过，目前这件事的实际情况既然如此，他只好把给潘顿舰长的命令这部分文件的复制品附寄给马德拉斯总督和政务会，而潘顿舰长一旦收到从广州传递而来的公文急报，就会立即出发执行爱德华爵士的命令。爱德华爵士的这些命令包括以下内容：为了避免被要求按章缴纳关税，禁止潘顿舰长在溯河而上时，超过二沙（Second Bar）的位置，这样可以不用支付关税；潘顿舰长直接负责向广州总督递交爱德华爵士的信件，以及向广州海关监督亲手递交克莱顿先生写给海关监督的信件；要求潘顿舰长在广州期间必须以不损害国王陛下的旗帜的尊严为前提，遵从必要的正式会见的礼节；还告诫潘顿舰长小心避免任何有可能阻碍东印度公司贸易发展趋势的争执和较量。——而且，据说有关这件事的代表去年被派往英格兰，向驻广州的大班们了解，他们是否收到政府的任何命令，或董事会的任何决议，以及是否会有相应的行动。最终，潘顿舰长接到命令，由克莱顿先生担任他的秘书。

在接下来的 10 月的某一天，潘顿舰长率舰驶抵二沙，他向广州总督致信①，广州总督收到信后让他进城并正式接见他。潘顿舰长从英国东印度公司的商馆乘坐轿子，来到广州总督乘坐的大船前，下轿上船，这里已有许多商人被召集而至。当着这些人的面，潘顿舰长将信递给了广州总督，总督打开信让译者进行翻译，广州总督这样做是让潘顿舰长确信他将对这件事进行正式的调查。而且同样地，广州总督也通知潘顿舰长说，皇帝在 1760 年已经发布法令，凡是向欧洲人借高利贷的中国商人的财产将被扣押；禁止任何这种放高利贷行为，否则欧洲人将受到没收钱财的惩罚，中国人将被流放。对这一法令的详细情况，所有在广州的欧洲人和中国人都知道。法令按照惯例颁布，并翻译成欧洲人的几种语言。广州总督补充说，尽管这是公然违反皇帝法令的事件，他还是要把目前的这个申请上报给皇帝陛下，潘顿舰长可能要到明年再回来获取对这个申请的答复。这次会见后不久，潘顿舰长备足了必需的餐饮食品，起航去了马德拉斯。在离开之前，发布了一个公告，禁止所有英国人借钱给中国人。

---

① 见本章后注释三。

## 18世纪英国皇家海军军舰上的羊

　　在这艘英国皇家海军军舰的后甲板上，两个男子正踱着方步，这是军官们可以享有的特权。一只山羊懒洋洋地躺在一只装有家禽的笼子附近。为了能让官兵们在长途旅行中经常吃到新鲜的肉食，军舰常常带上活牛，船员们有时还带上自己的山羊、猪、鸡和绵羊。

### 安提瓜岛湾畔的云帆沧海

安提瓜岛现为加勒比海东部岛国安提瓜和巴布达所属岛屿，岛上无森林、山峰和河流，气候干旱，地处飓风区，多港湾和岬角。1493年哥伦布到达该岛，1520年至1629年先后遭西班牙和法国殖民者入侵，1667年沦为英国殖民地，1981年独立。岛上居民绝大多数是非洲黑种人的后裔。

广州总督召集所有贸易商号、公司的头领进城，向他们查问，为了他们各自的商号、公司利益，对这些破产商人的财产是否还有任何索赔要求，他们的回答是否定的。接下来的问题是，他们中是否有人以个人名义为自己或朋友提出索赔要求，回答同样是否定的。他们必须给出这样一个否定的答案，因为如果他们承认是中国人的债主，也就等于实际承认了他们违反与自己公司的约定而擅自行动。但是在这个事例中，英国人比其他国家所有人都有优势，即只有英国允许该国在印度的臣民独立于东印度公司之外同中国进行贸易。因此，这些英国绅士们觉察到这一点，虽然对于公司，或者对于他们个人，他们无权提出索赔。然而，作为英国臣民的代理人，他们有权为了这些英国臣民的利益请求广州总督公正裁决，并且希望广州总督能采取令人满意的措施救济这些英国臣民，因为这些人和他们的家人因为上述的破产事件而遭受了极大的痛苦。

当潘顿舰长返回广州时，已经是第二年，广州总督又在城里接见了他。广州总督告诉潘顿舰长，尽管皇帝有充分的理由对欧洲人不尊重他的法令而生气，并因此对所有的索赔不施以恩惠。然而，以他统治以来一贯温柔地对待外国人的作风，皇帝陛下愿意用 10 年时间，每年直接从对广州贸易的征税中拿出 6 万两白银，用于了结几位英国臣民的索赔。赔偿金额计算方法如下：1760 年法令颁布以前，英国臣民索赔的所有的本金加利息全额赔偿，之后的仅赔偿本金的 1/2，不赔偿利息。由于有家被索赔的商号拖欠帝国巨额税收而且商号的所有人已经死亡，因此，所有要求这家商号抵付的无论什么性质的所有索赔都不予赔偿。广州总督说，其他两家商号的头目已被押送流放。

潘顿舰长采用如此适当的行为方式完成了任务的目标，他于是离开广州返回印度，在返回途中死于马六甲。下面的情况不应该被忽略，当潘顿舰长第一次访问广州时，如果他被中国人以 4 万元银币收买，以没有被广州总督容许予以正式接见为借口，有负重托，无功而返，会让那些请求他们的统治机构对其生意予以帮助的英国商人们陷入绝望。第一笔 6 万两白

# 帝国的相遇

银赔偿款在 1781 年的开年，即大班们前往澳门之前付清。从那时起，每年支付相同数目的赔偿款，迄今已经支付了两笔。清朝政府每年从广州贸易中征税以赔偿那几位英国商人的做法，大大加重了荷兰人、丹麦人、瑞典人和法国人在与中国人进行贸易过程中所承受的税赋负担。尽管在各个外国公司的雇员中也有一些是已经破产的中国商人的债权人，然而他们不敢公开索赔，当然也就完全被排除在外了。

继清朝政府对外国人索赔欠账的请求殷勤关照的这个事例之后，清朝政府在面对一些基督徒的表现上，可能并无过错地显示了宽恕的态度，使这些基督徒们热衷于违犯帝国的法律，竭力在中国政策限制的范围内传播他们的宗教，皮尔·葛朗蒙特 (Le R. Père Gramont)[①] 传达了皇帝对这个事务的法令。法令如下（乾隆皇帝上谕颁布于乾隆五十年农历十月初八——相对应于欧洲人使用的纪年是公元 1785 年 11 月 9 日）：

> 吧地里央（Pa-ti-ly-yang）等西洋人私入内地传教，经湖广查拿，究出直隶、山东、山西、陕西、四川等省具有私自传教之犯，各省陆续解到，交刑部审拟，定为永远监禁。
>
> 此等人犯不过意在传教，尚无别项不法情事。如呈明地方官，料理进京者，原属无罪。因该犯等并不报明地方官，私自在各处潜藏，转相传引，如鬼蜮伎俩，必致煽惑滋事，自不得不严加惩治。虽坐以应得之罪，朕仍悯其无知，仅予圈禁。
>
> 今念该犯等究系外夷，未谙国法。若令其永禁囹圄，情殊可悯。所有吧地里央等十二犯，俱著加恩释放。如有愿留京城者，即准其赴堂安分居住。如情愿回洋者，著该部派司员押送回粤，以示矜恤远人，法外施恩至意。[②]

---

① 见本章后注释五。

② 详见《清高宗实录》卷 1240 中华书局 1985 影印本，乾隆五十年十月甲申。——译者注

关于欧洲人与美国人在广州的交往，我不止一次地反复提到过，更不必说那些隔阂。不管是国家之间的交往，还是个人之间的交往，我们有充足的理由对此感到满意。无论如何，我一定不能忘了说到我与英国人之间的礼尚往来，最终调整到一个恰当的融洽的状态。英国人正式宣布他们的商馆头领在这个季节将要乘船前往英国，在此事发生之后，出席英国其他类别事务活动的绅士们开始议论，他们当时在活动现场好像看到召先生出席了英国人的宴请，他们议论说，至今一直谢绝接受英国人宴请的召先生的行为举止变得更适宜了。候任者哈里森（Harrison）先生也参与了这个议论，并说等他就职后将找机会按照惯例款待我。事后，参与他们议论的一位绅士把哈里森先生的话告诉了我，目的是想探听我对于此事的意见，同时也是想试探我是否会接受邀请。对此，我在回复时表达了这样一个意愿，如果哈里森先生确定无疑将用正确的方式对待我，至于我，也不期望做出什么不合礼仪的回应。因此，1 月 11 日，当布朗先生（Browne）一离开广州，我就去拜会了新头领并表示祝贺，对此他回以应有的礼仪。随后，英国人宴请了我们，而且，24 日，我和沃德先生还在英国商馆出席了专为我们举办的告别宴会。

在向各国商馆头领和绅士们履行完惯常的告别礼仪之后，我和沃德先生于第二天中午（1 月 25 日）离开广州，晚上到达停泊在二沙附近的"华盛顿将军号"轮船，登船前往美国。除了唐尼森（Donnison）船长和他的助手罗（Low）先生、佩奇（Page）先生和简克斯（Jenckes）先生，连同沃德先生和他的助手马吉（Magee）先生和史密斯（Smith）先生之外，船上还有我和爱德华·道斯（Edward Dowse）先生以及其他乘客。

1 月 28 日下午 4 点，准备驶离澳门时，领航员离开了我们。2 月 10 日上午 10 点，我们在邦加海峡抛锚停泊，派人乘小船去岸上购买木柴，第二天中午我们开始起航。

2 月 14 日，星期六的早晨，我们在北岛抛锚停泊，发现汤普森船长的"珍妮号"轮船已于昨天抵达。有一艘来自巴达维亚的荷兰商船停留在这里，在等待另一些从广州驶往欧洲的荷兰商船，这艘商船的大副登上我们的船告诉我一个可喜的消息，"杰伊号"上的兰德尔船长和我的弟弟一切平安；"杰伊号"是经过5个星期的航行（因为目前这片海域缺乏超强有力的季风；而在适宜的航海季节，借助季风的风力，这段距离的航行不用两天即可能完成）之后于本月3日到达这里。8日驶向孟买（Bombay），然后，从那里将先回巴达维亚，再前往广州。尽管有理由为这个消息感到高兴，然而，由于彼此仅仅错过了6天，高兴的念头又转变为不幸失落的感觉，人心就是这样反复无常，我因无法抑制自己对错失见面机会的遗憾，加重了我的失望。第二天，我给巴达维亚的港务官勒克拿（Le Clé）先生写了一封信，并附寄了一份给兰德尔船长，然后把信交给了一位荷兰商船的船长。

17日，我们离开这里起航前往喀拉喀托（Krokatoa）岛并于第二天早上抵达。"杰伊号"正好也停泊在这里，我顿时高兴之情难以言表。兰德尔船长与我的弟弟立刻登上了"华盛顿将军号"商船，我们快乐地交谈，随后一连几天都是如此。在如此长久别离的日子里，大家一直处于被死亡威胁的环境，当非常亲密的朋友千载难逢地意外相遇（**图尔努斯啊，你的所愿，神也不敢许诺；流转的时光会将其不期带来。——维吉尔**），彼此之间的感觉可能只可意会不可言传。由于这次相遇给我提供了与我弟弟在一起的机会，让我幸福到极点，尤其是他离开美国是因为我的紧急请求，而且他一直不断地受到我的思想影响。我和兰德尔确定我们的再次见面安排在1791年，到时候我们再聚在一起发财。20日，星期五的早上我和兰德尔告别，然后登上"华盛顿将军号"，继续前往王子岛。几艘船只相伴而行，其中有美国人的"杰伊号"、"珍妮号"，英国人的"尼普顿号"（Neptune）[1]，"阿尔比恩号"（Albion）[2]和"康沃利斯号"（Cornwallis）以及

---

① 尼普顿为罗马神话中的海神。——译者注
② 阿尔比恩为希腊神话中海神之子。——译者注

两艘葡萄牙商船。22 日，星期天的晚上，只有一丝微风，整个船队除了
"珍妮号"以外，都在视野范围以内。第二天，当太阳升起的时候，陆地
清晰可见，这时船队中我们只看见了"阿尔比恩号"。（不能忽略的情况是，
北岛和喀拉喀托岛的阉牛、母鸡、鸭子、猪、龟鳖以及水果都很充足，可
以从马来人那里购买。）

2 月 25 日，星期三，下午三四点钟，感觉到一阵震动，像是发生了
一场地震，前后持续了差不多有半分钟，在疑似地震期间能够感觉到船在
非常明显地抖动，结果唤起了船上全体人员的注意。此时天气晴朗，周围
死一般的寂静。到了中午，我们航行到南纬 8°16′、经度为爪哇岬（Java
Head）以西 1.5 度的海域。

3 月 24 日，我们继续航行。上午 11 点，看见一艘轮船，通过旗语得
知是从锡兰（Ceylon）[①] 前往好望角的荷兰商船。到了 25 日，我们看见 3
艘其他船只。

通过太阳和月亮确定经度的几个观测数据已经获取，因为我们从爪哇
（Java）启碇时的经纬度是恒常不变的常数，比之前航行中我们在船上推
算的经纬度更准确，因此道斯（Dowse）先生对上述数据进行了校验（他
是一位服务美国的测量员，拥有非凡的数学专长），4 月 3 日下午 4 点（这
里的 4 点是指船上时间，由此开始，文中叙述的一天的时间计时方式将从
中午计起，下文中简称为船上时间）又作了类似的观测，推算出的正确位
置是，我们正航行于经度为格林威治以东 32°46′ 的海域。第二天中午，
根据观测数据测算的经度为格林威治以东 37°21′，几乎误差 5°；观测
到我们船的纬度为南纬 29°46′。在 5 日的黎明时分，不远处映入我们
眼帘的是非洲大陆，证明我们所依靠的观测数据定位是可信的。当天中
午，我们船所在的位置经观测推算，处在南纬 31°31′，经度估计为格
林威治以东 28°。

---

① 斯里兰卡的旧称。——译者注

4月11日下午4点（船上时间），测量的海底深度为60㖞。看见南方有一艘斯鲁双桅纵帆船，向东行驶。13日中午观测到我们船位于南纬35°37′，下午6点（船上时间）测量海水深度超过85㖞，深不见底，看到前面有一艘船在行驶。第二天早上6点（船上时间），在船尾后方不远处又看到一艘船在行驶。到了中午，根据测算我们船位于好望角的正北偏东方向，距离好望角34英里。14日下午8点（船上时间），日落以前，在船尾方向看到一艘飘着哈布斯堡帝国国旗的船，该船有人用旗语与我们交流。这艘船名叫"普鲁登提亚号"（Prudentia）[①]，从加尔各答前往奥斯坦德。他们询问我们有没有看到"阿格伊尔号"（Argyle），据他们说迄今没有听到"阿格伊尔号"的消息，担心该船迷失了方向。这时，我的灵魂深处涌出一股混杂的感触。"阿格伊尔号"的船长福尔（Fowle）以及船上的绅士们让我牵挂，令我动情，对他们命运的忧虑，不可能不触动我自己。当初由于我担心"阿格伊尔号"可能会错失前往中国的航海季节，我在马德拉斯离开"阿格伊尔号"转乘了另一艘船。这是我的运气，还是冥冥之中的幻觉使然？

4月26日下午1点（船上时间），我们看见了一艘船。下午6点（船上时间），我们升起了国旗作为应答。虽然我们距离那艘船还有很远的距离，但是我们的船长宣称这样做是向陌生人表明我们是美国人。第二天早上，这艘船的船身已清晰可见。于是我们收帆，让那艘船追上来，经查明是"珍妮号"。等到正午时分，我们已经在甲板上与"珍妮号"的汤普森船长以及其他朋友愉快地闲聊，这一切多么美好。由于汤普森船长不打算在圣赫勒拿岛（St. Helena）停留，半小时以后便与我们告别，于是，他把该船的航线再向西调整，日落时"珍妮号"在我们的视野中消失。

29日下午2点（船上时间），我们正在向西北方向相距10里格的圣赫勒拿岛进发。下午4点（船上时间），我们看见3艘船正在停泊。整个

---

① 见本章后注释四。

晚上我们都与这些船保持着距离。我们在第二天早上停泊，然后派出一名高级船员乘小船去请求批准我们船入港，上午 11 点（船上时间）我们得以在港湾里抛锚停泊。这里有 4 艘英国东印度公司的商船、2 艘瑞典人的商船是和我们船一起进港的，港湾中还有 2 艘英帝国的船只。"阿尔比恩号"从喀拉喀托岛开始就一直跟随我们航行并于昨天抵达。"霍克斯伯里勋爵号"（Lord Hawkesbury）比我们早 10 天出发，今天早上刚刚抵达。这两艘船都用铜板包了船底等部位，估计航行效果非常好。那两艘瑞典人的船比我们早 17 天离开黄埔。中午时分，我和船长、沃德先生，还有我的弟弟上岸，投宿在肯尼迪（Kennedy）先生的出租公寓，乐于助人的道斯先生已事先乘小船上岸，为我们预订了房间。丹麦的商船 15 天前离开这里，因此我们得知瑞典与丹麦之间发生了战争。也听说了大不列颠国王精神错乱无可救药的令人伤感的状况。

我们在岸上度过了 29 日这一天余下的时光，30 日，我们用白天的时间完成了航程所需的水和餐饮食物的补给，晚上回到了船上，当晚 8 点起航，确定了我们前往阿森松岛（island of Ascension）的航向。

格思里（Guthrie）先生这样描述：

在海角旁的第一个岛是圣赫勒拿岛，位于西经 6°4′，南纬 16°，距离非洲大陆以西 1200 英里，距离南美洲以东 1800 英里。这座岛的周围大约 21 英里都是很高、很陡峭的礁岩，唯一可以登陆之地是东边一个小山谷，这里由埋伏在与海平面处于同等海拔高度的炮兵连负责把守。由于海浪持续不断地冲击着海岸，因此在一般情况下即使从这个小山谷登陆都非常困难，这座岛四周除了这个小教堂谷湾（Chapel Valley Bay）便没有其他的锚地。而且这里一年到头总是吹东南风，如果轮船驶过这座岛哪怕一点点，它便无法再重新驶回。岛上英国人的种植园出产马铃薯、薯蓣、无花果、芭蕉、香蕉、葡萄、肾形豆以及玉米。然而这些食物的大部分最终都被聚藏在礁石中的老鼠吞噬一空。因此，他们食用的面粉几乎完全需要从英国输入，在面粉不足的时候，他们通常吃薯蓣和马铃薯代替面包。虽然这座岛的四周看起来都是些坚硬的无法生长植物的岩石，然而岛的中间却是富于变化的、宜人的丘陵和平原，在种植园中，果林与菜地点缀其间。他们养殖了极大量的猪、阉牛，和鸡、鸭、鹅等家禽以及火鸡，他们用这些资源向来往船舶提供补给，以换取衬衣、内裤或一些便服，以及印花布料、丝绸、平纹细布、烧酒和糖等等。

圣赫勒拿岛据说首先是由葡萄牙人在君士坦丁大帝（the Emperor Constantine the Great）的母亲赫勒拿皇后的喜庆日这天发现的，岛名一直沿用至今。似乎葡萄牙人从没有在这里建立殖民地，英国东印度公司于1600年占领了这里，并持续占领一直到1673年，这一年荷兰人出其不意地占领了该岛。不过，在英国芒登（Munden）船长的带领下当年又重新夺回了这个岛，同时，夺取了正停泊在锚地的3艘荷兰东印度公司的船舶。圣赫勒拿岛上住有大约200户人家，大部分是英国人的后代。英国东印度公司的船舶在回国途中在此停靠以补给淡水和新鲜的食物。虽然这座岛非常小，但是船员们很少见到飓风阻止他们的商船驶离本岛开往外地的情况出现。

英国东印度公司在当地的事务由总督、副总督、仓库管理员管理，他们的固定薪水由公司发放，他除了要为所有的指挥官、船长提供公共膳食之外，还要热情款待重要乘客。

由于这是一些让我们有机会观察而形成的结论，这使我坚信没有其他的叙述能比上述内容更准确了。我们上岸拜访布鲁克（Brooke）总督，他礼貌地接待了我们，并且邀请我们第二天共进晚餐，我们答应了他的邀请，不过只有我和沃德先生前往参加。道斯先生身体不适，而船长更喜欢在我们寄宿的出租公寓用餐。总督和颜悦色地向我们解释他之所以不能批准我们去该岛内陆部分参观是由于根据公司固有的规定，外国人是不能进入岛内参观的，甚至乘坐外国人船只的英国人都不能网开一面。他同时又评论说，对来自各地的所有各类外国人，不管是专程前来还是路过这里，都严加防范，他认为这个规定不合适。近来对岛周围制高点上的防御工事进行了极大的改进，要塞的质量是不错的。这位总督也是一位军人，他断言这里牢不可破，他非常得意于他的这一判定被马德拉斯总督阿奇保·甘贝尔爵士（Sir Archibald Campbell）所证实。马德拉斯总督大概是这个时代第一流的工程师，他和他的家人在返回英国的途中，在这里度过了5天时光，在我们抵达的那个夜晚重新登船继续前往英国。劳动给这里带来了几乎难以置信的改变，通过勤勉努力和技术手段克服了各处的自然障碍。总之，圣赫勒拿岛已成为世界上最引人注目的地方之一。与曾经企图从英国人手里强夺该岛不同的是，每一个国家前往印度的贸易很可能都得益于该岛的支持。该岛港口的收费是公道的，所有的船付3英镑能获得不少于20大桶的淡水，付5英镑则不限量。淡水通过管道输送到码头，因此大型船舶在24小时内可以获得充足的补给。我们在这里可以轻松采办各种必需的餐饮食物。所有属于英国东印度公司的船只在回国的途中都必须停靠圣赫勒拿岛。英国每年有两艘轮船抵达这里，在留下补给品之后继续前往印度或者中国。战争时期，在该岛远处海面上曾出现了3艘船，在不构成威胁的海面上还有5艘轮船，面对这种情况，全岛发出了全面备战的警报，担负军事职责的居民和守备部队各就各位。这里的社会非常和谐，岛上居住的都是一些非常有礼貌的欧洲人，然而当地居民中许多人从没有离开过这个岛。这里的女人们非常漂亮，喜欢穿着打扮，行为举止端庄优雅。尤其令外来者感到愉快的是一旦到达该岛，立刻会被当地环境同化，变得非常有教养起来，因为当地最早移民后裔的家族不想因为接待缺乏礼貌的房客而减损自己的形象。我们暂住的出租公寓是副书记肯尼迪先生的房屋，肯尼迪先生有一个亲切友善的家庭，他的妻子是一个性情温和的妇人，他还有5个年幼的女儿，其中最大的女儿大约11岁。为了支付我和兰德尔先生的货物运输费用以及我们所购买的少量日常必需品的开销，我把我的账单寄往广州由兰德尔船长付账，并写明受款人是军用运输补给船的爱德华·曼宁（Edward Manning）船长，因为他船上的财务官员马瑞（Murray）先生曾替我向沃德先生先付了钱。利用这个机会，我也给在广州的英国商馆的好朋友托马斯·弗里曼先生（Thomas Freeman）写了封信。

5月7日，夜晚将临，我们看见了阿森松岛，大约位于我们船的正北偏西方向，距离5里格。第二天凌晨2点，我们派出船载小艇追捕海龟。天亮时，看见有两艘法国方帆双桅船停泊在该岛，当我们的小艇停靠该岛时，他们正要起锚驶离。我们的小艇上午9点返回，没能登陆阿森松岛。罗（Low）先生登上了其中一艘法国船，不过，他能打听到的所有情况是这些法国人来自波尔多（Bordeaux）①，来这里追捕海龟，然后再返回波尔多。我们在阿森松岛停留的第二天，来自新不伦瑞克（New Brunswick）的"帕尔号"（Parr）轮船的船长福尔杰（Folger）来到岛上，他的船在捕鲸的航程中也进港停泊。虽然连续两个晚上我们都曾派出两伙人登岛捕龟，然而由于时令已过，我们只捕获到3只海龟，不过3只海龟都非常大，重量有300到400磅，另外，我们还宰杀了一只山羊。由于我们登陆上岸时，这些法国人正离岸驶离该岛，因此我们没有机会与他们交流。也许他们曾经被一些经过这里的船只抢夺过海龟而害怕再次被抢。在此期间我们获得了充足的上等鱼类补给，星期天的上午11点，我们再次起航。福尔杰船长第二天将要前往楠塔基特（Nantucket）②，我写了封信请他带给我在波士顿的朋友S.帕克曼（S. Parkman）。

根据格思里先生的描述：

阿森松岛位于南纬7°40′，在圣赫勒拿岛西北方向600英里处。葡萄牙人在耶稣升天节（Ascension Day）这一天发现该岛并因此而命名，这是一座无人居住的、多山而荒芜的岛屿，周长约20英里，但却拥有安全

① 法国西南部吉伦特省省会，濒临加龙河。18世纪时曾因通过"三角贸易"将非洲黑奴贩往西印度群岛，运回糖和咖啡，再把武器和葡萄酒销往非洲而繁荣。——译者注
② 大西洋中的岛屿，位于美国马萨诸塞州科德角以南48公里处，港湾宽阔。——译者注

**安提瓜岛上收割甘蔗的场景**

由于西印度群岛所在的纬度和气候，以及水文土壤的特点，甘蔗成为安提瓜岛所在的西印度群岛中各岛的主要经济作物。

## 多米尼克岛上奏乐跳舞的黑人

多米尼克是西印度群岛中唯一有较大美洲印第安人部落存在的加勒比海岛屿，它的名称源于拉丁文，意为"主日"或"礼拜日"，因哥伦布于 1493 年的一个礼拜日发现它而得名，1763 年沦为英国殖民地，后来两度被法国占领，1978 年独立。目前岛上居民多为非洲黑种人的后裔和黑白混血种人。

和便利的港湾。英国东印度公司的船舶通常在这里停靠，抓捕海龟或者乌龟作为补给。这里有大量的海龟和乌龟，并且体型巨大，有些海龟和乌龟每只都超过 100 磅。水手在晚上上岸，往往在天亮前能掀翻 200 到 300 只海龟和乌龟。有时他们也太过残忍，掀翻的海龟和乌龟的数量比他们需要的数量要多很多，他们离开后，这些海龟都死在了海岸上。

我们制定出前往西印度群岛的航线，离开阿森松岛。5 月 17 日中午，通过观测数据推算我们处于北纬 21°、西经 25° 50′ 的海域。29 日，在我们的航线上看到一艘处在上风位置的船。6 月 4 日早上，我们船上有人和一艘法国方帆双桅船联络，但是没有获悉什么信息。6 日上午 9 点，我们看到一艘法国单桅小帆船，或者说是一艘货船 (drogher) ①，我们向他们打招呼，但是没有获得任何回复。一个小时以后，我们距离西南偏西方向的拉代西拉德岛 (Deseada) ②，有 6 里格里程。下午 2 点，我们预料距离正南偏西方向的瓜德罗普岛 (Guadeloupe) ③，有 6 里格里程，安提瓜岛 (Antigua)④，位于船头的右舷方向。到了 6 点，我们看到了蒙塞拉特岛 (Montserrat) ⑤，11 点，我们经过了蒙塞拉特岛，经过雷东岛 (Redonda) 是在午夜时分。第二天早上 2 点，经过尼维斯岛 (Nevis)。天亮时，我们正航行于经由圣克里斯托弗岛 (St. Christopher)⑥ 和萨巴 (Saba)⑦ 岛前往圣

---

① 在西印度群岛沿海岸航行的行驶缓慢而又笨重的小帆船。——译者注

② 该岛地理位置邻近下文中的瓜德罗普岛，是法国瓜德罗普海外省的一部分。——译者注

③ 现为法国的海外省，位于加勒比海东部的小安的列斯群岛。17 世纪初法国人在此建立殖民地，1759 年至 1810 年被英国人占领。1816 年被法国人收复。——译者注

④ 位于加勒比海东部，小安的列斯群岛背风群岛的南端。1667 年沦为英国殖民地。1981 年 11 月 1 日独立。——译者注

⑤ 加勒比海中小安的列斯群岛北部岛屿，英国殖民地之一。——译者注

⑥ 现名为圣基茨岛，与上文提到的尼维斯岛于 17 世纪 20 年代沦为英国殖民地。圣基茨和尼维斯联邦于 1983 年 9 月 19 日独立。——译者注

⑦ 加勒比海中向风群岛的岛屿，由荷属向风群岛的岛政府管理。——译者注

尤斯特歇斯（St. Eustatius）岛的航线上，10点，我们抵达圣尤斯特歇斯岛抛锚停泊。当地的商界首领亨利·詹宁斯（Henry Jennings）先生上船邀请我们赴宴。我和船长、沃德先生、道斯先生以及我的弟弟一起上岸，住在霍华德先生（Howard）开设的旅馆里，詹宁斯先生陪我们度过了一整天。

第二天我们拜访了总督和财政官员，获得在这里按照2.5%贸易税进行贸易的许可。总督自以为我们所估算的销售价格，可能会非常公道。从这里的商业环境和商人普遍的经营行为来看，夸大其词地说，在这里纳税不是一种义务而是一件礼节性的事情。

亨利·詹宁斯先生除了把他的家人介绍给我们认识，还让我们结识他的商业伙伴。而其中的塔克（Tucker）先生和哈菲（Haffey）先生同样与我们有着重要的生意往来。最后，西尔斯（Sears）先生（我最尊敬的一位在广州去世的朋友的儿子）把我们介绍给岛上其余的绅士们。西尔斯先生愉快地上船拜访我，向我表示欢迎，同时，在听到他与其在多米尼克岛（Dominica）① 的连襟布迪厄（Bourdieu）先生互助互利，成功发达的情况后，我感到非常欣慰。上面提到的绅士们都已结婚，使我们享有与3位非常贤良温和的女士交谈的乐趣，我们偶尔去拜访她们，与塔克太太及哈菲太太各有一次共进晚餐的机会，与西尔斯太太则多次一道用餐，跟她更像家人一般随意。来自费城的年轻绅士克拉克森（Clarkson）先生已经在这里成家立业，我们与他及其夫人一起愉快地共进早餐。哈德特曼（Hardtman）和克拉克森的公司相当大，他们分别娶了姐妹（圣克里斯托弗岛的一位商人的两个女儿）两个中的一个，如果这种情况仅此一例，我也不会去关注。理查德·詹宁斯（Richard Jennings）先生目前虽然人在英国，却娶了一位圣尤斯特歇斯岛的寡妇，他的弟弟娶了她的一个女儿，他

---

① 位于小安的列斯群岛中的向风群岛北端，1763年沦为英国殖民地，后来曾两度被法国占领，1978年11月3日独立。——译者注

们的合伙人塔克尔（Tucker）先生娶了她的另一个女儿。除了这些已经建立可靠信誉的公司之外，当地还有詹姆斯和兰伯特·布莱尔的公司，在其他值得尊敬的生意人中，罗伯逊（Robertson）先生和哈珀（Harper）先生不能被忽略。

圣尤斯特歇斯岛虽然是荷兰的殖民地，然而除了政府官员和大量的放高利贷者之外，在各个方面却好像是英国的殖民地。这里的总督职位空缺了好几年，当我们抵达时得知戈丁（Godin）先生被任命为这里的新总督，他在被任命以前居住在附近的岛屿，日夜期盼着能够去这座属于欧洲人的最重要的岛屿任职，以便使他更有资格为自己的政府效力。他曾经从商，特别是有在纽约经商的经历，使得他能够介绍美国人前来这些岛屿进行贸易，他也因此赢得了这里广大居民的赞誉，他们急切地期盼他赴任。这是一件发生在我们离开该岛之前的令人愉快的事情，总督阁下星期天晚上微服私访来到这里。第二天早上，我们向前任行政官员雷诺兹（Reynolds）先生告别以后，我和道斯先生到新总督那里向他表示敬意。他客气地接待了我们，他如此的亲切随和让我们注意到他非常乐于结识美国人，我们也很高兴能有机会对他们有所帮助。我们得知这座岛的行政机构不久将从隶属于公司转变为直接隶属于州，而戈丁先生已经被看作是州的总督。

我们在新总督那里遇见了奥瑞莱（O'Reiley）上校，这是一位几天前我见过的爱尔兰绅士。在我们与英国的战争开始时他在法国人的部队服役，后来他在美国部队中获得了一个职位，并于1776年在加拿大被捕。以后他来到了佐治亚州（Georgia），投靠在德斯坦（D'Estaing）伯爵[①] 手下，后来追随德布耶侯爵（Marquis de Bouillie）来到圣克里斯托弗。据说战争期间在这片海域的一个偶然的机会，又使他成了一名英国舰队的志愿

---

① 德斯坦伯爵曾任法国舰队司令，在美国独立战争期间曾率第一支法国舰队驰援北美殖民地大陆军，1779年9月至10月间，他在美国佐治亚州萨凡纳对英军作战中失利，身负重创，遂率舰队返回法国。——译者注

兵。不过，也许这段经历是他现在成为该岛荷兰驻军和要塞的指挥官的原因。这一任命要归功于德布耶侯爵，他在阿姆斯特丹与奥瑞莱偶然相遇，并带着奥瑞莱一同前往荷兰西印度公司。当时公司董事们正在商量任命一位圣尤斯特歇斯岛的军事指挥官。在侯爵的力荐下，奥瑞莱幸运地获得被任命为该岛军事指挥官的机会。侯爵是一个生龙活虎的法国人，善良仁慈、自然率真，他把手搭在奥瑞莱的肩膀上，用他的人格把奥瑞莱推荐给董事们。如此这般，奥瑞莱先生又惊又喜地成为圣尤斯特歇斯岛的军事指挥官。奥瑞莱先生是一个有教养的人，大约35岁，看起来不像是欠缺节制和安全感的人。他来这座岛不久，娶了一位非常有钱的女士，该女士去世后，他又娶了一位对他有利的女人。他说，在我们到达两天后，他陪同候任总督去了圣克里斯托弗，这让他没能够如愿以偿地在家里款待我们，我也不免深感遗憾，因为我听说他现任的太太可爱悦人；还因为要是和这位追求财富的冒险家长久交往，一定很有趣。

根据格思里先生的描述：

圣尤斯特歇斯岛位于北纬17°29′，西经63°10′，在圣克里斯托弗岛西北方向的3里格处。岛上只有一座山，环岛一周长度大约29英里，该岛像金字塔一样在海中升起，只是底部几乎是圆的。虽然该岛非常小，自然环境不利，但是勤劳的荷兰人把这里开发利用得非常好。据统计这里大约有5000个白人，15000个黑人。山边建有非常漂亮的居民点，不过这里既没有泉水也没有河水。他们在岛上种植甘蔗和烟草；这座岛和库拉索岛（Currassou）① 一样，从事与拉丁美洲各地的走私贸易，可是就有益于从事走私贸易而言，该岛的地理位置不是十分便利，然而，该岛与库拉索岛同样突出的优势是一再重现的中立。但是，当英国开始向荷兰人开战时，英国海军上将、舰队司令罗德尼（Admiral Rodney）派出了大量的

---

① 现写作 Curaçao，加勒比海中荷属安的列斯群岛背风群岛中最大的岛屿。——译者注

### 牙买加岛上的小桥流水人家

  牙买加是加勒比海中西印度群岛所属第三大岛，位于加勒比海的西北部，1494年哥伦布航行到此，1509年沦为西班牙殖民地，1655年被英国占领，1866年沦为英国殖民地，1962年独立。在山茂召开展航海贸易的年代，英国仍然对美国进行经济封锁，加勒比海中包括牙买加在内的所有英国人占领的岛屿都对美国商船的航行及贸易进行限制。

## 气象万千的圣马丁岛

　　圣马丁岛目前由法国和荷兰共同占有，荷兰所占据的南部区域约占全岛三分之一的面积，与邻近的萨巴岛和圣尤斯特歇斯岛一起是荷兰王国的组成部分；法国所占据的北部地区约占全岛三分之二的面积，是法国瓜德罗普省的组成部分。目前岛上的居民大多数是讲英语的黑人。

陆军和海军攻击圣尤斯特歇斯岛，对此该岛驻军无能力作任何抵抗，于 1781 年 2 月 3 日无条件投降。岛上居民的个人财产被没收，这种行径的残酷程度在文明国家非常罕见，与从前所描绘的英国博爱仁慈且宽容大度的特性非常不协调，没收私人财产的理由被归因于该岛居民曾经在战斗中用船和其他补给品帮助殖民地的守备部队抵抗英军。但是在这一年的 11 月 27 日，德布耶侯爵指挥法国舰队又夺回了这里，虽然他们只有 3 艘护卫舰和一些小艇以及大约 300 人。

　　当前的形势证实了以上所述。尽管圣尤斯特歇斯岛是美国和西印度群岛各地进行大量贸易的媒介，但是在不久前的战争期间，英国人控制的港口排斥美国船只入内，或对美国船只严格限制，总的意思是拒绝美国船只进港。由于之前该岛遭到英国人非常可耻的劫掠，因此，从战争末期至今，该岛远未享有兴旺繁荣的状态。在这次英国人劫掠事件发生之前，该岛的居民由于中立的缘故曾经暴富，但是劫掠事件给他们造成刻骨铭心的触动，现在，如果再出现同样的难题，该岛的居民很快会重新采取以前的中立态度。

　　在我们离开该岛之前的那个星期天早晨，我们的朋友哈菲先生体贴地为我们准备了马匹，陪同我们在乡间兜风，让我们同样也饱览了圣巴泰勒米岛（St. Bartholomew）和圣马丁岛（St. Martin）的风光。第一次视察圣尤斯特歇斯岛，人们几乎很难想象这里的土地会被耕耘得如此之好，因此，当人们骑马进入乡野，就会惊喜地发现与他们原先的想象迥然有异。这座岛虽然表面是岩石，但在一到两年里却能出产 1000 到 1200 大桶的糖。我们骑马返回后与哈菲夫妇共进早餐，为了表达地主之谊哈菲先生提议亲自陪我们去英国人的教堂，我们非常乐意地接受了这个建议，哈菲先生介绍我们认识了教区牧师奥丹（Audain）先生，这是一位很有见地，态度举止讨人喜欢的绅士，他神圣庄严的品行没有让我们大失所望。非常遗憾，由于有约在先，我们不得不谢绝奥丹先生对我们的宴请。霍维（Hovey）

先生 5 天前就邀请我们说，如果我们能来，就带我们参观他的伊甸园。他从靠近波士顿的马尔登（Malden）来这里生活了大约 30 年，据说他曾宣称他非常乐意在任何时候招待所有的美国人，尤其是他的新英格兰同乡。从战争时期到现在，他的殷勤好客致使他的家一直宾客盈门。他无疑是个怪人，他在山冈上建造的乡村住宅即使不是伊甸园，也一定是一处极为舒适的居所。他的妻子是一个品行端庄的人，是前萨巴岛（Saba）总督的女儿。他说他的妻子曾经非常漂亮，她现在的容貌足以证明这一说法。她一定是天生具有热诚温厚的性情。宴会上有一位年轻的女子被称为波莉（Polly）小姐，是霍维先生的女儿。她和她的母亲看起来都极为热忱友善。实际上她和丈夫以及她的父母住在一起。她作为丈夫供养的主妇，母亲的小女儿，显然得到他们两方面同等的怜爱。直到我们离开这所乡村住宅都没有搞清楚这里的环境状况，这就是霍维先生的怪异之处，他想防止不速之客自行进入这个上流社会的圈子，尽管霍维先生在其他方面具有一个品行良好的男人的名声。霍维先生的合伙人或者说是他助手的妻子，一位来自波士顿的年轻漂亮的女子和她的两个有趣的儿子参加了这次聚会。

在圣尤斯特歇斯岛我们一直逗留到星期四，这一天是 6 月 16 日，我们在晚上上船，并且在 8 点钟起航继续我们的航程。从那时起，我们除了遇见一些开往外国的轮船，偶尔和其中的几艘船交流以外，没有什么其他的事情发生。7 月 2 日正午，我们已经沿着美国海岸航行，我们测量所航行的海域深度为 60 吗。第二天日落时分，由于极度浓厚的雾气的缘故，使我们的船位推算无法进行，也阻碍了我们对陆地的观测。迫使我们在夜间航行时，一会儿驶近海岸，一会儿远离海岸。随后的两天同样大雾弥漫，许多时候我们甚至看不清自己与船的距离。在航行的最后这些天，一直持续着这种无常易变的天气。7 月 5 日 10 点，一艘当天早上从纽波特出发的单桅帆船向我们提供了纽波特灯塔的方位和距离。下午 2 点，我们在经过纽波特时，鸣放 7 声礼炮向其致意。6 点钟，我们在距离普罗维登斯（Providence）①5 英里的下游抛锚停泊，从而完成了我们的航海行程。

---

**注释一：**

不久前，比尔先生是英国东印度公司商船的事务长，现任普鲁士驻广州领事，而且是考克斯先生的合作伙伴。后者由于最近规则调整的缘故，不能再作为英国的臣民在中国逗留，只好在上个航海季节结束时，乘船返回英格兰；与此同时，比尔先生面对规则调整，则放弃了原有国籍，想过一种不受干涉的生活，现在他已成为一名普鲁士人。——原著注释

**注释二：**

《（爱德华爵士）致广州总督阁下》

请阁下允许我——我觉得有必要把约翰·克莱顿先生写给您的信，作为附函提交给您，请您考虑。他在广州居住和经商许多年，他写这封信的目的是为自己和他的委托人们索要广州商人们亏欠英国臣民的一大笔钱，克莱顿先生告诉我，这封信已经居住在本地的债权人核准，他们所采取的行动，除了为他们自己的利益，也为了在欧洲和印度其他地区的债权人利益。

作为最仁慈的、至高无上的大不列颠国王的代表，我非常荣幸地被委任为海军少将兼分遣舰队和英国东印度公司武装船只的总司令，为国效命。正如克莱顿先生写给您的信中所说的，"国王的臣民受到压迫，臣民的财物被扣押以致陷入困境"，对此我不能无视。也不能不遵从他的请求，把他写给您的信连同我的书面要求一同递交给您，这是与我所肩负的对国王和国家的责任相一致的。

因此，请允许我通知您，由于克莱顿先生向我提出了请求，作为大不列颠国王的代表，我已经命令皇家护卫舰"海马号"前往你们的港口，索取属于英国东印度公司和其他人的银币；同时我向上述护卫舰的指挥官潘顿舰长下达了严谨而明确的命令，让他怀着最崇高的敬意，用最公开的方式，把这份书面要求连同克莱顿先生给您的信

---

① 　为美国罗德岛州城市和州的首府，又是普罗维登斯县的首府。位于纳拉甘西特湾上端，濒临普罗维登斯河。——译者注

件亲手递交给您。

我同样荣幸地以符合我的官方身份和地位的方式，把克莱顿先生写给我的信的复制品附寄给阁下您，还包括一份在华有利益关系的本定居点居民向您索取赔偿的书面要求。

毫无疑问，您应该考虑到我最仁慈、至高无上国王的臣民在过去 6 年里所遭受的困苦，您应该用绝对公平的必要手段尽力把各个方面处理好，您应该赞同以我认可的做事方式把这些冤情告诉您，并请您照此办理。

我非常热切地希望你们采用友善、公平、真诚的方式对待我们国王的那些去你们国家经商或者居住的臣民，把每一件事都能处理得令利益相关人满意。的确，我丝毫不怀疑，当皇帝得知英国臣民所陷入困境的情况，他一定会仁慈地乐意许可采取目前建议的手段，还这些英国臣民以公道。请允许我请求您接受我对您健康的最美好的祝愿，同时阁下可能乐意允许我再向您致以无上的敬意，等等。

**注释三：**

《潘顿舰长致广州总督》

广州总督阁下：请阁下允许我——英国皇家海军"海马号"指挥官，非常荣幸地用此方法向阁下您递呈英国皇家海军之海军少将兼东印度舰队总司令，要求公平对待在中国受到压迫的英国国王陛下的臣民的信件。——另外两封信是克莱顿先生所写的，他为了自己和其他人的利益，谦卑地请求公正处理中国商人欠他们一大笔钱的问题。

英国皇家海军"海马号"指挥官希望用简单几句话来告知阁下您他来中国的真实意图。

他来中国是要求中国政府采取尊重、友好和坚定的处理问题的态度，让英国国王陛下的臣民可以公正地获得中国商人欠他们的钱财。您可能乐意促成调查事情的原委，并归还去年停泊在二沙的英国东印度公司商船上被中国人偷去的钱财物品。有太多的理由让人相信，是那些乘坐小艇被委派看护这个区域河道，并对英国商船情况非常了解的人员实施了对"乔治国王号"（Royal George）商船的盗窃行动。

我非常荣幸地签署自己的名字，请阁下允许我向您致以无上的敬意！

您最顺从、谦卑的仆人<br>JNO. 亚历克斯·潘顿

**注释四：**

这艘船的拥有者和主要的驾驶者是英国的臣民，也有其他类似种类的船只在运营。因为国王们自己不能从事商业贸易，因此，在和平时期，他们就见利忘义，不顾及国家的荣誉，把国旗出卖给其他国家的冒险投机者，他们这样做既不能给他们的王冠增辉，又不能得到任何实际的恩税①。背叛英国的人，不论是作为哈布斯堡帝国的商人，还是普鲁士的领事，永远都不会受到富有理性的人的尊敬。——原著注释

**注释五：**

法国传教士，他在中国已居留超过 20 年以上，绝大部分时间在北京度过，他自称为了有益于健康，在三年前来广州郊区居住，不过，中国人和欧洲人都认为他是朝廷派来的特务。——原著注释

---

① 过去欧洲一些国家的国王借名献金，不经国会同意，向民间逼捐之税金。——译者注

（三）

# 附录：往来信件

致尊敬的美国外交部长

1785 年 5 月 19 日于纽约

　　先生，由美国居民装备的第一艘尝试与中华帝国从事商业贸易的商船，在上帝的庇护下，已安全返回纽约的港口，我有责任通过你向国家的领导们汇报有关情况信息。新闻媒体在报纸的报头栏那个醒目的位置详细报道了公民欢迎集会的盛况以示重视，主要是因为首航中国的既成事实具有吸引人们对中国关注的倾向，有助于满足他们迄今存在的非常困惑的幻想，与通常介绍其他国家的人进入古老而广阔的中华帝国相比，这一特殊的版面处理方式表达了美国人对美中通商更为明显的关注。

　　用于这次远航事务的商船装载量大约 360 吨，在美国建造，配备 43 人，由约翰·格林先生指挥。关于这个首次试验的风险由负责投资的绅士们承担，签署者① 有幸被委任为他们商业贸易的代理人。

———————————

① 　指写此信的作者山茂召。——译者注

# 帝国的相遇

1784 年 2 月 22 日，这艘船从纽约出发，3 月 21 日到达佛得角群岛中主要岛屿——圣雅各，我们向葡萄牙总督致以敬意，承蒙他许可，补给了诸如餐饮食品之类的必需品，我们于 3 月 27 日离开那些岛屿，继续我们的航程，在一段令人愉快的、没有意外发生的航行之后，我们于 7 月 18 日开始在巽他海峡（the Starits of Sunda）抛锚泊船。这时，给我们增添了不小喜悦的是在这里遇到两艘属于我们的乐于助人的同盟国——法国的商船。船长德·奥德林先生（D'Ordelin）和他的高级船员们用饱含深情的方式欢迎我们，因为他自己的船直接开往广州，因此，他邀请我们与他一同航行。我们非常乐意地接受了这个友好的提议，接着，那位船长日日夜夜向我们提供信号，在我们穿越中国海时，增加了诸多非常有助于我们避免因任何不幸的意外事故而掉队的指示命令。幸运的是，我们彼此共同遵循着我们的航线。当我们到达澳门岛，法国驻中国领事维埃劳德（Vieillard）先生带着一些该国的其他绅士，来到船上向我们祝贺并欢迎我们来到世界的这个地方，然后友好地把美国人引见介绍给葡萄牙总督。在澳门短暂停留的全部时间里，在好心的法国领事及该国绅士的帮助下，我们与仍留在澳门的瑞典人及哈布斯堡帝国人亲密交往。欧洲其他国家的那些人已经一起去了广州。3 天之后，我们完成了我们开往外国的航程。在开始抛锚泊船以前，我们向河上停泊的船鸣放礼炮 13 响，各位欧洲国家的船长鸣炮回礼，每艘船都派出一名高级船员向我们的到达表示祝贺，下午，由船长和大班对这些访问者进行了回访。当他们离开时，各艘船再次鸣礼炮致谢。当法国商船派出高级船员前来向我们祝贺时，又恩上加恩地提供人手，提供小艇和锚，帮助我们来到安全便利的地方停泊，他们不仅斡旋这里的停泊，还更进一步，坚决要把他们自有的大仓库的一部分提供给我们使用，直到我们在广州的住处被安排和他们住在一起。

8 月 30 日，在我们到达广州两天之后，中国进出口贸易商界首领、欧洲各个国家商馆的头领和绅士们拜访了我们。他们像对待一个独立自主国家的公民那样对我们完全尊重。在广州停留期间，我们的这种身份被当地所有人认同。中国人本身对待我们是非常宽容的，尽管我们是有史以来第一艘访问中国的美国商船，他们在一段时间之后能够完全了解我们与英国人的区别，他们称呼我们为"新人"，当我们通过地图用美国的现状和增长的人口向他们传达我们国家宏大的发展计划时，他们非常乐意地展望着其帝国的产品将拥有如此巨大的市场。

欧洲人在广州的境遇是众所周知的，甚至不必提供详情细节，通过两个偶发事件，就可以充分理解一直存在于他们与中国人之间的一定程度的障碍。如果从欧洲人自身来说，这两个偶然事件同样是意外的，但导致由双方当事人透过美国人在其他方面所发挥的威力全面深入地对美国人的品质进行调查研究。征得你同意，我将予以详细陈述。

广州的管理控制在所有时候都极端严密，欧洲人被限制在一个非常狭窄的范围内居住，欧洲人由于被监视而对所处的境遇有些忧虑不安，他们认为这侵犯了他们的权利。出于这种考虑，欧洲人决定在清朝海关的头领——海关监督下一次巡查商船时提出申请，要求纠正这一做法。每个国家相应派出了代表，我被要求作为美国的代表参与。我们和海关监督在英国商船上见面，申诉了相关理由，不久监视被撤除了。

请允许我介绍另一个偶发事件，这个事件通常称为"广州战争"，它曾预示着将产生非常严重的后果，9 月 25 日，一艘英国地方商船在船上设宴，出于交往礼仪的需要鸣放了礼炮，但导致停泊在英国商船旁边清朝官员的小船上有一名中国人被炮打死，另外两名中国人受伤。清朝法律的准则是血债必须要用血来偿还。为了追究这一事件，他们需要查办那个不走运的炮手。放弃这个可怜人，把他交给清朝官府，他无疑会被处死。仁慈的人性强烈地恳求反对这种处置办法。在英国人与清朝官员反复讨论磋商之后，清朝官员表明自己的态度是杀人偿命，以命赎罪。这是中国人自古以来固定不变的处理方式。尽管双方磋商没有达成一致意见，但在最后一次协商会谈（9 月 27 日）之后的翌日早上，正在做生意的英国商船大班被逮捕，人被扔进轿子，匆忙带进城区，并关押进监狱。如此一个蹂躏人的自由的行为引起了普遍的惊恐，欧洲人为了自身和财产的安全，一致同意各自从在黄埔停泊的商船派出运载武装人员的小艇，前往各自的商馆警戒，直到这件事结束。这些小艇按照要求到达，我们的人也在这帮人里面，其中有人开火了，还有一个人受了伤。所有贸易活动停止，清朝军舰编队逼近外国人的商馆。中国人拒绝了欧洲人归还大班——史密斯先生的要求，直到英国人把那名炮手送交投案为止。与此同时，这个省的部队在广州附近集结，地方行政官命令中国籍雇员离开外国人的商馆，关闭近郊的城门，终止所有交际往来，增派海军部队，乘坐在小艇上的大量军队准备登陆，总之各方面都呈现出战争迹象。什么激烈的手段可能被采用？有没有举行谈判的可能？对此没有人能说得准。中国人邀请除英国人以外的所有国家的代表进行磋商，我作为美国的代表参加了这个代表团，与广州地方行政官员的首长——府尹以及这个省的主要高级官员会谈。在通过口译者阐明皇帝的权力以及府尹本人表示支持法律的规定之后，府尹要求那个炮手必须在 3 天之内投案自首。并声明他将在清朝法庭面前公正地审理，如果审理结果显示这件事是偶然的意外，炮手将被释放，不会受到伤害。与此同时，府尹表示同意除英国人之外的贸易继续像往常一样进行，并给我们每人两块表示他本人友好心意的丝绸，然后打发我们离开。其他国家的那些小艇在清朝旗舰的保护下一个接一个地撤离，他们继续像以前那样做起生意。英国人被迫屈服，那名炮手投案自首，史密斯先生被释放，后来当着其他国家的代表的面，英国人被迫请求广州地方行政官予以赦免，让他们的贸易恢复。在这个事件中我幸运地注意到我们是最后撤离小艇的人，没有受到清朝旗舰的羞辱，在英国人亲自就我们所给予他们的配合向我们表示感谢，并劝告我们的小艇撤离之前，我们的小艇一直没有离开。在和平恢复以后，英国商馆的头领和其他 4 个绅士拜访了包括我们在内的各个国家商馆的人，以感谢各国的人在危难期间对他们的帮助。那名炮手被清朝官员拘留，生死未卜。

尽管我们所受到的这些待遇，从所有方面来都看是十分文明而又礼貌的，但到目前为止，在我们经历的所有事件中，我们友善的盟友法国人的数不胜数的友谊例证特别让我们称心满意。他们说："如果我们在任何情况下对你们都是有用的，我们将感到快乐，没有什么比有更多的机会使你们确信我们的爱，更让我们期待了。"法国人与我们之间保持着的和睦协调被英国人觉察，英国人不止一次地评论，不列颠的后代能够这么快就抛弃自己的偏见，这真是一件让他们惊讶的事情，他们料想的偏见不仅是世代相传的，而且是在我们本性中固有的。

我们于 12 月 27 日离开广州，在返航途中，我们在好望角停泊补给餐饮食品，在那里我们受到非常友好的接待，在好望角又停留 5 天之后，我们航向美国，于本月 11 日到达纽约港。

除了那些与贸易利害攸关的人，在每一个热爱祖国的人看来，我们与世界最东端之间的交往如此幸运地被开拓一定是一个令人振奋的壮举，在如此短的时间内成功完成这次航行，而且参加航行的人中只有一个人去世，使人们对这个壮举非常明显地增加了满足感。由于格林船长和他的高级船员们不知疲倦而有效的努力，这次航行取得了这个最幸运的结果，因此对他们的任何称赞都是不过分的，事实充分证明这些具有事业心和冒险精神的绅士们是完全值得信赖的。

先生，请允许我，把广州府尹郑重赠与我的、向美国示好的两块丝绸随信寄送。我自以为这两块作为中国人对我国人民友谊例证的丝绸饱含着中国人对我国人民特别的尊敬，在几年之内，我国人民将与那个帝国的臣民开展贸易，即使不能获得超过任何其他国家所享有的诸如此类利益，也会获得均等的利益。

先生，我荣幸地满怀着最崇高的敬意。

你最恭顺和最谦卑的仆人

山茂召

# 帝国的相遇

致山茂召先生①

1785 年 6 月 23 日于外交部办公室

先生——你写给我的关于你和格林船长乘"中国皇后号"前往广州航程的信已于上个月 19 日向国会报告，我现在非常高兴地根据他们的指示通知你："国会对美国公民首次努力建立与中国直接贸易的这个成功结局感到特别满意，向这次航行的承办者和指挥者致以深深的敬意。"

我荣幸地，下略……

约翰·杰伊（JOHN JAY）

附言：那两块丝绸随同你的信已归还到外交部办公室，将由带信人传递给你。

---

① 这是时任美国外交部长的约翰·杰伊针对山茂召写于 1785 年 5 月 19 日信件的回信。

**致尊敬的美国外交部长约翰·杰伊**

**1787 年 1 月写于中国广州**

　　先生——利用我们船返回美国给我提供的这次机会，我荣幸地向您禀告有关中国与世界其他国家从事的贸易情况。在第二次航行到达这个国家之后，我的职位和机遇，使我能够获得上述贸易情况。我不敢奢望这个报告全部正确，不过，由于广州的贸易种类是极其始终如一的，并没有太多改变的迹象，对上述贸易情况的深入研究从未受到适当的重视。因此，我唯一要说的是，我完全有理由确信这份报告提供的以下叙述是可靠的，如果您对这份报告有最低程度的满意，能接受我的几点建议，并不吝用书面指令表扬我，我将感到非常满足。

　　欧洲人与中国的贸易看起来好像简单，也许正像全世界都知道的那些情况一样，丹麦人、西班牙人、哈布斯堡帝国人、瑞典人、法国人、英国人和荷兰人，在广州建立了固定的机构，由公司进行贸易，尽管葡萄牙人占据了澳门，但没有采用其他国家的方式，去建立一个官方机构。但是，从事他们贸易的代理商是从欧洲派遣的，并且也随船返回欧洲。他们船的卸货和装货业务在澳门办理时享有特别的优惠。葡萄牙为本国商船免除了其他国家在澳门必须缴纳的一笔金额相当大的关税。

英国的商船从欧洲运出铅和大量布匹，最近，英国东印度公司不得不通过授予每年度向中国出口的经营权的方式，以刺激该国的毛织物生产。它们所运载货物中的一部分属于向东印度公司在印度的管理机构供应的补给物品，另一部分欧洲货物将供给印度海岸的各个市场。继出售这些商品之后，这些船装运棉花连同他们的铅和布匹前往中国。从这些被授权的，在印度的英国臣民所拥有的与中国开展贸易的私人船只上，英国获得相当大的收益。这些船从印度海岸除了运来棉花、檀香木、云木香、乌木、鸦片、鲨鱼翅和燕窝以外，还与荷兰在马六甲及其附近的殖民地的定居者以及当地土著从事走私生意，这些船向当地土著提供鸦片、布匹、火器等物品，作为回报，它们得到胡椒、锡锭和香料。最初它们用银币以及从印度带来的其他物品进行交易。交易所得的商品中适合印度市场的运回印度，运往印度的这些货物大约占总交易的1/3。剩余的商品运到中国销售，由中国进出口贸易商用现款或者汇兑方式支付货款。中国商人解款进入东印度公司的金库，这样一来，他们可以收到东印度公司从英国开出的汇票，5先令零6便士兑换1元银币，到期应支付的汇票将在12个月之后，见票即付。这个特别基金管理机构已从事许多年的开出汇票业务，不需要东印度公司在从事与中国贸易的时候从欧洲输出任何银币。

不过，从英国既从在印度的臣民身上取得这些利益，又从中国人那里获得信用贷款的情况来看，尽其所能努力扩大前述两方面的利益是英国必然要奉行的。让你意想不到的是，去年英国的商船极端依靠中国人提供的贷款来购买运回国的货物，东印度公司今年仅仅从英格兰运到中国来的银币总金额就超过300万元银币。

除了前往中国从事贸易活动，这些英国地方商船（Country ship）<sup>①</sup> 不时开行利润丰厚的前往巴达维亚的航程。巴达维亚是荷兰在印度殖民地的首府<sup>②</sup>，它们把所有种类的棉质布匹、品种多样的丝绸制品以及大量的硝石运到这里，在返回时，前往广州的商船装运胡椒和锡锭，而那些返回印度海岸的商船则全部装运糖，以此来抵消来回可观的运费。

荷兰人凭借他们在爪哇、苏门答腊、马六甲以及在印度拥有的其他殖民地的资源，在经营与中国的贸易时能够处于平等的地位。虽然与其他国家商人的那些贸易相比，没有较大的优势。

其他国家的公司主要依靠它们从欧洲运来的铅和白银，虽然，有时从印度海岸来的英国船长会向中国商人提供白银以换取汇票，但这种兑换汇票的行为是被英国东印度公司禁止的。任何人一经侦查发现，将丧失他的特权，可能会被当作囚犯押往英国。不过，因为这种处罚很罕有，所以究竟是否被处罚，可能很少引起注意。想要把他们的资金汇寄到欧洲的在印度的不列颠臣民发现通过其他途径来汇寄比通过英国东印度公司金库更便利。他们用 1 便士，有时是 2 便士，最多用 1 元银币就可以购得服务，办妥见票即付的短期汇票。

在新近的战争结束的时候，广州没有法国商馆，但法国多次尝试经营与中国的贸易。1783 年，法国国王为了自己的利益，用 4 条船开始远征。1784 年，他把 3 条大船租给一家进出口贸易商的公司，并不得不卖出一定数量的股份给愿意成为冒险家的个人。去年法国到广州只有一条船，这些试验的结果非常可能促成一家新公司的建立，今年法国人雇用了 8 条船，——其中 6 艘商船前往印度，2 艘商船前往中国——最后一艘船在最近这个季节离开好望角，前往毛里求

---

① 又译作港脚船。——译者注。如此称呼同它们不被允许经过好望角西部的待遇相称。——原注
② 当时西方人把巴达维亚所在的区域看作是印度的范围。——译者注

斯（Mauritius）①。前往印度的船只把补给品和商品运输到毛里求斯岛和留尼旺岛（Bourbon），以及法国在印度半岛的殖民地。它们从那里返回法国时装运胡椒、咖啡、药材、硝石和布匹，例如，平纹细布、白棉布、擦光印花棉布，以及各种用蚕丝和棉花制成的产品。法国领事以及法国以前所建立的机构的一部分一直留在广州，法国领事使用的一个房间和工作台是由国王为他置办的。他的薪水每年是 6000 里弗尔，如果在法国臣民中间出现了争议，除非向国王和政务会提出诉求，否则，他的判决在他统辖的衡平法院是最终判决。

哈布斯堡帝国人的贸易渐入尾声，日耳曼的疆土不是位于从事经营贸易的有利位置，从 1783 年以来，该国一直没有商船到达广州，该国的商馆还拖欠着当时向该公司供给货物的那位中国人 15 万元银币的货款。哈布斯堡帝国贸易的代理商瑞德（Reid）先生这个季节返回欧洲。

瑞典人和丹麦人建立的机构迄今主要是靠他们在英吉利海峡和不列颠海岸的走私贸易来维持，但是由于英国议会已取消对该国商船征收进口茶叶税，英国期望这个政策将大大地阻止在此以前上述国家收割这些贸易利益的行径，所以瑞典、丹麦的贸易机构将受到很大损害，普遍认为上述国家与中国的双边贸易必然会因此面临衰弱。

西班牙人在使用私有船只经营贸易之后，在马尼拉成立了公司，据说注册资金达 800 万元银币。他们现在有两艘船在广州，当船回到马尼拉以后货物将被配置，一部分留着供应当地市场——一部分将途经阿卡普尔科港（Acapulco）②供给西班牙在美洲的殖民地。——剩余部分用其他船只运往欧洲，西班牙人与中国的贸易主要必须依靠银币。

葡萄牙人仅仅保留着对其以前成果的庇护，从事国家贸易所使用的船只为澳门以及在印度的葡萄牙殖民地的个人所有的，该国和英国在对国家

①　现为印度洋岛国，位于马斯卡林群岛中央，西距马达加斯加岛 500 英里，1715 年被法国占领，1814 年沦为英国殖民地。

②　墨西哥南部濒临太平洋的港口城市。——译者注

贸易的经营管理方面有许多相同的方式。据观察，葡萄牙与欧洲的贸易，也是由私人来经营，由于现在几乎没有出自该国在印度殖民地的物产能用于与中国的贸易，葡萄牙人不得不极度依赖由中国人提供的贷款来购买他们运回本国的货物。几乎没有一艘葡萄牙商船能从欧洲带来足够的资金，如果不能设法获得印度分公司的欧洲职员的帮助，寄希望于逃避雇主的监管用总公司的财产进行担保，是无法获得这些贷款的，因此，葡萄牙人与中国的贸易，毋庸置疑将会失败。

除了欧洲人，那些美洲人和摩尔人努力与中国在珍珠和其他商品上开展大规模的贸易。他们从红海、波斯湾和印度半岛用葡萄牙和英国的货船来运输上述货物。

从 1783 年以来，为印度和澳门一些私人所有的小船被装备用于堪察加（Kamchata）以及美洲西北海岸的毛皮贸易。这项贸易的成功符合这些冒险家的预期，大大降低了从欧洲运到广州的毛皮价格。

上述这些内容是欧洲人与中国从事贸易的概要，这些国家的办事机构是该国持有的一个自由贸易的立足点，这些大班享受着第一流的上等商馆和他们可能想要的所有膳食供应。所有的开支由商馆承担予以报销。大班的佣金与他们处理事务、做交易的业绩挂钩，根据他们的年资分配。在英国商馆，有一位年轻的绅士（也许是他的父亲，或者他的其他关系接近的亲戚是东印度公司的职员）刚出来工作时只有 14 或 15 岁的年纪，当他担任文书抄写员时，所有的开支由商馆支付，而且每年还有 100 英镑的薪水。5 年期满后在他开始担任大班时，他的薪水终止，他的收入包括部分的佣金。这些佣金的总金额视船只的数量而定，今年有 25 艘船已经到达，还有 5 艘预期到达。长官和助手的佣金比例是一样的，据估计，他们每人的佣金在 12000 到 15000 英镑之间。

在英国东印度公司供职的英国船长和所有高级船员，被许可享有私营贸易的特权，这些船长为了自己的利益，当他们的船在黄埔一旦停泊，就各自前往自己在广州的商馆，他们投机活动的商品构成，除了来自印度海岸地区的一些物品之外，主要包括所有种类的钟表（这是中国人最钟爱的东西）、刀叉餐具、玻璃制品、毛皮，以及一些银器和西洋参。这些船长的特权是随船免费携带大约重达 60 吨的货物，在这个限额内，他通常会装满上等茶叶、菌桂皮、丝绸、瓷器等等。在他进入英国英吉利海峡时，他会出售一部分商品给走私者，这些船长与这里的海关官员双方之间一直有着默契。进出口贸易商人把自己建造和装备的船只按一定的载重量租赁给东印度公司。这些船的载重量全部在 800 吨到 1000 吨之间，但没有一艘船能耐受完成超过 4 次航程。一名船长必定会有极大的权力购得这些船中间的一艘，或者支付 5000 到 7000 英镑以取得船只的指挥权。在这种情况下，他可以再次出售这些权益，如果他在航行期间死去，他所拥有的这些特别待遇及相应的利益将由他的继承人或受让人承接。下属高级船员也可以作为受让人。英国地方商船的船长也前往广州的商馆，而且，能享有依照他们雇主意见购买质优价廉商品的优惠。

其他国家根据每个高级船员的身份酌量给予一定金额的赏金，而不是私营贸易的特权，每一个船长在商馆里有一套房间，在商馆的餐桌上有一个席位，对任何可以来广州的高级船员，商馆也提供一份餐点。

没有一个欧洲人被允许在广州停留一整年，当他们的商船驶离广州，他们与中国人结清账目后，就前往澳门。在那里，每个国家有它单独的办事机构，他们在澳门一直居住到下一个季节他们的商船到达时，再回到广州。

不论是公家的还是私人的商船，一旦到达黄埔，在卸任何货物以前，必须雇用一个担保人或保证人，这个人是进出口贸易委托人之一，这个人通常与雇用他的人做交易，尽管这种情形不能阻止他再与其他人做生意。担保人负责向海关支付进入帝国的关税，每条船应交关税的平均数额在 4000 到 5000 元银币之间。除了船只应交的关税，这里对所有商品，不管是进口的还是出口的，都征税，在这里征收这些税不困难，在与中国人的所有交易中，大家对税心里有数，不论是买或是卖，他们都会把税支付给征收部门。

与中国人的这部分贸易是由一群进出口贸易商人来经营，他们的机构自称为"公行"（co-hoang），"公行"这个词与我们关于贸易公司的概念含义相同。上述公行由 10 或者 12 个进出口贸易商组成，他们享有排他的与欧洲人及其国家贸易的独有特权，为此，他们要向政府支付相当大金额的费用。即使我们不计那些也是被政府许可的微不足道的店主，也没有别的商人能够涉及有关欧洲贸易，除非得到他们的许可。公行的每一次集会都是必需的，传递公行所属的商人彼此获得的有关市场的商品信息，商议他们将购买货物的价格水平，确定他们自己拥有的利益回报。如果偶然遇到一艘商船仅载有较少的货物的情况，公行不会单独派一个人，一对一去做这艘船的担保人，因为也许这艘船给公行带来的收益不足以支付税金。在这种情况下，公行会指定一个担保人，在公行的联合账户中去操作同类型业务。绝不仅仅是价格上的重要变更，在这里有关贸易的所有业务通常都由公行操纵。

每艘船和外国商馆也必须有一个洋行买办（comprador），这个人会按照他所订立的某个价格提供食品、粮食等储备物资和其他必需品。这些商品被强加上许多欺瞒的费用，如果这艘船太小，除了向这个买办支付所有补给品的费用之外，他还将索要 100 或 150 银两的一笔小费。这笔费用必须提交，正像政府从每条船得到规定的税收一样，因为全部补给品的定量供应由洋行买办正式认可。

所有公司的商船来到黄埔后，在岸边有各自的大仓库，可以容纳摆放它们的水桶、桅杆、帆和所有船上的材料杂物，而且容得下外加一套给病人住的房间。法国人有他们自己的与其他欧洲人分开的大仓库，坐落在一个岛上，由此，这个岛被称为法国岛，其他欧洲人的大仓库位于该岛对岸的大陆地带，法国人占据的场地是受限制的，场地周围是稻田，经常用水灌溉，致使他们不可能越过他们仓库的范围，而在另一方面，法国岛是令人快乐的场所，是所有国家绅士们旅游休憩的胜地。他们来来往往带着欢乐和满足。除了那些法国人和美国人，其他国家的普通船员绝对不允许到这里来。为了对这个岛拥有排他的特权，每艘法国商船要额外增加100银两作为给海关监督的礼物。这种大仓库是一个巨大的建筑物，由中国人建造，用竹子、干芦苇搭框架，用席子和稻草覆盖作为屋顶，当这些商船驶离，中国人马上把这些大仓库推倒，以便在下一个季节再建造一个新的大仓库时有利可图，一个大仓库的建造费用大约200元银币。

除了一个担保人和洋行买办，每艘船还必须有一个通事，雇用一个这样的人需要花费大约120银两，这个人绝对需要，他负责办理与海关有关的所有事务，因为海关在城区，没有一个欧洲人准许进城——必要时，这个人将根据雇主的需求提供舢板用于卸货和装货，随时候召。

每当黄埔有三四条商船没有被海关监督调查时，海关监督会由公行的人陪同随侍来到黄埔测量船舶的吨位数。船长利用这个机会呈示他们的钟表和其他奇珍异品，海关监督把他喜欢的那些东西放在一边，这艘船的担保人会把这些东西送给他以示好并表示感谢。过了一会儿，海关监督查问这些东西的价格，并表示他不能把它们作为礼物收受，这时，对这些东西的价钱多少完全心里有数的商人会告诉海关监督一个大约相当于这些东西真实价钱的1/20或更少的金额，然后按这个金额收下海关监督的钱。

商船一经测量，担保人就可以领取卸货的许可证，通事预定的两条舢板便来接纳装货，这些货物当着两位中国官员的面吊离船舱，这两位官员就住在位于外国商船旁边的他们的舢板里。当这些物品运抵广州，一个长官将由他的助手们陪同随侍前来称重计量并对所有情况进行记录。这些工作完成以后，才准予自由销售。如果担保人或公行不打算把这些物品卖给任何其他买主，通事可以从担保人或公行那里领取税金，由担保人支付。当返航的货物转送到商船上时，那些官员会像以前那样由助手们陪同随侍，进行检查并对所有情况做记录，每件货物的外包装上必须有卖者的商号，以便通事能知道向哪里提出税金要求。不论是买家还是卖家都不需要向这些官员支付费用，这些官员的薪水由皇帝安排，卸货的费用由欧洲人支付，中国人在商船旁边向外国商船交付其返航的货物，免缴所有的税金和其他任何费用。不过，所有的商品必须由中国人的舢板运输。

广州的海关像全世界其他地区的海关一样，欺诈的例子间或出现，丝绸的税费可能已与某个官员谈妥，这位官员所接受礼品价值大约相当于允许送礼人的货物所免除的税费总金额的一半。既然税费已经谈妥，商船附属的小艇就可以扯着这个商船所属国家的旗帜，在约定的时间和地点露面，接纳装载那些货物，由于事先已得到那位官员的许可证，因而小艇在通过时须作进一步检查。所有来到广州和驶离广州的船只都须接受搜查，并且必须持有许可证，除了上述这些要求以外，它们还会被拦住停泊在临河的 3 个不同的机构接受检查，除非扯有某个国家的旗帜。

广州的外国商馆所在地方的前面是河堤，相距不足 1/4 英里。码头被栅栏圈起封闭，从水边码头走到各个商馆要经过梯级台阶和一个门洞，码头是所有商品被接收和运离的地方，欧洲人的活动范围极其有限。在这里，除了码头，只有近处的几条中国进出口贸易商人们在此开店经商的街道允许这些欧洲人经常光顾。在这里居留了 12 年之久的欧洲人所看到的东西与刚到广州第一个月出现在视野中的东西相比不会更多。中国商人有时会邀请欧洲人赴宴，中国商人的住房和花园在河的对岸，但是，尽管那样，也绝非能得到新的信息，涉及本国的、家庭的任何事情都被缜密地隐瞒。尽管他们的妻妾以及女儿通常待在这里，但在任何时候，任何一个都不会露面。

在广州的欧洲人相互之间没有像我们可能期望的那样自由地交往，各个商馆的绅士们大多与他们的自己人交往。除非在较少的一些场合，大家能见到面，但彼此都遵守着非常讲究的礼节，而且举止行为含蓄克制。在丹麦商馆，每个星期天的晚上有一场音乐会，由几个国家的绅士演奏，每个人只要愿意都可以出席，这是仅有的看来好像全然是一个可供全体欧洲人交往的机会。总的看来，欧洲人的境遇不值得羡慕，就他们在这个国家居住的时间长短，甘愿忍受的约束和限制，与他们的姻亲关系的极大的疏远，社交以及几乎所有消遣乐趣的匮乏而论，应当体谅这些欧洲人，他们挣钱的代价是非常高的。

有关清朝人尤其是商业阶层的欺诈有大量的传说，不过这绝非无例外的普遍习惯，那些小经销商人中的许多人是无可置疑的无赖，需要严密地防范。但是，公行里那些商人们是一批像在世界其他地方经常见到的值得尊敬的人。他们聪明，会计精确无误，对他们的约定严守时刻，尽管他们有点过分关心、自夸强调自己的公平公正的名声。所有欧洲人的共识证明了这个觉察。

从事这些贸易所雇佣的商船平均每艘载重为 700 吨左右——有些多达 1400 吨，没有任何一艘船小于 500 吨——从过去 3 年来看，船的吨位数的变化相当大，在 1783 年除了返航印度的英国地方商船的数量不计算在内，从广州和澳门起航前往欧洲的 44 艘船之中有 16 条是英国的。在 1784 年，广州有 11 艘英国船，4 艘法国船（其中包括一艘在毛里求斯拿到执照的船），5 艘荷兰船，3 艘丹麦船和 4 艘葡萄牙船，这些船都是驶往欧洲，另外的 1 艘丹麦船和 8 艘英国地方商船返航印度海岸，还有 1 艘是美国商船，瑞典的船错过了当年的航海季节。在 1785 年，广州有 18 艘英国船，4 艘荷兰船，1 艘法国船，4 艘西班牙船，3 艘丹麦船，4 艘瑞典船，一位美籍英国人驾驶悬挂哈布斯堡帝国国旗的船只前往欧洲和美洲。10 艘英国地方商船返回印度海岸。在今年这个航海季节，有关清单如下：

29 艘英国船，5 艘荷兰船，1 艘法国船，2 艘西班牙船，2 艘丹麦船，1 艘瑞典船，5 艘美国船。以上船只前往欧洲和美洲，还有 23 艘英国地方商船返回印度海岸，也有 5 艘葡萄牙商船从澳门前往欧洲，与当地有史以来任何一个单独的年份相比，这都是一个超乎寻常的数目。可以预期这必然将对贸易产生影响。除了武夷茶以外，每种茶叶的价格都比 1784 年至少上涨 25%，其他输出品的索价也成比例提高。

能得到这么多有关那些国家经营它们与中国贸易的种类、方式的细节，是凭我们自己的本能而做的一些调研，我相信，这不会是不合适的。

美国居民离不开茶，茶叶的消费量必然伴随我们国家人口的增长而增加，因此，当美国人得知欧洲绝大部分国家不得不用预先准备好的现钱购买这种农产品时，一定会对祖国能够以宽厚的条件向他们供应茶叶而感到满意，要不然，在相当大的程度上，美国的山川和森林的物产是无法换取这些第一流的奢侈品的。美国独具的这种优势在这个例子上是引人注目的，美国以自己的方式已经开始与这个国家进行贸易，并且目前还在进行中，已经让欧洲人非常警觉，欧洲人已经获悉，第一年，美国只来了一艘船"中国皇后号"，所使用的贸易资源构成中只有 1/5 是预先准备的现金，却以公平合理的价格采办了与欧洲人所购买的同样的商品货物，而欧洲人在购买这些商品时，像已经观察到的那样，主要使用银币付款。他们在广州再次看到的"中国皇后号"商船是通过她的第二次航行再次到达中国，除这艘船以外还来了另外 4 艘美国船，而且欧洲人有非常足够的理由相信，他们见到的这些商船是靠自己国家的物产去换取这些商品的，尽管在美国商船的贸易资源构成中，银币只占一个非常小的比例，但是欧洲人预料美国所有商船返回时会装满富有价值的贵重货物。美国取得如此贸易优势条件源于她的西洋参。

至于谈到中国对于美国西洋参的需求，西洋参也许可能被描述为对中国民众有益，就像她的黄金、白银宝藏对一切人类有益那样，这是世人非常大的误解。直到美国国旗出现在这个地区以前，人们普遍认为每年 40 到 50 担的西洋参足以满足这里的年度消费需求，但是，事实证明完全不是如此。1784 年，第一艘美国商船就装载超过 440 担西洋参来到这里，这与在相同季节从欧洲运来的西洋参数量无法匹敌，其中绝大部分西洋参必定是此前由美国公民先运到欧洲的。在目前这个季节已经出售超过 1800 担西洋参，其中一半来自美国商船。尽管从 1784 年以来西洋参的销售量在不断增长，但是其销路没有因进口数量大增而受到根本影响。这大概是因为这里一直有充足的市场需求从而能确保西洋参的价格平稳。

在关于西洋参的思考方面，相关探究调查似乎必然会出现，是否能提供比目前状况更有益于西洋参生长的土地？这种农产品的栽培可行到什么程度？用什么方式方法可以最有利于帮助西洋参生长？而且，如果将西洋参作为美国的利益所在，应先期阻止用除美国人之外任何人的货船直接对中国出口西洋参，也许这是一些不值得国家关注的问题。

美国除了可以通过用她的西洋参与中国进行直接贸易以取得优势以外，也可以从开辟迂回航线中获得其他方面的利益，这样做是可行的，不会浪费时间。在我实施的去中国的第二次航程中，我们的商船曾在荷属东印度的首府巴达维亚停泊，我们在这里受到善意的接纳，并同意给予我们和其他国家同样的贸易地位。美国出产的铁、松脂等物产在当地非常畅销，除此之外，我们所出售的商品即使不是我们自己的直接产品，也可以从与其他国家的交易中得到它们。利润有时可能产生在从巴达维亚运输到广州的商品身上。无疑，类似的优势将产生于美国人经过马拉巴尔（Malabar）和科罗曼德尔（Coromandel）海岸，再穿过马六甲海峡到中国的迂回航线途中。

从总体上看，美国能够在有利条件之下从事与中国的贸易，对每一个美国人来说，这一定是一个非常令人欣慰的值得考虑的事情，尽管在许多方面没有优势，然而到目前为止，在所有情况下我们与任何其他人所拥有的那些地位和权益是同等的。

先生，到此为止我已尽最大努力向你传递我能够得到的有关世界其他国家与中国从事贸易的手段、工具等方面的所有信息。如果您认为以上这些陈述能为祖国带来任何程度的利益，这将给我带来最衷心的满足。我相信这些通报的内容可以信赖，但对于做成这件事的行事方式，我必须请求您能对我宽宏大量，我将像获得了您书面表扬那样感到高兴。

我不能忽略提到西尔斯（Sears）先生的死亡，他是我们已故的值得尊敬的朋友和合伙人。这使得兰德尔先生必须回到美国，以便照料我们私人的事务，我希望这个举动不会让你感到不愉快，他将能够提供一些更多的也许是不可或缺的有关前述详细情况的信息。与此同时，我将去孟加拉，在紧接着的下一个季节回到这里，如果在这次旅行巡视过程中能获得任何新的信息，我将以向你传递这些信息为乐。

先生，我荣幸地满怀着最诚挚的崇敬和尊重。

您的满怀感激的谦卑的仆人

山茂召

备忘录："希望号"商船 2 月 1 日停靠澳门。

致尊敬的美国外交部长约翰·杰伊

1787 年 12 月 21 日于中国广州

先生——在上个季节即将结束之际，我为能写信给您而深感荣幸，信中提到的这几项内容源于我对有关欧洲人在世界这个区域经营商业贸易情况的调研，我自认为已注意到上述问题的全部情况，现将有关问题的详细报告呈供您参考，上述问题始终如一，该报告所涉及的仅仅是我对当时所记录的大部分情况的重述。如果你能允许我表达说明，我宁愿仅限于谈论当前年度的贸易数量，而不是贸易种类。

自从 1784 年以来，广州贸易日趋损害欧洲人的利益，中国商人通过集体采购进口物品，几乎只需支付基本的成本，而出口物品价格的上涨幅度却出乎意料，根据最公道稳妥的平均计算结果，每种茶叶的价格除武夷茶单列之外，上涨了 40%！这个价格仍然不是其最高价位。面对茶叶的巨大需求，那些中国人甚至几乎不知道应该要价多少，虽然这种疯狂的购买热潮可能不仅只会持续到下一个年度，不过茶叶上涨一倍的可能性不大。我将在给你的这份报告中附加一份在黄埔（这里指当时所有外国商船在此停泊的黄埔锚地——译者注）的船只清单。尽管英国商船的数量没有超过去年，然而，从他们船的较大体积来看，其船舶总装载量大大地增加了。根据明智的观察家的见解，英国似乎不仅志在对欧洲茶叶贸易的垄断权，而是指望独占全球这个区域的商业贸易。该国政府近期创办了两家公司分别面向东方和西方，它们对孟加拉和该国属地的最新计划是，禁止在印度的英国臣民违反禁令把他们自有的商船卖给外国人。总而言之，英国全部的经营管理措施强有力地支持了对该国动机的怀疑。它的这个目的，可以确信绝不是无聊的和微不足道的小把戏。现在已作为英国伟大的梦想受到该国的重视。由于这个梦想被当前的公共舆论迅速传遍所有角落，使英国东印度公司认识到采纳这个战略最为恰当。这个战略与我们共和国的朋友们以及荷兰人有着非常密切的利害关系，荷兰将在多大程度上遭受这个行动方式的损害，几年之后必然会见到分晓。英国在槟榔屿的殖民地，使英国能够控制从印度半岛到马来亚和苏门答腊岛的所有航行，使荷兰人相当不安。而位于新荷兰东南部海岸的植物学湾的英国殖民地则加剧了荷兰人的忧虑和担心，更不待言英国的这种做法很可能也会遭到来自瑞典和丹麦，包括来自英国恒常的敌人——法国的反对，因为它们无疑感到这些贸易上也有自己的利益。也许这些国家的商业贸易联盟为了共同的利益，不会采取与最近战争期间武装中立的不同做法，可能会采纳像抑制和废除英国这些过分要求的更有效的措施和手段。

我们国家在这个区域的商业贸易迄今还处于其幼年期，我个人认为这个问题到目前为止还未得到国家足够的重视和考虑，但尤其是今年，却发现遭到英国极度的提防。也许世界上所有区域，无论哪个国家的绅士们都能够互相尊重或者建立友爱的关系，但是英国人和美国人之间在任何地方都做不到这一点，比如在广州，前者拥有压倒性的优势，可能几乎没有出于礼貌的彼此间的款待。这不过是国家的歧视仍然没有消除，据我了解——我发现英国人以自己的种族为傲。无论是去年还是现在，在广州，他们没有对我们表现出符合其国民身份的礼貌文明，除了在澳门这个间歇里，英国人对我充满了温柔体贴，通常会邀请我出席他们的宴会。面对这些情况，无论如何，我认为谢绝是正确的，不需要找一个理由，因为事实胜于雄辩。作为一个人，我没有抱怨的理由。通常的拜访致意是相互的给予和回赠，我们经常在其他宴会上相遇，而且也在丹麦人的音乐会上见面，英国人每周召开他们自己的公共音乐会。但是，因为我已提及过的理由，我从未出席过他们的音乐会。在诉说了许多这些有关英国的事情之后，如果我忽略表明在上述社交场合，我对其他国家商馆头领和绅士们所给予的招待和礼遇的完全满意，我将会产生一种极其忘恩负义的内疚。不论在广州，还是在居住长达6个月的澳门，他们对我的言行举止态度在各方面始终表现出恰如其分的礼貌和教养，而且在许多事例上体现出真正的友爱。

虽然极少有人能意识到清朝以如此狭隘的人身束缚对待来广州从事贸易的外国人，然而我们仍然充分感觉到清朝政府对我们诸多非常令人不快的规定。法律可能很多，但是该国的内政治理是非常有缺陷的。如果我表演一个在广州每天都在上演的悲惨的讽刺短剧足以让你的人性受到摧残打击。而且最让每一个外国人义愤填膺的是，许多这些可怜不幸的人如行尸走肉，在光天化日之下遭到地方行政官肆无忌惮地蹂躏，这不是仅有的与大众印象中清朝统治杰出优秀相矛盾的例子。目前，这个帝国的许多区域发生了大规模的严重骚乱，福摩萨（Formosa，台湾旧称）岛及邻近区域的造反起义预示着性质极其严重的后果。战争在那些区域猖獗汹涌已经超过12个月了，结局至今尚难预料。政府施加的压制迫使那些区域的居民处于绝望状态。不仅在那些发生暴乱的地方，也包括邻近的省份地区，这种状态对农业和商业贸易的影响是极其有害的。

通过对这些专制手段的令人痛苦的观察思考，我心满意足地联想起一个美国人在他们政府公平的法律和宽大温和的施政下所享有的幸福。的

确，如果我们利用有助于自己的其他国家的经验，正确使用这些优势，有
上帝保佑我们，我们必定会在适当的时候成为一个伟大而幸福的民族。

除了在我前一封信中提到的关于西洋参商品的意见之外，我个人认
为，这个季节的西洋参销售情况进一步证实了我的关于我们国家可以从西
洋参的销售中获得巨大利益的见解。这封信附带的清单将显示运抵广州的
西洋参的数量，最上等的西洋参可以卖到的价格是每担 130 到 200 元银币，
现在西洋参价格坚挺，尽管在最后一批船离开之前，它的价格还可能每担
上涨 20 到 30 元银币。

在上一个航海季节发送我们的商船回美国后，去孟加拉是我的意图，
但是，在我乘船旅行的过程中，那条船在澳门耽搁了太多的时间，因此，
它的目的地后来改为马尼拉，于是我不得不继续留在澳门。我现在准备第
二次尝试，希望在 1 月的第一周开始我的航海行程。等我回到广州，我希
望能在明年 8 月见到兰德尔先生从美国回来。我猜想通过他将荣幸地收到
您的命令。如果我们两人中没有一个在年底之前回到美国，那么我和兰德
尔先生所承担的商业债务必然会拖累我。因此，我冒昧地乞求您能愿意向
国会转达这些情况。我谦卑地希望，那值得尊敬的组织机构将不会因为我
所采取的这个步骤没有得到他们事前的许可而生气。如果因等待这些许可
而错过时机，必然意味着我们的利益受到极大的损害。与这些一并考虑的
还有，广州领事的职位与其说是法律规定赋予某个人的荣耀，不如说这个
职位实质上对我们国家的贸易是必不可少的。我自以为敢于承受我被免去
领事职位的决定。

先生，是您赋予了我荣誉，请接受我对您支持和偏爱的感谢，而且，
我怀着最崇敬和最尊重的心情恭敬地请您信任我。

您的非常恭顺并满怀感激的谦卑的仆人

山茂召

## 附：1787 年 12 月 20 日到达黄埔的船只清单

在 1787 年 12 月 20 日到达黄埔的商船中，共有 43 艘商船经过好望角，其中英国有 28 艘船（包括 2 艘来自英格兰的商船，一艘直达，另一艘取道孟买），共输入西洋参 500 担零 38 斤；荷兰有 5 艘船，共输入西洋参 25 担零 5 斤；瑞典共有 2 艘船，共输入西洋参 19 担零 51 斤；丹麦有 2 艘船，共输入西洋参 9 担零 48 斤；法国有 3 艘船，共输入西洋参 115 担零 9 斤；普鲁士有 1 艘船，共输入西洋参 3 担零 69 斤；托斯卡纳没有商船到达；美国有 1 艘船，共输入西洋参 52 担零 8 斤。总计输入西洋参 726 担零 28 斤。

共有 31 艘不允许经过好望角的英国地方商船到达黄埔。

共有 4 艘葡萄牙商船在澳门出发前往里斯本。

致尊敬的巴达维亚港务官英格勒哈先生

1790 年 9 月 4 日写于巴达维亚

　　先生——我从波士顿乘坐载重为 820 吨的"马萨诸塞号"美国商船已于 30 日到达巴达维亚，本次航行的目的地是中国广州。我不胜荣幸地恭候你对我船货的裁定书，并请求享有到目前为止已给予美国公民的在世界这个区域的贸易特权。对你彬彬有礼地引见我去拜访总督和政务会一事，我不得不乞求你接受我的感谢。在拜访总督和政务会期间，我请求他们允许我卖掉那些我为这个市场（自我遵照通行的法律和惯例）筹备的货物，因为我在此前所经历的航程中，曾于 1786 年到达过这里，了解过当地市场。先生，当时的裁定让我惊讶，我接到的回复称美国人的所有贸易是完全被禁止的。我所了解并遵守的国家法律告诫我，在这种情况下，盲从是美德。——我应该照章办理，在翌日继续进行我的航程。——作为这艘船以及她所装货物的所有者，我声明，在我们停留巴达维亚期间，船上没有一件货品已经被卖掉或者将被卖掉，同时，也没有在当地购置任何东西，除了供我们前往广州航行所需要的水、蔬菜，以及其他餐饮食物。

同时，先生，请允许我向你发表这个声明。我有理由相信这个强加于我的国人同胞的禁令是由于一些恶毒报告的诽谤所致。那些怀有敌意、试图破坏我们两国友好关系的人通过这些报告来传播他们的偏见，因此，我作为美国的领事，有权对当地政府在这个问题上提出正式抗议。我把这封抗议书与给你的信一并封入信封，并请求你能够尽早寻找机会向上级呈递。作为一个政府官员和守法公民，我身负祖国的名誉；作为一个进出口贸易商人，这个禁令对我的商业利益是极端有害的。先生，我希望以上这些动机，能成为我麻烦你费心处理当前事务的理由，我恳请你能相信我，我将用无限的尊敬和感激之情来报答你友善的关心。

您的最恭顺的仆人<br>山茂召

签署者（指山茂召），美国驻中国广州领事荣幸地向巴达维亚总督和政务会发表以下声明

他（指山茂召）于 1786 年 7 月从纽约乘坐"希望号"商船来到巴达维亚，他是该船商业事务负责人（大班或称商务主管）和部分业主，他在此地逗留 20 天后离开巴达维亚前往广州。在此期间，在任何情况下，正像当时港务官勒克拿先生向他表明要求的那样，不论是他本人，还是任何人为了他都没有违反贸易法令私自出口胡椒、咖啡或香料等。所作所为没有与政府的法律、法令故意作对。

签署者后来在广州居留，作为领事为祖国服务，在 1786 年余下的时间里，以及在 1787 年和 1788 年两个完整的年度里他都在广州居留，他于 1789 年 1 月乘船前往美国，并于当年 7 月到达美国。

他相信，从上述 1786 年以来，抵达过巴达维亚和中国的美国商船的船长和业主们都会遵从同样的行为方式。这也许不是错误的遵从和奉行。

咖啡产自毛里求斯岛和留尼旺岛，胡椒产自印度的马拉巴尔海岸和印度的其他地方，虽然香料产自巴达维亚，但美国人可以从在广州的英国地方商船上购买，当某个价钱在美国能够为他们提供一个合理的利润的时候，同样也可以从中国人手里购买；如果他有充分的根据去估算这细微利润数量，美国商人有时会为获取那个利润而通过上述两种渠道采办。

签署者遗憾地注意到由于那些报告对他同胞的歧视，他们不仅被禁止在这里从事所有的商业活动，而且被巴达维亚政府用一种非常令人不快的观点看待，并归类为走私者。巴达维亚政府本该遵照自己在商业贸易上所建立起的文明国家的惯例，毫不犹豫地摒弃任何厚颜无耻的措施，以促进自己国家的利益。签署者非常明智地意识到要维护美国，也包括他自己以及他同胞的名誉。虽然他的同胞们自以为不违反这个政府的任何法律，就可以来到或可以再次来到巴达维亚。——却没有了解到，由于这些恶毒的报告导致这里的行政部门禁止所有与他们有关的商业贸易活动。对此，签署者以他自己的详细情况为例，他从美国预定备好大量的各式各样的货品，准备不通过走私方式，专门特供巴达维亚市场，然而到达巴达维亚以后，他的货品不允许卖掉，这对他造成极大的伤害，与他的预期相反，他将被迫带着这些货品出发前往广州，但是广州的当地人不需要这些货品。

用一切可能的手段在他权限范围内针对所遭受的非正义的诽谤进行辩护，是签署者作为领事对祖国应尽的特有的责任。他自认为只要有一点点机会就完全有能力消除这些诽谤。在这个偶然事件上，他信任荷兰以及巴达维亚行政部门的公正原则，他的同胞届时将被承认充分享有那些已准许给任何其他国家的所有特权优惠。尤其是，目前，荷兰与美国之间正维持着愉快的关系。就他谦卑的意见而言，公平公正互惠互利的原则有利于两国目前的发展目标。

签署人荣幸地将他的名字写在这封抗议书上，本着最崇敬而又友好的态度，用以上这些意见向杰出的荷兰共和国以及它所建立的遍及全世界的机构提出抗议。写于巴达维亚，1790 年 9 月 4 日。

山茂召

致美利坚合众国总统

1790 年 12 月 7 日,中国广州

先生——国家的商业贸易是该国统治者所关注的首要对象之一,我希望承蒙您的厚爱所委任我的公职是名副其实的。我将上报有关美国公民在荷属东印度首府巴达维亚开展贸易的详细情况供您参考。

今年 3 月下旬,我们从波士顿起航,乘坐美国公民所有的、自己建造、自己驾驶的一艘崭新的轮船。在接下来的 8 月 30 日,到达了预定计划中的首个港口巴达维亚,让我大吃一惊的是,港务官通知我说海关头目已根据来自荷兰的命令,禁止与美国的所有商业贸易,我们只被允许购买仅供我们开赴我预定计划中的第二个港口——广州的航程中所必需的餐饮食物。尽管这个通知来自港务官,我认为根据在此之前的惯例,我有责任行使请求殖民地总督以及政务会许可商业贸易的权利,因此,我于第二天早上在总督阁下的早朝上被引见给总督,2 个小时之后,在会议桌前我向总督阁下表达了我的请求，我当场得到的回复是不同意我的有关恳求。

尽管港务官通知我的关于禁止美国人在巴达维亚从事商业贸易的理由是有根据的，但我作为美国的领事，我有义不容辞的责任向总督和政务会提出正式抗议，我所持的理由是他们的禁令与我们国家的福利密切相关。在向港务官传达了我的决定后，他赞成我的决定的正当性，并表示，虽然这个禁令是最高决策层作出的，但既伤害了美国人又伤害了巴达维亚的居民，然而，如果受害者在有机会的时候，不向最高当局抗议，那么这个禁令将成为德高望重的人诟病荷兰行政部门的把柄。因此，在9月4日，星期六，我撰写了一份致总督和政务会的抗议书，封入写给港务官的信中。请求他尽早伺机向上级呈报。那位绅士见到信以后，他向我保证那封抗议书将在下周二呈递，我的要求将赢得赞同。——这正是我所希望的结局，在巴达维亚，不仅是居民而且也包括政府组织，都应该按照目前与任何其他国家的方式自由地与美国开展商业贸易。

先生，对之前的事情经过的详细情况，我冒昧地添加了信件的抄本以及上面提到的抗议书的抄本，我怀着满腔的敬意恳求您能信任我。

您的非常恭顺谦卑的仆人<br>山茂召

责任编辑：陆丽云

装帧设计：曹　春

## 图书在版编目（CIP）数据

帝国的相遇：美国驻广州首任领事山茂召实录／〔美〕乔西亚·昆西编；
　常征译 . – 北京：人民出版社，2015.8

ISBN 978 – 7 – 01 – 015085 – 7

I. ①帝… 　II. ①昆…②常… 　III. ①山茂召，S.（1754~1794）– 传记 –
②中美关系 – 国际关系史 – 史料 – 近代 　IV. ①K837.127=4 ②D829.712

中国版本图书馆 CIP 数据核字（2015）第 171955 号

### 帝国的相遇
DIGUO DE XIANGYU
——美国驻广州首任领事山茂召实录

〔美〕乔西亚·昆西　编　常征　译

**人民出版社** 出版发行
（100706　北京市东城区隆福寺街 99 号）

北京中科印刷有限公司印刷　新华书店经销

2015 年 8 月第 1 版　2015 年 8 月北京第 1 次印刷
开本：710 毫米 × 1000 毫米 1/16　印张：24.25
字数：358 千字　插页：8

ISBN 978 – 7 – 01 – 015085 – 7　定价：50.00 元

邮购地址 100706　北京市东城区隆福寺街 99 号
人民东方图书销售中心　电话（010）65250042　65289539